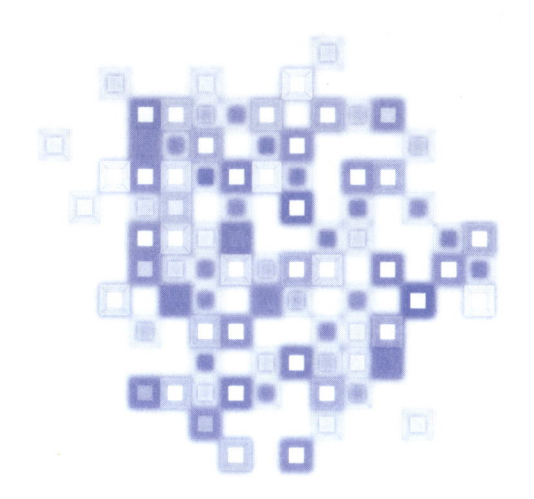

事例で学ぶ
臨床心理アセスメント入門

編

村瀬嘉代子・津川律子

金剛出版

CONTENTS

I
[座談会] 今求められる臨床心理アセスメント ……………… 1
村瀬嘉代子・津川律子・下山晴彦

II
[総論] 臨床心理アセスメントを学ぶ

20　心理臨床におけるアセスメントを考える
　　　　………青木省三・三浦恭子・和迩健太・吉武亜紀・月田美佳・原田まき・村上伸治・山田了士
28　よみとりの視点,伝える工夫——臨床心理アセスメント私論 …………………伊藤直文
35　臨床心理アセスメントを学ぶ ………………………………………………………下山晴彦
42　臨床心理アセスメントを学ぶ——心理アセスメントに関する基本的な覚え書き ……津川律子・福田由利
49　アセスメントと仮説 ……………………………………………………………村瀬嘉代子

III
事例で学ぶ臨床心理アセスメント①
乳幼児期・児童期

58　概　論│こころの発達に寄り添う子どもの臨床心理アセスメント ……………徳田仁子
65　ケース│発達障害が疑われる子どもと親との出会い ………………………………田中康雄
72　ケース│聴覚障害とその影響が疑われる事例 ………………………………………河﨑佳子
79　ケース│虐待を受けた子ども,愛着の構築に課題をもつ子どもの総合的アセスメント
　　　　——児童福祉施設で暮らす社会的養護児童に焦点を絞って ………………………増沢　高
85　ケース│フォーマルなアセスメントと子どもの理解の間で ……………………青島多津子
90　ケース│小児科医によるアセスメント ………………………………………………氏家　武

IV
事例で学ぶ臨床心理アセスメント②
思春期・青年期

- 98 概 論｜思春期・青年期の臨床心理アセスメント——親子関係と家族力動 ……… 古宮 昇
- 106 ケース｜不登校事例をどう見立てるのか ……………………………… 岩宮恵子
- 112 ケース｜自傷行為が疑われる事例 ……………………………………… 門本 泉
- 118 ケース｜非行を繰り返す事例 …………………………………………… 橋本和明
- 124 ケース｜性の悩みに直面した事例 ……………………………………… 花村温子
- 130 ケース｜キャリア相談の背景に潜むものを見落としてはならない ……… 高塚雄介

V
事例で学ぶ臨床心理アセスメント③
成人期・老年期

- 138 概 論｜成人期から老年期のクライアントを理解するための臨床心理アセスメント
——「多因子性」と「連続性」の視点から ………………………… 松田 修
- 146 ケース｜夫婦間不和が認められる事例 ………………………………… 中釜洋子
- 152 ケース｜高次脳機能障害が疑われる事例 ……………………………… 風間雅江
- 159 ケース｜認知症の徴候がみられる事例 ………………………… 元永拓郎・尾中航介
- 165 ケース｜病とともに生きる人の事例 …………………………………… 小池眞規子

VI
臨床心理アセスメントと新たな課題

- 172 論 説｜存在の意味を問いはじめた事例——自殺念慮のアセスメント ……… 早川東作
- 180 論 説｜アディクションのアセスメント ……………………………… 松本俊彦
- 191 論 説｜本人不在の事例のアセスメント ……………………………… 平木典子
- 198 論 説｜クライエントの生活状態の総合的アセスメント ……………… 石川雅子
- 205 論 説｜「組織」のアセスメント——組織をクライアントとして見立てる「組織臨床」という考え方 ……廣川 進

- 213 編集後記

Clinical Psychology Assessment
Introductory Case Studies

村瀬 嘉代子
KAYOKO MURASE
北翔大学

津川 律子
RITSUKO TSUGAWA
日本大学

下山 晴彦
HARUHIKO SHIMOYAMA
東京大学

座談会

I

今求められる
臨床心理アセスメント

2012年5月23日　東京・八重洲富士屋ホテル

事例で学ぶ
臨床心理アセスメント入門

I　アセスメントを再-定義する

◆村瀬__『臨床心理学』増刊第4号「事例で学ぶ臨床心理アセスメント入門」を編集するにあたって，アセスメントの要諦ともいうべき点を話し合いましたが，そのときに提出されたもののうち「ライフサイクルに依拠したアセスメントの方法論」「『主訴』が限定されないアセスメントの方法論」について，まず初めにすこし膨らませて説明してみたいと思います。

　従来アセスメントというと，何か特定のツールを使い，主訴に沿って相手や状況をとらえ，そして方針を立てるところまでの一連の作業のように思われてきました。けれども，実際にクライエントを支援する過程というのは一貫しており，アセスメントとそれにもとづく面接やアプローチは表裏一体をなしている。そのことが，「ライフサイクルに依拠したアセスメントの方法論」と「『主訴』が限定されないアセスメントの方法論」という2つの方法論を通じて臨床をすすめていくときの基本形ということになります。ある時期まで考えられていたような，アセスメントとは別に治療過程や援助過程がある，ということではないというのが私の考えです。ですから，相手の年齢やもっておられる課題によって，アセスメントの方法も非常に幅広くなります。使えるものはありとあらゆるものを使い，そこにある素材を通して，クライエントの状態をとらえていく。いくつかのテストバッテリーなど，アセスメントのための特定のツールはたしかに，臨床心理学にとって中心となるツールではあります。しかし，わずかな手がかりのなかから，広く的確に理解していくための情報を得て，そこから得た知識や経験を総動員し，いろいろなものを調べながら対象に迫るのがアセスメントの本義といえます。ですから，その意味でアセスメントというのは，クライエントが告げる主訴だけに限定されない営みになっていくだろうと思います。

　最近は，出産前の胎児の期間を指す胎生期のことも支援対象にしますけれども，胎生期の赤ちゃんや乳幼児期，そしてそれ以降の子どものアセスメントというのは，子ども本人だけではなく，子どもとその身近な周りの人間関係をトータルにとらえる必要があります。アセスメントには，子ども本人に視線を凝らす「焦点」と周りの人間関係を全体的にとらえる「視点」とが要ると思います。これは殊に子どもの場合に当てはまりますが，しかし同時にライフサイクルすべてを通しても言えることでしょう。現代の心理臨床では，課題そのものが非常に深刻で，しかも多次元にわたる原因が輻輳して関与していることが多くなってきました。そういう状況があるだけに，アセスメントの方法にもおのずと広がりが求められるようになってきたように思います。

♠下山__一般に思われているのとは異なり，アセスメントと面接は別々のものではなく，この2つは同列のものとする視点が含まれているということですね。

◆村瀬__たとえば，ドアを開けて相手が入っていらっしゃる，あるいは待合室に呼びに行く，あるいは相手のところへ訪問する。どのような状況にしても話を始める前から，そこで出会ったときに観察して，何かこちらも考えるわけですね。そうして観察して考えたこと，たとえば，はじめの語りかけの口調や言葉の選び方が，アセスメントの内容に反映されるのだろうと思います。もちろん，今は心理検査としてのアセスメントを主にする時期，という場合もあります。けれども，アセスメントをしているなかでも，そこで得た情報に即応した反応をすることは相手に対してサポーティブな意味をもつはずですし，そうすることが望ましいと思います。大まかに言えば，たしかに治療過程というものはアセスメントに引き継いで，見立てを決めてから始まるという考え方もあります。しかし，臨床というものは，出会っている一瞬一瞬がアセスメントであり相手に対する広義の支援です。少なくとも治療者に会わないよりは会ったほうがプラスであってほしいわけですから。このよ

うにして「アセスメント」と「面接」というのは表裏一体をなして共に進んでいくということです。

II 危険な賭け
―― アセスメント面接と介入面接の表裏一体性

♠下山＿面接には，どの心理療法を選択するかというような，いわば介入のための面接というものがまずありますよね。また，村瀬先生がおっしゃったように，アセスメントのデータを集める方法としての面接もあります。アセスメントというのは，データを集めて問題は何かというのを見立てていくことだと思っていますが，そのデータを集める手段として面接法もあれば観察法や心理検査もあるということです。そこでまず村瀬先生がおっしゃった「面接」は，介入のための面接なのか，あるいはアセスメントのデータを集める方法としての面接なのか，その点について少しご説明いただけないでしょうか。

◆村瀬＿あえて理論的に整理すると，「アセスメントとしての面接」と「介入としての面接」は別です。けれども，アセスメントとしての面接でも，その場でクライエントに出会うということは，やはりそのクライエントにとってある種サポーティブなものでしょう。その意味で，理論的な定義と実態というのはなかなか同じとはいかないような気がします。

♠下山＿ここであえて議論の呼び水として申し上げると，この両者が曖昧になっていることで起きている問題もあると思います。つまり，あまりアセスメントということを重視せず，シンプルにただ話を聞いていることによって問題が解決していくだろうという考え方のセラピストたちがいるということです。共感的に聞くなかで，そこで語られることから理解していけばいいという考え方です。アセスメントを進めるようでいて，それがいつのまにか面接に入ってしまうけれど，そこで話を聞いていること自体に意味がある，ということに

なってしまう危険性もあると思います。そこでは，面接や心理検査でデータを取り，何が問題かということをアセスメントすることがない。介入でもアセスメントでも同じ面接であるとしてしまい，しっかりと共感することが大事であるということばかりが優先されてしまう問題があるのではないでしょうか。もちろん私も，しっかりと共感することが大事であるとは思いますが……

◆村瀬＿アセスメント面接と介入面接の表裏一体性において本当に重要なのは，共感ではなく，むしろ観察する視点ですね。

♠下山＿ここでもあえて申し上げますと，観察と面接は少し違うような気もします。厳密に定義していくと，どうデータを集めるかということを考えた場合，面接というのは，コミュニケーション，言語データのやりとり，という意味でとらえることができます。そのやりとりを通して言語データを取るものが面接と考えられます。一方観察は，行動内容を観察するという意味でデータを取る。いいかえれば，これは観察データですよね。

◆村瀬＿しかし，言葉でやりとりしているとき，目の前には人がいますよね。いわゆる面接のなかであっても，実際には観察の要素も入ってきます。紙に書かれた同じセリフでも，どの人から発せられるかということで，明らかに違ってくるのと同じことです。たとえば，健康度が高い人の話であれば，そこからどれくらいの内容を聞き取れるか，そこに聞く側の個人差が反映される割合は少ないでしょう。しかし，正規分布曲線の端のほう，つまり抱えている問題が重い人に対しては，面接と観察とを厳密に分けて進めることはなかなかうまくいきません。

♠下山＿そうですね。だからこそ私は，面接と観察とは基本的に異なる，しかし両者は同時進行するということをしっかり認識しておかないと，ただ面接をして話を聞いていればいいというようになりかねないと危惧しています。そうならないためにも，面接というもののなかには観察も入ってくる，ということをここで定義していく必要があると思います。

III　五感を総動員する面接
——才能と修練のあいだで

◆村瀬__私の場合ですと,面接の場でクライエントに出会ったら,五感を総動員しています。聴覚,視覚……それこそ部屋の空気の動きも含めて,トータルに得た素材から考えていくようにしています。

♠下山__わかります。しかし,それは村瀬先生がある種自然にされていることであって,面接というのは限られた言葉のやりとりだと狭く理解している臨床家もいると思います。だからこそ,面接は広義のものであるということをしっかり定義して,クライエントの言葉をどのように位置づけるかを明確にする必要があると思います。

◆村瀬__たとえば,ある事件の被告で黙秘を保っている人がいるとしましょうか。それでも,会う人によってパッと素直になるということも現実にはあるでしょう。そして,心理検査で同じツールを使っていても,最初のテストを受けたとき,鑑定のとき,再鑑定になって別の人に鑑定を受けたとき,この3回のデータを見ると差が生じているようなこともあります。これはやはり,心理検査にとっても,いかに「人」の要素が強くあるかということを物語っていて,だからこそ難しくもあるということですよね。実際,殊に社会的養護の対象となっている,はげしく荒れている子どもについてどのようにアセスメントをするか,むしろどのようにつながりをつくるかというのは,非常に難しいことです。誰もがまったく無理だという子どもでも,それでも相対する人によってはつながりができるという現実がある。そこから先ほど私が言ったような,心理検査であっても「人」の要素が強く介在するという考えも生じてきます。

♠下山__それを「名人技」としてではなく行なっていくということを……

◆村瀬__これを「名人技」と考えるのは間違いでしょう。その場で五感をフルに使って素直に行なっていくというのは,ごく普通のことなのですから……

♠下山__それが自然にできる人もいれば,それこそ料理でいえば包丁の使い方から教えなきゃいけない場面もあるような気がするんです(笑)。

◆村瀬__たとえ若くて臨床経験が浅くても実践できるはずですけれど……

♠下山__そのようになるためには,いわゆる「訓練」のようなものは必要ないということでしょうか。

◆村瀬__「訓練」という言葉がふさわしいかどうかはわかりませんが,ただ非常に自覚的に実践に向かい,勉強しなくてはならないでしょうね。

♠下山__そうですね。そのときにどう自覚をしていくのかという道筋を示していくことが,今回の座談会のテーマになるんじゃないかという気がします。村瀬先生のおっしゃられるところが,ひとつの目標になると思います。

◆村瀬__そのためには,まずは多くの量の課題を速いスピードでこなすことが必要であろうと思います。しかも,こなした結果が大きく揺らがないように,普段の生活からいつも自分に課すことです。少ない素材をゆっくりこなすことも教育のひとつのかたちではありますが,臨床に関していえば,むしろ逆方向もきわめて大切だと思います。

♠下山__これは大学院教育においても考えるべきところですね。実際,教育素材として心理検査を扱うこと自体,かつてよりも随分少なくなっているようですし。

◆村瀬__多くの量の課題を瞬時にこなすことは重要ですが,同時に大きく揺らいでもいけない。緊張感をもって事にあたる必要があります。たとえば,ある程度楽器が弾けるようになったとき,いつ演奏しても同じように上手に速く弾けるようになったところで,弾きなれた曲をゆっくりひいてみると,自分の見落としているところに気づいたり,新しい発見をしたりすることもあると思います。昨今どちらかというと,少なくゆっくりという教育がメインになっているように感じますが,それとは逆に,一定のスピードを保ちつつ緊張感をもって課題をこなす。こうして教育の仕方を変えれば,先ほど申し上げた五感を総動員する面接

も，きっと誰でもできるはずです。いえ，そう断定してはいけませんね。できるだろうと願っています。

Ⅳ アセスメントの二面性
―― 情報の取得と再構成

―― これまでの議論を踏まえて，それでもやはり心理面接というものに対する旧来の固定観念はまだ残っているとお感じになりますか？

➕津川__「固定」ということが意味するところを具体的に同定するのは難しいですし，そもそも私自身がまだ発展途上ですので答えが難しいところもあります。また，心理アセスメントをどう定義するかは心理臨床家の自由だと個人的には思っており，全員がまったく同じように考えなければいけないわけではないと思います。ただ，面接において情報を断片的に取ってはいるけれども，それをうまくセラピーに使えないというセラピストが，臨床経験の浅い方のなかにはいるかもしれません。たとえば，何らかのパーソナリティ障害という分類はできているけれど，そこから先がうまくいかないというような。私はむしろ，そこから先が重要だと思います。私がふだんの面接や心理臨床で実践していることは，得られた情報を並列化するとか分類するといったこととはまったく違う，というのが実感です。先ほど村瀬先生がおっしゃったように，むしろ全身をつかって立体的に進めているという感じです。そして，下山先生がおっしゃった懸念もよく理解できます。もちろん，クライエントの話をいつでも聴いていますし，聴かないということでは決してありません。その人の体験，特に生活のことをビジュアルに再現できるくらいまでに聴きたいといつも思っています。

そのうえで，トリートメントとアセスメントについては，こんなふうに理解しています。たとえば太い糸が2本あると考えると，2つがより糸のように合わさっているので，1本に見えたとしてもどちらか一方の糸がないわけではない。どちらかがゼロになることはなくて，2本はいつもあるけれど，今はアセスメントが前景に出ているとか，今は背景にあるとか，その時々によって見えてくるものは違うのかもしれません。面接の瞬間瞬間，面接の流れのなかで，このようなことが起こりうるのだと思います。少なくとも私のなかでは，情報を単に並べて分類することは心理アセスメントとは違うと思っています。今号の原稿でも，そのことをメインに書かせていただきました。

◆村瀬__今のお話に関連していますが，ある研究者が「心理臨床家の熟達とは何か」というテーマについて博士論文を発表されました。そこではある実験がなされていて，クライエントが切々と苦境を訴えている，いわゆるインテーク状況とでもいいましょうか，その様子を撮影したビデオをセラピストに見せる。そして，このクライエントの問

津川 律子

題について，その中核にあるもの，それに付随して起こっていること，語られている内容から導かれる背景要因について，いわゆる見立てを行なうわけです。それから，クライエントが訴えた内容を根拠にもとづいて立体的に描き出して，まずこのクライエントに対して着手するべきところを注意点とともにレポートとして書いてもらうというものです。

　この研究では，大学院生，修了後5年，15年，20年のベテラン，合計4つのグループに分けた25人に，レポートをまとめてもらっています。すると，大学院生はとてもとまどっていて，とにかく思いついたことを羅列している。修了後5年ぐらいの人は，こういう現象の背景にはこういうメカニズムがあるはずだ，語っていることからこういうパーソナリティ特徴をもっている人だ，ということまで書いている。ここには，勉強して得た知識を活用しようという姿勢が如実に反映されていると考えられます。けれども，このセラピストの問題は，一言でいうと，なすべきことは何か，ということがなかなかはっきりしないところにあります。もちろんたくさんレポートを書いた本人もその問題を自覚して困っているけれど，とにかく一所懸命で，何とか核心にたどりつけるレベルです。それから修了後15年ぐらいの人は，しっかりと情報を構造化できて，問題の性質とそれへの対応も裏付けをもちながらきちんと整理して表現できている。さらにその上の20年のベテランは，比喩を使って，一見あまりにも短いセンテンスでまとめているように見えるけれども，そのアセスメントが簡潔に要点をとらえているということが明らかになりました。この調査研究手順を経て，これらの違いを鮮やかに描き出して，そこから逆算して養成訓練の仕方はどうあればいいかを考える研究でした（新保幸洋（2003）カウンセラーのアセスメント能力の発達過程に関する研究．大正大学博士論文）。

　この研究は，現時点の自分の実力がすべてわかられてしまうような研究なんですよね。それでも協力しようと思った方々は，誠実で素直な方々

だったので，今ご紹介したような結果が見事に出たのだと思います。その意味で，はじめの頃は一所懸命だけれども，多次元にわたる大量の情報をどのように整理して系統立てて全体像を描くのかということは，非常に難しいのだとわかります。

♠下山＿＿村瀬先生が今おっしゃったのは，初期のデータをどのように取るかということ，そのデータをどのように問題理解へもっていくか，このケースにとっての問題とは何かという結論に向けてデータを分析あるいは再構成していく力について，と整理できるでしょうか。五感を働かせてデータを取る部分と，そうして得たデータを問題理解に向けて再構成していく部分，データを取るということにはこの2つの部分があることになります。この意味で，アセスメントには大きく分けて二面あるような気がします。

V　めぐりあうアセスメントの二面性

✚津川＿＿下山先生のおっしゃる「データ」というのは，エビデンス・ベイストが基本であっても，単純に数値だけのことではありませんよね。

♠下山＿＿もちろんです。言語データや観察データもこれに含まれます。

✚津川＿＿あらためて，面接はクライエントとセラピストとの間にある，ライブのものだという実感があります。ですから，得られる情報が数値ではなくても，私にとっては確かな心理臨床上のエビデンスになりえます。たとえば，データを取るときに，音だけをテープに取るようにするのではなくて，感覚全部を使ってクオリティの高い的確なアセスメントをしていく。それを心理臨床家誰もが目指していると思いますし，私ももちろんそうなれるように上達したいと思っています。最初のうちは，理解が平面的になってしまっている気がして，そこで苦戦されているからこそ，スーパーヴィジョンを受けたり，先輩や同僚にアドバイスを求めたりするのだろうと思います。冒頭に村瀬

先生がおっしゃったように，たとえば来所経路といった情報はかならず押さえます。市報に広告が載っていたから来たというようなクライエントの場合，それはそうなのでしょうけれども，市報を見た人が全員来るわけではないですよね。これもまた冒頭の「『主訴』が限定されないアセスメント」というテーマにつながるとすれば，その人がどういう課題をもっていて，今の瞬間はどうなっているのかをアセスメントしていくことが必要だと思います。同じことを言っているんですね，きっと（笑）。

♠下山＿ある種，素朴にアセスメントをするというか……

◆村瀬＿簡潔明快に，ということですね。私はただ，一人ひとりのクライエントのもつ事実のうち，限られた時間のなかで得られるものは何でもすべて活用しようと考えています。たとえば，コンコンというドアの叩き方，待合室にいらっしゃるときどんなふうに座っておられるか，面接者の前では感じのいいやりとりをする親子でも待合室では全然違っている様子，というようなことです。

✚津川＿その通りだと思います。付け加えるなら，アセスメントと面接ということについては，ある部分では融合しているから一つにしてもいいとは思っていません。むしろアセスメントという言葉があることで，下山先生が冒頭におっしゃったような，心理臨床実践のためのトレーニングができるのではないでしょうか。

♠下山＿つまりアセスメントということのなかには，すでに「問題は何か」を見極める視点が含まれるということですね。

✚津川＿ええ，「課題は何か」を見極める，ということですね。

♠下山＿クライエントの問題解決を支援していく過程で，セラピストは「課題は何か」ということを意識しようとする，また時にはクライエントと共有しようとする。アセスメントを実践するときにはすでに，このような意志が含まれている気がします。

✚津川＿そうだと思います。ただ話を聞いているのではないということです。アセスメントとしての面接，トリートメントとしての面接を厳密に分けることに腐心するよりも，いついかなるときも両者は同時進行していると意識すべきだと思います。

VI 三人称の視点
―― ミクロとマクロをつなぐ

◆村瀬＿今のお話を図のイメージで考えてみましょうか。まず出会ってから時間の経過のなかでやりとりがありますよね。すると，このやりとりというものを最初の5分間，次の10分，15分，20分というように輪切りにしてみたら，5分経ったところでの捉え方と10分経ったところでの捉え方とは異なってくるはずです。ある部分はちょっとクリアになってきたけれど，別の部分はわからないままということもあるでしょう。どの時間帯を切っても本当は自分の行なってきたことのはずですが，それでも違いが生じてくる。つまり，アセスメントというものは，状況を相対化してとらえているということですよね。アセスメントとしての面接，トリートメントとしての面接，この2つの面接の違いというのは，一人称と二人称の違いに趣きが似ているような気もします。

♠下山＿そうですね。情報や状況を客観視して「課題は何か」を同定することと，むしろその状況に入り込んで一緒に課題を解決しようとすること，そういう違いがありますよね。

◆村瀬＿けれども同時に，つねに三人称的な視点，便宜的に2つに分けられた面接で出会ったことに対して「これは何だろう？」というようなもうひとつの視点をもっていることもまた，アセスメントの特徴でしょう。傍からみるとクライエントと自然に融合したように話をしていても，プロセスを輪切りにしてみると，面接者のなかにはちゃんとアセスメントと呼べる視点や姿勢があるということです。

村瀬 嘉代子

♠下山＿＿私は，その輪切りにするレベルには2種類あるような気がします。ひとつはミクロの視点のもので，まず問題は何かをとらえて，この問題だったらこういうふうにこの方と関わっていこう，そしてクライエントに近づいてみてデータを得て，今度はもう少し離れて関わっていこう……というような方法だといえます。これは，面接自体がつねにアセスメントとトリートメントが重なり合いながら進んでいくことを表現したものです。そしてそれとは別に，マクロのレベルから，最初に「問題は何か」ということを明らかにして，次にトリートメントに入る方法もあるように思います。そのトリートメントがうまくいけばこの問題はこれでいい，うまくいかなければ問題はどこにあるのかをもう一度見直していく。このように，ミクロとマクロの2種類があるような気がします。

◆村瀬＿＿おっしゃる通りです。下山先生のおっしゃるマクロの方法というのは，これまでの情報を総合して，今現在大まかなところで面接の行き先はどこになるのかを互いに共有して，そして共有した通りの方向で進めていこうと決めていく，という方法ですね（もちろん問題が込み入っているときには，方向性を決めるのにもある程度の期間が必要だとは思いますが）。そしてもう一方で，これからの方向を決める作業のなかにも，実はアセスメントはある。

♠下山＿＿そうですね。

✚津川＿＿それぞれが別のものではなく，連動しているということですよね。

♠下山＿＿アセスメント，つまり「課題は何か」を明らかにすることを，臨床家はもっと意識してもいいのではないかと思います。「課題は何か」ということを，基本的にマクロの視点として早期に明らかにしたうえで，それをクライエントに伝えて，マクロの視点に切り替えて，その解決のための対応策を共有しながら提案することが重要だと思っています。ところが，それとは別の考え方でいくと，「課題は何か」という場合のその「課題」は簡単に見えるものではない，ということにされてしまいます。この考え方を推し進めると，クライエントの世界にセラピストも深く入っていって語りを聞き，二人で深い世界に入ったときに何かが見えてきて，気づいたらいつの間にか解決している。それこそが臨床なのだということを，はっきりおっしゃる方もいらっしゃいます。

◆村瀬＿＿臨床は「仕事」として行なっているということですよね。仕事というのは，何を目的として，当事者とどのように進めていくか，それをしっかり共有しないといけないものです。

♠下山＿＿私もそう思います。そういうことが臨床心理学の活動の世界で共有されているかというと，それとは異なる別の考え方もあるように感じたりもします。

◆村瀬＿＿二人で深い世界に入ったときに何かが見えてくること，それが世の中にまったくないわけではありません。でもそれは，個人的な人間関係の深い分かち合いのようなものですよね。

♠下山＿＿個人的なもの，プライベートなもの，とい

うことですよね。しかしある種の考え方によると，臨床心理学の活動の神髄はそういうところにあるということになります。

◆村瀬＿＿ですけれど，そもそも仕事というものは，何を目的として，どれくらい目的に向かって進んでいるかを確認することが大事で，自分は責任をどこまで担えるか，どこからができないことかをはっきりさせておく必要があるはずです。仕事としての面接である以上，責任の範囲を明らかにしておかなければならないはずです。

♠下山＿＿そこがまさに問題だと思います。私がお伝えしたのは，ある研究会でうかがった意見でしたが，そこに参加していた比較的若い研究者たちもどこか違和感をもっていたようでした。村瀬先生がおっしゃったように，アセスメントというのはひとつの仕事であって，何が問題となっているのかをクライエントと共有しながら治療するということが前提となっている。そう理解していいでしょうか？

◆村瀬＿＿それはもう大前提だと思います。

✚津川＿＿何のためにクライエントと会っているのかを考えると，その理由は毎回，一回の面接の一瞬一瞬にあるわけですよね。ただ会っているわけではないですから。

♠下山＿＿ただ出会いを求めているわけではないですよね（笑）。

✚津川＿＿結果的に長期間お会いすることになる方ももちろんいるとは思います。けれども，期間が長くなったからといって，それは無目的にやっていることではありません。先ほど下山先生のおっしゃったマクロの方法ということを，私が十分に理解しているかどうかわかりませんが，たとえば上司との関係で困っていらしたとか，そういった問診票に書いてあるようなレベルのことではないですよね。

♠下山＿＿主訴ということではありません。もちろん主訴も重要な入口だと思いますけれども，私が考えているのは，主訴にはなっていない問題は何かということです。その意味で，主訴は入口としてさしあたり困っていること，クライエントが意識して何とかしなければいけないと思っていることといえます。けれども，その困っていることを成り立たせている背景には，問題の構造，問題の成り立ちがあるのだと思います。つまり，クライエント本人が来たときは，困っているわけですから当然問題を解決しようとしている。そして今まで解決のために，いろいろとチャレンジもされたんだと思います。そこで運よく解決する場合もあるでしょう。ところが問題を感じていながらも解決できずに，その問題が続いてしまっていることもあります。それは，本人ではなくクライエントの関係者の場合でも，問題だと考えることを解決しようとして，しかし解決できずに来談する。問題は自覚できていても解決できずにいるのは，その背景に問題そのものを維持させている何かがあるからでしょう。問題を成り立たせてしまっている人間関係など，そういうものがあるはずです。私は，それこそが「課題」であると思っています。来談する本人が自覚している問題，主訴とされるそれは重要ですけれども，主訴という問題を成り立たせているもの，それこそが心理療法で扱うものであろうと思います。マクロの視点でとらえる対象というのは，おおよそ以上のようなことになります。

◆村瀬＿＿つまり，そこにある問題の構造と性質をとらえる，ということですね。場合によっては，ある問題を抱えたクライエント本人がいる，そしてまた本人だけではなくて別の方法や支援者がいる，そこからいよいよ支援に入っていく。これら全体の構造とその性質を明らかにすることが，先ほどのマクロのアセスメントに当たるということですね。そしてこのマクロのアセスメントができあがるあいだに，同時にミクロなアセスメントもつくっていく。

♠下山＿＿細かく細かく問題とつきあいながら，その背景にあるものを探っていくといえばいいでしょうか。

◆村瀬＿＿そうすると，マクロの方法で，おおよそ異

論のないものが，限られた時間のなかでもある程度的確につかめるはず，むしろつかんでおきたい，といったところでしょうか。

♠下山＿そのためには，どのような努力や工夫が必要になるのか。臨床家はこの点を考えていく必要があるのでしょうね。

Ⅶ　心理検査の「正しい」使用法

♠下山＿心理検査のデータをどのように扱うか，これもアセスメントの重要な局面ですが，まず心理検査というものが何を指しているかによっても違ってくる気がします。投映法なのか知能検査なのか，あるいは作業検査のように行動の反応をみるものなのか，といったことで違ってくるでしょう。また話が原点に戻ってしまうかもしれませんが，アセスメントということが話題になると「心理検査＝アセスメント」と思われがちなところもあります。

◆村瀬＿ある時期まで，実際にそう思われていたのも事実です。

♠下山＿大前提として，ここで議論している心理検査というのは，アセスメントのデータを得る手段のひとつであると位置づけることが重要だと思います。

✚津川＿心理検査の種類によってこのテーマへの答えが違ってくるということは，技術的にはそうかもしれませんが，「心理検査」という共通項があります。たとえば，SDS（Self-rating Depression Scale：自己評価抑うつ尺度）のような質問紙法で，寝られているかとか食べられているかとか，そういう質問を「チェックリスト」として使ってしまえば，SDSの19番「自分が死んだほうが，ほかの者は楽に暮らせると思う」への回答が空欄になっていても，それは単にミスかもしれないということで，単なる欠損値として扱われてしまいます。しかし，SDSは心理検査として販売されていて，心理検査として私は使っています。そうするとSDSにおける希死念慮の質問である19番の回答が抜けているということは，私にとっては強烈なメッセージになります。いまのはたったひとつの例であって，投映法であれば，もっといろいろなことが行なわれると思います。ただ，SDSのように小さな20項目の質問紙法であっても，心理検査としてトレーニングすることで，できあがるレポートはまったく違ったものになります。ひとつの検査を実施するときも，いくつかでバッテリーを組んで実施するときも，やっていることは，先ほどお話ししたアセスメントとトリートメントの重なり合いとほぼ同じことです。「心理検査」として実施するなかにエビデンスがあるわけです。ここにある質問紙があって，合計点は何点で，欠損値は1というように，ただ得られたデータをバラバラに並べるのではなく，立体的に組み立てて，その全体像や課題を所見としてまとめ，この先の支援の方向性も含めたレポートを書きたいと思っています。ですから，規模は違うかもしれませんが，基本的にしていることは非常に似ているという感覚があります。

♠下山＿それは投映法と似ている，ということでしょうか。

✚津川＿心理検査で実施していることと，ふだん面接のなかで実施していることが似ている，ということですね。

♠下山＿なるほど。私が先ほど申し上げたのは，たとえば投映法ならば前提として，心の内的な世界がそこに投映される，ということになっています。TAT（絵画統覚検査）もロールシャッハ・テストも基本的にはそういう前提になっている場合がほとんどだと思います。それに対して，知能検査であれば，その人の認知能力の機能の問題が結果として表われるわけですよね。ですから，この両者には，その検査としての位置づけにも違いがあるのではないでしょうか。津川先生のおっしゃったような，得られたデータをクライエントの理解のための手段として位置づけていくということには，私も同感です。そして同時に，クライエントの全

座談会　今求められる臨床心理アセスメント ｜ 村瀬 嘉代子，津川 律子，下山 晴彦

体像をみるときに，どの検査のデータをクライエントのどの部分にどのように位置づけていくのか，ということを考えるのも必要だと思います。そのことによって，検査の価値もずいぶん違ってくると思います。

✚**津川**＿私はウェクスラー式知能検査が好きでよく実施するんですが，たとえば発達障害の疑いがあって，ウェクスラー系の検査が1個だけ選ばれて，FIQ（全検査IQ）の値や下位検査の値だけが，非常に粗くレポートされているなんてことは，本当に悲しいけれど，日常的によくみられます。それは，ある一定の視点からのみクライエントとその環境をみているわけです。けれども，ウェクスラー式知能検査は，クライエント理解の宝庫なんですね。いろんなことがわかります。もちろん検査の主目的がそうではないとしてもです。たとえば，ボートの絵のなかに人が描かれていないと答えれば，採点としては0点になってしまいます。けれどもそれは，ボートの絵のなかに人が描かれていないというふうにクライエントが「反応している」ということですから，こうやって丁寧にみていけば，すごくたくさんのものが汲み取れるわけです。私は，優れた検査者は面接のうえでも良い臨床家になる，というふうにいつも思っていて，心理検査から多くのことを汲み取れるようにすることは，面接がうまくなるための良い訓練だと考えています。自分もそうありたいと思いますし，そんなふうに周りの若手臨床家にお願いすることも多いです。ただ，下山先生のおっしゃるように，テストバッテリーによってみている方向性，切り口が違ってくるというのは，その通りだと思います。

♠**下山**＿クライエントの全体を理解するうえで，うまく検査のデータを組み込んでいくという作業は，私も重要だと思います。それは同時に面接のデータもまさにそうしていかなければ意味がないことだと思います。

✚**津川**＿前にあるシンポジウムで話したことがあるのですけれども，心理検査をしてその結果をフィードバックしただけで，いわゆるカウンセラーとしてはクライエントに会っていないケースで，本当に良い体験をさせてもらったことがありました。この場合は投映法も実施していましたので，投映法という非常に力のある媒体があってのことかもしれません。そのクライエントから半年後にお手紙をいただいたのですが，そこには心理検査を受けることでなぜ自殺念慮がおさまったかという内的プロセスが書かれていました。こんなふうに心理検査を通して良い体験をする人を目の当たりにするにつけ，やっぱり粗く実施するのはもったいないと思います。もちろんそれは，心理臨床家としてのトレーニングという面からもいえることです。

◆**村瀬**＿心理検査というのは，投映法はもちろんのこと，質問紙のようなものでも，受けている当事者はその人なりに，何か考えているわけです。それをうまく言葉にできないでいる人もいれば，なかには津川先生が今おっしゃったように，自分のなかで反芻して自分で気がついていく人もいる。ですから一般に漠然と思われているほど，質問紙は浅く画一的であるとか，そこからプロフィールを出してそれで考えるとか，それだけではないということです。一つひとつの答え方とか，数字を書いて埋めていく鉛筆の濃さなどの書き方にも，その人のいろいろな現実が表われている。データというのは隅から隅まで大事にして，そこからなにをどう受け取るかという，こちらの柔軟な受け皿の広さが求められています。

Ⅷ　誰のための検査か？
——検査結果の有効活用

♠**下山**＿私の研究室では，強迫性障害のための問題解決や治療プログラムを実施しています。来談予定のクライエントには事前に強迫観念と強迫行為のチェックリストを渡しておいて，それから話を聞いています。強迫性障害やチックなどもそうかもしれませんが，自分で気づかないままやってし

事例で学ぶ
臨床心理アセスメント入門

まったりだとか，話を聞くなかでうまく語られていなかったりする場合というのがあります。けれども，そういうチェックリストを経由することによって，言葉では説明できないけれども，自分がしている行為とか頭に浮かぶものをチェックすることはできるわけです。さらに，このプログラムでは若いクライエントを対象にしていますので，子どもさんと保護者が一緒にいらっしゃいます。保護者の方にも，子どもさんがどのような強迫観念，強迫行為をもっているのかをチェックしていただいています。そうすると，面接では言語データを得るわけですが，面接のなかではっきりと言葉では説明されないもの，行動観察データといえるようなものがチェックリストでわかってきます。とくにご家族によるチェックであればまさにそうであって，そういう面では，津川先生もおっしゃったように，チェックリストというのは非常にあなどれない。言語データに偏ってしまうとみえない重要なデータが，そこにはたくさん含まれていると思います。

✚ 津川＿＿それは，下山先生が単に「チェックリスト」として使われていないからではないでしょうか。チェックをさせるからチェックリストなんですけれども，単にチェックの結果だけをみていない，ということですよね。

♠ 下山＿＿チェックリストを使いながらも，そこからその人の行動を，想像力をもって読み取ろうとしているということです。

✚ 津川＿＿また，村瀬先生がおっしゃったように，実施すること自体に意味があるんですよね。今，下山先生もおっしゃったように，クライエント本人にとっても体験的な意味があると思います。

♠ 下山＿＿うまく観察チェックをするということですよね。

◆ 村瀬＿＿チェックリストを契機に，自分のことを考えるようになるとおっしゃる方もいらっしゃいますよね。それから，自分なりにこういうことでしょうと自分についての仮説を語られて，それで考えはじめる方はいらっしゃいます。自分の検査の結果を知りたいという方は少なくありませんが，それをお二人の先生方はどんなふうに考えて伝えていらっしゃいますか。

✚ 津川＿＿現場によってすごく違うと思います。たとえば，長期入院されている統合失調症の方に対して何かの必要性があって実施するような場合と，自己理解のために自分から地域の相談室にいらっしゃった方に対する場合とでは，ツールとしての心理検査は同じものかもしれませんが，そもそも何が求められているのか，何がどうわかって伝わればいいのか，誰に伝わればいいのか，これらがまったく違ってきます。ここでは逆に，検査の種類を越えて，その検査の場面や目的，ニードによって，大きく違ってくるんじゃないでしょうか。

◆ 村瀬＿＿たとえば病院や矯正機関で，この検査を施行してほしいというオーダーがありますね。でもこの患者さん，あるいはこのクライエントには，別のテストバッテリーで考えるほうがいいとか，今はこの人にこの検査は行なわないほうがいいと考えることがありますでしょう。やはりシステムのなかの自分ということも考えなければならないですけれども，そういうとき，そのオーダーを状況に合わせてもう一度自主的に考え直すことや，オーダーを出した方と話し合うというようなことを怠らないために，やはり自覚的に学ぶべきことがあります。あるクライエントのある部分について的確に知るためには，どのツールを使えばいいかという，その組み立てはとても大事なアセスメントの力ですね。

✚ 津川＿＿そういう意味ですと大切なポイントは，ツールの種類と，実施のタイミングと，実施の順番ですね。

◆ 村瀬＿＿その大切なことと，この世的なこと，つまり組織の要求としてのオーダーとがぴったり合わないときというのが現実にはありますね。これもまた考えるべき点です。

♠ 下山＿＿とくに心理検査にはその傾向があると思いますが，一見科学的だといわれ，しかもある意味でその後の判断と結びつく。とくに心理検査の結

果というのは，偏差値のような形で出る場合もありますので，真実のように決めつけられて面接全体の前提にされることもあるでしょう。そして村瀬先生が今おっしゃったように，あるシステムからすると，管理された業務の流れのなかで，検査結果が使われてしまうこともあると思います。

◆村瀬＿＿管理というか営業というか（笑）。

♠下山＿＿まあ営業もあるかな（笑）。当然そういうコンテクストのなかで使われる可能性があるということは，つねに意識しておきたいと思います。これはアセスメント全体において，「誰のためのアセスメントなのか」ということにも関わってきます。場合によっては，ある組織がクライエントを処遇するためのアセスメントもあると思います。けれども，もう一方では，クライエントが自分の問題を解決するためのアセスメントというものもあります。2つのずいぶんと違う流れがあるなかで，専門家としてどういう立場で，どう組み合わせていくかが問われているのではないでしょうか。

IX　アセスメントの現在と未来

◆村瀬＿＿今，下山先生がおっしゃったことは，アセスメントの現在と今後というテーマにもなるでしょうか。より適切な方向に向かいつつ，この問題とどううまく折り合いをつけていくかということですね。検査者が自分の考えをきちんと説明して実施できるというのは，これはやはり実力をしっかり備えるということがまず前提にあっての話なのでしょうか。

✚津川＿＿たとえば病院の入院場面でいえば，主治医やチームの看護師，そういった方々に心理検査の特徴などを十分に理解していただくということは，直接的に患者さんに影響があるわけではありません。けれども，直接の影響はないにしても，患者さんにとって有益になるはずですし，有益なことがもたらされればチームはまとまっていきますから，さらに力を発揮できるようになるでしょう。実際に，良い心理検査フィードバックには，そういった機能があると思います。

◆村瀬＿＿そうですね。ですから，良いアセスメントをするためには，そもそもアセスメントについての基本的な共通理解が大事だということですね。今後良いアセスメントをしていくためには，ツールについても関わりがある人たちに共通理解をもっていただくような努力をすることをも考える必要があります。

✚津川＿＿心理検査の細かなデータをそのままではなく，わかりやすく統合して，スタッフに伝えるわけですが，それは面接でも同じことですよね。面接でも，クライエントなりご家族なりに，難しい専門用語を並べ立てることはできないわけですから。それをわかりやすく，先ほど村瀬先生が重要だとおっしゃったように，比喩を使って説明するということを多くの皆が目指しているところだと思います。ですから，私のなかでは，心理検査のフィードバックも面接も非常に似ているものとしてとらえています。

♠下山＿＿面接は総合的なものですから，クライエントも自分が言ったことがどう理解されたか，そしてセラピストが言ったことは自分にはどう映ったのかというのは，理解しやすいかと思います。心理検査の場合は，種類によっては自分でチェックできるものもありますけれど，多くの場合は専門家に説明されないとわからない。そこで，専門家として，いかにクライエントが利用できる形で結果を伝えていくのかが重要になってくると思います。今おっしゃったように，チームのメンバー，医師や看護師に伝えるという場面もありますが，患者さんの利益のためにどう伝えていくのかということが，今後とても重要になってくるように思います。

✚津川＿＿私が心理検査を好きなのは，自由画と枠付け画といったように，心理検査という媒体があることですね。図版であったり，ウェクスラーの道具であったり，質問紙であったり，何か媒体に対してクライエントと二人で作業することで浮き彫

事例で学ぶ
臨床心理アセスメント入門

りになりやすいものがあると思います。そのときそこに丸をつけたとか，何か言ったとか，何か書いたということは，二人の体験的な事実です。目の前に見える事実として，紙に丸が書かれていますから，それに対するフィードバックがしやすいはずなんですよね。その意味では，面接のほうはオープンであるといえます。心理検査であれば，今はその丸について話しましょうという形で，ターゲットをはっきりと語ることができます。そして，その方が一所懸命に生きている日常が凝縮されたような世界が心理検査には表われています。とくにロールシャッハ・テストはそうであって，それが凝縮されて二人でシェアできるというところに魅力を感じます。

♠下山＿＿それは，検査というものの位置づけの問題に関わってくると思います。検査というものをめぐって，検査者は分析する，見る，判断する人であり，クライエントは判断される人である。こういう構造でとらえるという発想が今までは多かったと思います。けれども，今の津川先生のお話からわかるのは，心理検査というのは，つまり協働作業なわけですよね。

✚津川＿＿そうです。ウェクスラーなんて，検査するほうもされるほうも大変ですから（笑）。

♠下山＿＿しかも，協働作業であり，なおかつそこにはウェクスラーならその道具があり，ロールシャッハ・テストなら図版があります。検査者，クライエント，検査ツール，私はこの三項関係のなかで進んでいくというところが非常に特徴的だと思います。面接も協働作業ではありますが，これは基本的に二項関係で向かい合って進めていくものです。検査というのは三項関係になるので，おびやかさずに同じものを一緒にみて作業をしていくことができる。そういう発想で検査をみると，協働作業であって，さらにその結果として共通の事実から結果を伝えられるものである。そういうセラピューティックなものとなっていく，私はそんなふうに考えています。

✚津川＿＿きれいにまとめてくださってありがとうございます。私は投映法が好きですが，投映法そのものがもつ力というものがあります。

◆村瀬＿＿たしかに三項関係ですけれど，ただ，そのほかに検査が実施されるのはどういう状況でどういう場なのかということが，関わる人たちもいると思います。たとえば，非常に壮絶な虐待を受けている状況で暮らしてきた子どもが，一応保護された状態で児童養護施設や児童相談所に入るというようなことがあります。そういうときに，彼らはなかなか人や物が信じられなくて，テストであっても，インテーク面接のような場面であっても，コミットするのがむずかしい。でも，こちらのあり方次第で関係ができたりすることもあります。しかし，そういう子どもだからすねている，というふうに思っていてはうまくいかないままです。この社会的養護児童の例は極論かもしれませんけど，そこで最初に送られてくる資料の知能指数は，検査の実施状況を考慮してその数値にかなりプラス・マイナスを考える必要があると思います。ですから今後は，こういったことも積極的に考えていく必要があります。そもそも最初に検査が実施されていて，ある種の生活条件で暮らしている子どもだからこうなりやすい，とされてしまうことは，そもそも大きな問題だと思います。その人のもっている素質が明らかに結果に反映されていない検査結果が，まるで決定事項のごとくレポートとしてまとめられて送られてしまうことは，現実に少なくないような気がいたします。

♠下山＿＿昔の話になってしまいますが，私が大学で学んでいた頃によく耳にして印象に残っていることで，ロジャーズの診断無用論という議論がありました。そういう流れのなかで，アセスメント，知能検査というのは，要するにそれだけで判断する管理の手段になるんだというような議論でした。あえて申し上げますが，村瀬先生のおっしゃったのは，だからアセスメントや知能検査はよくないということではないのですよね。

◆村瀬＿＿もちろん，検査結果に示された指数や偏差値を意味あるものと大事に考えます。そのうえで，

下山 晴彦

その数字について，クライエントの背景要因，その文脈のなかで考えたときに，もっといろいろな可能性があるかもしれないという視点をもつべきではないか，という意味です。

♠下山__安易に検査が良くないとされれば，それは無責任なことのように思います。そのデータのもつ意味もありますし，それをうまく使えば，クライエントの課題を少しでも理解してその解決に向けて動くことができます。あるいは，村瀬先生がおっしゃったように，文脈をしっかりみていくならば，そこからわれわれが動く方向もみえてくると思います。そこをわれわれがどう活用するかが重要な気がします。

◆村瀬__そうですね。臨床においては，何事でもそこにある素材にそのように向かいたいと思います。データはデータとしてとらえますが，それを読むときには，その人の今までの生活のなかで活かされていなかった素質がどこかに潜んでいないか，データをよくよく眺めることでみつけられるよう努めます。なんというか宝探しのような心持ちをどこかにもって，データを読みたいと思っています。臨床ではすべからく今申し上げたように考えたい。

♠下山__そこから何が使えるか探していくということですね。

◆村瀬__できるかぎり可能性を見つけていくということです。

Ⅹ 事実を伝える
―― 臨床家の言葉の技術

◆村瀬__ここまでのお話でも少し触れてきましたが，アセスメントの結果の伝え方について考えてみると，最近ですとアセスメントの結果ということは狭義の検査結果だけを指しませんね。たとえばこれはテリング（telling）といわれていますけれども，発達障害の子どもあるいは大人の方に，あなたはこういう人だと伝えるようなこととつながっていると思います。この結果の伝え方というのは，どういうことが留意されるべきでしょうか。

✚津川__心理検査だけではなく，広い意味でのアセスメントの伝え方ということですから，クライエントにどう伝えるのか，他職種のスタッフにどう伝えるか，ということも論点になりますね。

♠下山__これもまた状況によって違うような気がします。これからも面接を続ける場合，そのとき結果だけを知りたい場合，コンサルテーションのために伝える場合では，さまざまに違ってくるのではないでしょうか。

◆村瀬__クライエント本人に対して結果を伝えることを考えると，たしかにご指摘の通りですね。そして，少年事件や鑑定事例がまさにそうですけれど，これから大きな決定があるという場合に，いわゆる心理職ではない方々にわかりやすく正確にどう伝えるかという意味での伝え方も大事になってくるでしょう。

♠下山__これからますます多くなってくるチーム医

療の場面で，心理職に期待される役割として，そういうところがあるのではないでしょうか。

◆村瀬＿＿クライエント本人，それからチームの人，あるいは他の機関に記録が送られる場合などで，さまざまに状況が違っていても通底するのは，そこで使う用語の公共性，的確さ，わかりやすさが大事だと思います。心理職だけが集まる場でデータをどのように解釈するかを話す言葉ではなく，内容の正確さを損なわないまま，しかしもっと公共性のあるわかりやすい日本語でどう表現するか。生硬な術語は避けて，なおかつ自分としてはそれが当然だというような尊大な話し方や文章でもなく，まず誰が聞いても理解できるように誤解なく的確に伝える。そういう言葉遣いというものが，これからの心理臨床では非常に大事だと思います。

♠下山＿＿クライエントにどう伝えるのかを考えたとき，それはその方の受容できる程度によるところもあると思います。それまである程度自分で自覚されてきて，さらに詳しく知りたい場合と，まったく伏されてきたか家族のなかでも見ないようにしてきた場合が，その例として挙げられるでしょうか。今では発達障害の関連で，そういうことが多くなってきています。医師は家族に発達障害の診断を伝えているけれども，本人には伝えていないというような場合もかなりあるでしょう。そういった場合にどのように本人に伝えるかを判断する基準として，当の本人にどれだけレディネスができているか，ということがあると考えてきました。けれども今の村瀬先生のお話をうかがっていて，こちらの伝え方によっては，たとえレディネスがなくても，その方が受け止められる伝え方というものがあるのではないかと考えはじめています。

◆村瀬＿＿非常にむずかしいですけれども，伝えるという作業は，実はできあがったものを「はい，こうです」と差し出すというそれだけではないはずです。まず伝える前には，この人には予備知識があるだろうか，あるいは家族もみんな知っていてもっと詳しいことを知りたいのかどうか，そういうトータルな現状とこれまでのいきさつを知るこ

とが必要です。また伝えているときには，今言っていることをこの人はどんなふうに聞いているのか，この方の受容量はどの程度かということも観察します。そして，予定よりはもう少しマイルドにして伝えよう，今日はこれぐらいにしておこう，と微調整することもあれば，予想以上にクライエントに準備が整っていて，理解もできていて質問もされたので，もう少し詳しく話してみよう，と調節することもあります。こういう場合は，伝えるというプロセス自体にもアセスメントが必要ですね。

♠下山＿＿なるほど（笑）。

✚津川＿＿伝え方というかプロセスが大事なんですよね。一番大事なのは，その二人で交わしているそのプロセスですよね。

◆村瀬＿＿最近では，発達障害児のための教材ビデオがあって，それをまず見せるところもあるようで，それ自体たいへんな衝撃だと思いますが，さらに胸が痛むのは病理的な特徴を細かく説明されていたりする。本人がそのビデオを見せられ，意気消沈して抑うつ的になってしまったりする場合も時にあるようです。実際には，クライエントの細かな状況とプロセスを考えながら告知も考えなくていけないはずです。ですからアセスメントというものは，やはり支援のひとつの過程ということですね。

✚津川＿＿この２つは不可分で分けられないものですよね。ここまでの話では，障害告知のような場面での「伝える」ということが主に語られてきたように感じましたが，普段の面接でも絶えず伝えていることはあるわけですよね，先ほどのアセスメントのマクロとミクロのように。ある意味アセスメントでは，つねに伝えていて，それをめぐって二人で進めている。

♠下山＿＿何を伝えるかというアセスメントは，当然そのなかで必要になるわけですよね。クライエントがどのくらい理解できるかというような……

✚津川＿＿何をどの順番でどういうふうに伝えるか，というところですね。

座談会　今求められる臨床心理アセスメント　｜　村瀬 嘉代子，津川 律子，下山 晴彦

◆**村瀬**＿＿アセスメントというと，アセスメントを行なう側が一方的に行なうものだということが漠然と大前提となって書かれ論じられます。実態はほとんどそうかもしれませんが，本当は検査も受けている側もこちらのことを考えています。私もたとえばロールシャッハ・テストのときに，相手がにっこり笑って「無駄がきらいでさっぱりしていることがお好きなんでしょう。だからもっと言いたいけれど，これでやめておきます」と言われたことがあります（笑）。

　先ほど相互関係という話が出てきましたが，クライエント側も，今この図版を出している人あるいは自分に質問している人のことを考え，それからこの検査は何のためにしなければならないかと考えていることが，検査結果を構成する要因として働いています。そういうことは通常の集計手続きには含まれていませんが，臨床的にとても大きな意味があると思います。日本ではあまり行われていないように思いますが，以前，家庭裁判所調査官研修所の研修生だったときに，アメリカから帰っていらした先生が，面接者としての自己覚知とか教育分析を受けるという目的ではなくて，テスターも自分を知ることが必要だからといって，全員のTATを取ったことがありました。しかもオープンになることが大切だといって，研修所の教室でそのデータを使って授業があったんですね。教室でオープンにすることが適切かどうかは別ですけれども，私はテスターについても自分の特徴を知ることはすごく大事だと思います。

♠**下山**＿＿昔はよく行なわれていましたよね。どのレベルの題材にするかは別にして，自分の検査結果を取ってもらって，しっかりと結果をフィードバックしてもらう。私にもその経験があります。今は少なくとも私の大学では，そういうことを意識して自分自身のロールシャッハ・テストを取って，それをオープンに分析することはないように思います。

◆**村瀬**＿＿それをなかば強要する必要があるのかという議論が起きてくると思うのですが，ただ自分がどういう特徴をもっているかというのをよく知ることはとても大事ですよね。

XI　臨床心理アセスメントを学ぶために

◆**村瀬**＿＿最後になりますが，臨床心理アセスメントを学ぶにあたって大切なことにも，少し触れたいと思います。

　冒頭にお話ししたこととも関連しますが，アセスメントやそのための検査の勉強をするということと，面接や具体的に治療的に関わることは，一見まったく別のことのように思われるかもしれません。ですが私はむしろ，アセスメントというのは面接と同じく，非定型でどのようにも展開していくものだと思います。もちろんこの座談会で明らかにしようとしたような，アセスメントや面接にはある種の構造がありますけれど，でも同時に非常に非定型に広がっていくものです。同じように非定型に広がっていく面接やプレイセラピーのなかでも，仕事としての臨床というのはどこかで，今行なっていることが，相手のクライエントや患者にとって，いったいどのような意味をもちうるかということを，総体的な視点で考えなくてはなりません。それは，とても自由に自然に動いているようであってもです。

　心理検査というものは，何次元にでも広がっている人間の心の特質やメカニズムを，ある視点から系統的に整理する方法としてあるわけです。ですから，心理検査の勉強をすると，頭のなかに，見たり聞いたり読んだりしたときにその内容を整理するための構造ができていきます。そうすると，人が自由に話されることをただ流れるように聞くというよりは，聞きながら，「それはこういうことだ」「その文脈のなかではこういうことだ」というふうに，捉え方がより的確になります。これは，面接はもちろん，クライエントと実際に行動をともにして動き回るようなときに実は役に立つものです。ですから，自分は心理検査が嫌いだとか，

事例で学ぶ
臨床心理アセスメント入門

やはり臨床は面接だとか，あまり決めつけないほうが，自分の実力がついていくうえでもいいと私は思います。そして，今現在進行している面接の内容をきちんととらえなおして考える力がつくという意味でも，アセスメントや心理検査についての勉強は，頭のなかに構造としての柱が立つと思います。たとえばTATを考えてみても，TATを深く勉強してみると，人の話について大枠を理解するための骨格がもちやすくなると思います。そもそも無駄なことなんて何もないのですから，楽しんで勉強されるといいと思います。あんまり苦行だなんて思わないで（笑）。

♠下山＿アセスメントというのは，ひとつは「自分は何をしているのか」ということを，つねに意識することだろうと思っています。ですから，もちろん先ほど申し上げたように，アセスメントというのは，依頼された相談にどう対応するのかという活動のなかで，対象とする問題は何なのか，そして問題はどう成り立っているのかということを明らかにする作業であると思います。しかし実際には，なかなかきれいにこの構造が導かれることは少ないと思います。けれども，それを意識することによって，自分は何をしようとしているのかということを，つねに責任をもって感じることはできるはずです。それは，クライエントあるいは患者というのは，専門家といわれる心理職に対して，どれくらい何をしてくれるのかということを，つねにみていると思うからです。ある意味でセラピストというのは，クライエントに試されているともいえます。ですから，どこまで理解しているのかを必要に応じてしっかりと伝えていくことが，専門職の責任であろうと思います。

どのようにアセスメント結果を伝えるか，という先ほどのテーマのように，ある種対外的に伝える，チームのスタッフのなかに伝える，ということもあると思います。けれども面接のなかではつねに，自分はクライエントと何をしようとしているのか，それをクライエントに適宜伝えていかなければいけないし，問われればしっかりと答えられなければいけない。アセスメントをして伝えるという作業は，面接の序盤の段階でとくに必要になります。しかしそれだけではなくて，それからずっと面接が進んだとしても，つねに自分は何をしているのか，何に取り組んでいるのか，ということを意識する作業であろうと思います。そういう意識でいると，アセスメントが自分たちの仕事の柱になるということも意識できるのではないかと思います。

♣津川＿両先生のおっしゃられる通りだと思います。数年間会いつづけている人だとしても，今何をしているのかということだと思います。話の内容も大事ですが，しかし本当に大事なのは，「今」なぜその話を語っているのか，という視点です。もちろんクライエントの話の内容は聞いていますし，決して無視をすべきだということではありません。けれども，この視点がないまま，また前と同じような話をしているというふうに聞いてしまったら，傾聴にもアセスメントにもなりません。そのクライエントの抱えている課題やその課題の背景にある構造についてアセスメントしていくうえでも，この視点を欠いてはそれがむずかしくなります。今この一秒この一瞬に会っていることは事実だけれども，そもそもなぜ二人は会っているのか，二人が会っているというのはどういうことなのかという，その視点をいつも忘れないようにしたいと自戒しつつ思います。この一見当たり前のような，けれども当たり前のことを当たり前に続けるということは，ものすごくエネルギーを使うことです。これからもそのような視点をもちながらクライエントに会うことができる臨床心理士でありたいと，まず自分に対して思います。

II

[総論]
臨床心理アセスメントを学ぶ

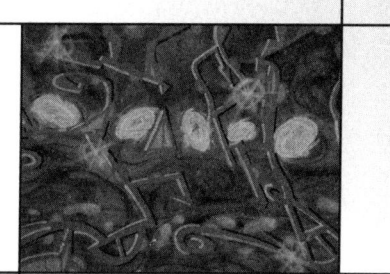

論説

心理臨床における
アセスメントを考える

青木 省三 SHOZO AOKI
川崎医科大学精神科学教室

三浦 恭子 KYOKO MIURA
川崎医科大学附属病院
臨床心理センター

和迩 健太 KENTA WANI
川崎医科大学
精神科学教室

吉武 亜紀 AKI YOSHITAKE
川崎医科大学附属病院
臨床心理センター

月田 美佳 MIKA TSUKITA
川崎医科大学附属病院
リハビリテーション・センター

原田 まき MAKI HARADA
松原市役所福祉部
子育て支援課

村上 伸治 SHINJI MURAKAMI
川崎医科大学
精神科学教室

山田 了士 NORIHITO YAMADA
川崎医科大学精神科学教室／
川崎医科大学附属病院
臨床心理センター

I はじめに

心理臨床におけるアセスメント・評価というものは，人によって若干，定義が異なる。本稿ではアセスメントを，面接や心理検査やその他の情報などから，クライエント自身だけでなく，クライエントの置かれている環境・状況を把握し，治療や対応の方針を立てるものと捉え，考えていきたいと思う。

ただし，クライエントを理解するという過程は，ただ単に尋ねたり，検査を施行したりというものではない。質問に対しての答えや検査終了後の何気ない話のなかに現れる悩みやつらさに，「大変だったですね」「苦しかったでしょうね」などと言葉を添えながら，進んでいくものである。アセスメントの過程自体に，すでに心理療法的な部分が含まれており，やがて心理療法が主体となっていくという流れとなることが

一般的なのである。治療の開始にあたってはアセスメントにより力点がおかれ，しだいに心理療法へと力点は移っていくが，アセスメントという視点は心理療法のいずれの時点においても必要なものである。アセスメントと心理療法は独立したものではなく，両者が補完しあいながら，臨床は進んでいくのである。

本稿では筆者らが経験したいくつかのケースを提示しながら，アセスメントについて考えてみたいと思う。

II 臨床におけるアセスメントの視点

どのようにクライエントを評価・アセスメントするか？

クライエントをどのように理解するかについては，いくつかの視点が必要となる。

1. クライエントの主観的な体験を把握する

クライエントの言葉（時には沈黙）に耳を傾け，クライエントが主観的に悩み苦しんでいることを理解とする。これはごく当たり前のことであるが，例えば，発達障害や統合失調症などの病名などが頭に浮かぶと，主観的な苦しみから，客観的な行動観察のほうに目が向き，当のその人の悩み苦しみを聞くという姿勢が薄らぐことがある。臨床の原点ともいうべき，悩み苦しみを聞くということが抜け落ちることがあるのである。

また，体験を理解するということは，その人のつらさや苦しみをいくらかでも感じとる，すなわち「共感」（安易な使用は控えたいが）というものに近づくことでもある。

2. 客観的な症状・行動を把握する

主観的な悩み苦しみを理解すると同時に，現在のクライエントの表情，態度，話し方，振る舞い，行動特徴などを，客観的に観察できるものから理解する。表情などの非言語的な表出をいかに正確に細やかにキャッチするかは，とても重要である。

主観的な悩み苦しみを理解することと，客観的な言動を観察することは，どちらか一方が大切というものではなく，両者が補いあってこそ，はじめてクライエントを理解することが可能になるという相補的なものである。

それに加えて，さらに2つの評価・アセスメントが求められる。

3. これまでの歴史を理解する

縦断的に，すなわち，発達歴，生活歴，現病歴というような時間の流れのなかでクライエントを理解しようとする。そのときには，その人らしい具体的なエピソードや出来事を繋ぎ，理解を深めることが大切になる。これはクライエントの現在の悩み苦しみを，発達歴，養育歴，生活歴という時間の流れのなかで理解しようというものである。

4. 現在，生きている世界を理解する

しかしそれだけでなく，横断的に，すなわち，クライエントが，家族，学校，職場，地域などのなかでどのような状況に置かれ生きているのかを理解することも求められている。治療者は面接室でクライエントの話を聞き内面に目を向けることだけでは不充分で，クライエントの生きている現実に目を向ける必要がある。すなわち，クライエントの生きている現実，生活について尋ね，どのような日々を送っているかについて，イメージする（村瀬，2008）。

以前は，縦断的にその人の生きてきた歴史を理解することが重要とされてきた。だが現代のように，人や家族を護る関係や地域が失われ，人や家族が孤立し孤独になりやすい時代では，家族に心理的・経済的なゆとりがなく，些細な出来事で，家族が壊れやすい。このような時代の治療や援助は，その人の行動や心のなかを見ることだけでは不充分で，その人の生活と，そしてその人と家族をとりまく環境を見て，生活のなかで困っていることを把握することが不可欠である。

III 情報の増加に伴う
アセスメントの変化
——ケース1

　職場から，会議の時間を忘れる，書類の提出が遅れる，そのことを覚えていないなどを指摘され，神経内科ものわすれ外来へ受診した，50代の男性。外来初診時は本人のみ来院し，認知症スクリーニング検査（HDS-R, MMSEなど）では認知症を疑う明確な所見は得られなかった。一方で，日常生活において"ものわすれの具体的なエピソード"があり，休養と職場での環境調整，認知症の精査と診断・評価のために，神経内科に2週間の検査入院となった。

　入院中に行ったMRI, SPECTなどの脳画像検査や遂行機能を測定する神経心理検査からはいくらかの変化が認められ，認知症を完全には否定することはできなかった。加えて，入院に付き添った妻から，「たまの休みにも仕事が気になり職場に出かけていた」「夜間も落ち着かず，あまり眠れていないようだった」「検査入院になって少しは休めるのではと内心ホッとしている」と最近の家での夫の様子が語られた。また，本人からも，「実は1年ほど前から不眠になり，睡眠薬を使用していた」「半年前の異動後，職場での対人関係で悩んでいる」などの情報が得られた。これらの聞き取りから抑うつ的であることが疑われたため，精神科にコンサルテーションし，うつ状態に心理的にアプローチするとともに薬物療法を開始した。その後，うつ状態は，徐々に改善し，本人も「久しぶりにゆっくり休めてすっきりしています」と話すようになった。

　うつ状態に対しては近医での継続治療，職場へは本人了解の下で情報提供し，仕事量や職場環境に配慮をしてもらうように働きかけ，認知機能の低下（ものわすれ）については1年後に経過観察のために外来受診することとし退院となった。

　当初は，認知症の初期症状か，認知症に対する過剰な不安かを，検査で鑑別することが目標であった。しかし，妻などからの情報により，抑うつ状態が示唆され，うつ状態・うつ病の可能性も出現し，これに心理的にも対応することになった。

　認知症とうつ病というのは，50代以降のうつ状態の人を診るとき，絶えず念頭においておかなければならないものである。可能性として，以下の3つを考える必要がある。

①認知症の初期症状としての判断力の低下などのためにうつ状態を呈している。
②うつ病のために認知症様の症状や心気症状が出現している。
③認知症とうつ病が併存している。

　しかし，当面は抑うつ症状の改善を目標に治療をするしかないが，診断という意味では，経過を慎重に見なければわからない。器質的な要因がベースにあれば，比較的軽い現実的な負荷でさまざまな心理的な反応を起こしやすい。心理検査など尺度で測定するものも重要なアセスメントツールではあるが，被検査者のある一面のみを捉えていることが多い。臨床においては，いくつかの可能性をもち続けていくことが大切なのであり，新しい情報によって絶えずアセスメントをし直す必要がある。早くから診断をひとつに絞ることこそ，注意しなければならない。

Ⅳ 関わりの増加とアセスメントの変化
──ケース2

3歳の男児Aは，落ち着きがない，集団生活についていくことができない，指示が入らないということで，保育所より市の相談室を強く勧められたため，母親は特に心配はしていなかったが来所した。

発達検査を実施したところ，全体で1年程度の遅れが認められ，表情課題や抽象的な概念の理解に関する課題は不通過であった。Aは，簡単な指示に従うことはできるが，視線は合いにくく，表情は常に一定だった。母親の話より，運動発達は平均的，発語は遅く，単語は2歳半過ぎ，2語文は最近で，人見知りはなかったとのことだった。言葉の理解はある程度できているが，発音が不明瞭で，母親自身，Aが何を言っているのかわからないことが多かった。また，Aはマイペースで，自分がしたいことを止められると暴れていた。保育所からの話では，入所当初，オウム返しがあり，視線もほとんど合わなかった。初回の相談時の見立てでは，知的な遅れと自閉傾向をもつ可能性があると考えた。

ただ，母親も表情が変わりにくく，淡々と話し，Aへの関心が薄く，共感的な関わりが苦手な印象を受けた。保育所の話では，休み明けに怪我を作ってくることが多く，ネグレクトも関係していることが疑われた。相談の結果，保育所は母親に障害児加配保育制度の利用を勧め，母親は抵抗なく了承し，利用することを受け入れた。

1年後，経過観察のために来所した。再度，発達検査を実施したところ，全体的な遅れは変わらず，抽象的な概念の理解に関する課題は不通過で，折り紙を2つ折りにする2歳半レベルの課題ができないほど，手先が不器用だった。しかし，表情課題は的確にでき，社会的なルールの理解に関する課題も通過した。また，表情が豊かになり，やりとりも生き生きとできるようになった。初回検査時の印象とは異なり，自閉傾向を疑わせるようなものは，ほとんどなくなっていた。

保育所からの話では，Aは担任とほかの保育士とを区別して愛着を示し，視線が合うようになり，他児からの支援を受け入れ，全体的に落ち着いて集団生活を外れることなく送ることができるようになったという。

障害児加配保育制度を利用し，保育士との一対一の関係のなかで，情緒的な関わりを大切にしてもらったことで，Aの自閉傾向が消失したと考えられた。また，母親も表情が少し豊かになり，母親からAのことを相談するようになった。母親も保育士と関わり，Aが母親に情緒的に関わることが，母親の情緒的な対応を引き出したと考えられた。

このケースをどのように考えたらいいのだろうか。Aは生得的な要因の強い自閉傾向をもっていたため，母親が充分に世話することができず（ネグレクト），その結果，Aの自閉傾向がさらに強められていた可能性もある。その反対に，生得的な自閉傾向はそれほど強くなかったが，母親の世話が不充分のため，自閉傾向が強められていたという可能性もある。このように自閉傾向をもつ子どもを診る場合でも，生得的要因と環境的要因が，現在の子どもにどの程度影響を与えているかを判断する必要がある。特に初回や数回の相談で，それを判断することは難し

いが，この子どもに影響を与えている要因，すなわち，生得的要因，環境的要因（家族，学校など）などのなかで，どの要因が変化する可能性があるのかを判断していくことが大切になる。

このケースでは，保育士との一対一の関係など，人との関わりを経験した1年後のアセスメントで，自閉傾向は消失していた。その理由として，生得的な自閉傾向が成長により改善したという可能性もあるかもしれないが，保育士を中心とする一対一の対応などの環境の変化が自閉傾向を改善させた，と考えるのが妥当ではないだろうか。

特に自閉傾向をもつ子どもの場合，生得的要因に目が向き，環境的要因が軽視されることがあるので注意が必要である。ここで大切になってくるのは，現在の状態に影響を与えている生得的要因と環境的要因の割合を判断し，どこに働きかけるのが有効かを判断することである。

V 面接の進展とアセスメントの変化 ——ケース3

小さい頃からスポーツも勉強もよくできる男児であり，親を困らせたことはなかったという。特に誘因なく，学校に行く意味がわからなくなったと言って中学2年から不登校となった。

不登校となりやがて長いひきこもりに入った青年は，初回面接の際には，かたい表情で目を合わさず，「はい」「いいえ」「ああ」などとほとんど短く答えるだけであった（大きなかばんを始めから終わりまで肩にかけたままであったことも印象的であった）。明らかな発達歴の問題はなかったが，最初の数回の面接で，曖昧な質問に答えにくそうにしていたり，感情を含めたやりとりがしづらい感じがあったりしたことなどから，治療者は発達障害をベースにもつひきこもりではないかと考えた。

だが，定期的に会っている数カ月のうちに，青年はしだいに言葉が増え，オープンクエスチョンにも返事が返り，やりとりする会話もできるようになった。また，主治医の勧めで時々参加していた精神科作業場面で，青年はあるスタッフの言動を，社会マナーや倫理のうえから「問題がある」と指摘するようになった。それは客観的にも的確と考えられるものであり，青年がよく観察する力をもっていると考えられるものであった。その時点で，治療者は当初の発達障害という評価は誤っており，初回面接の頃は，不安・緊張が強かったために，また，長期間ひきこもりが続いていたために，そのように見えたのではないかと考えた。

だが，さらに面接を続けているうちに，青年は人の言動の問題点を非常によく気づき，それを許せないということがわかってきた。「このくらいなら，まあいいか」と許すことができず，「ほどほど」という感覚をもてないということがわかった。この自分の考えを切り替えることができず，青年はいつも倫理的ではない人の言動に気づき，それを許せず，苦しんでいたのだと思った。青年は口に出してそのことを相手に伝えることができず，その怒りは内に向き，人間不信となり，ひきこもっていたのではないかと考えた。その時点で，治療者は，あらためてこの青年は自分の視点の切り替えの困難に苦しんでおり，その点を見ると，いくらか発達障害の傾向をもっていると考えたほうがよいのではないかと考えるようになっていた。

もう一度振り返ってみると，治療者の評価・理解は，①発達障害をベースにもつひきこもりというものから，②長期間のひきこもりによる対人恐怖へ，そして③あらためて，倫理観などの自分の発想の切り替えの困難などをもつ発達障害，というように変わっていった。

　このように，面接が進展し，治療者・クライエント関係のなかの不安・緊張感が和らぎ，いくらか信頼関係を築けるとともに，コミュニケーションが改善し，発達障害らしさが薄れてくることはしばしば経験することである。だが，発達障害のより異なった側面ともいえる，視点の変換，切り替えの困難，こだわり，とでもいうべきものが明らかになることが，決して稀でなくある。

　心理面接におけるアセスメントとは，面接のなかで，絶えずバージョン・アップされなければならないものである。

VI　複数の人や場面の情報をもとにしたアセスメント

　子どもや大人は，人や場面によって現す姿が異なることがある。例えば，職場や学校での姿と，家での姿と，診察室での姿が異なっていることは少なくなく，そのためにそれぞれの人や場面の間で相互不信に陥ることもある。また，熱心に診ていた前医の診断と，後医の診断が異なることもある。例えば，主治医が転勤し交代するときに，「〇〇先生は統合失調症と診断していたけど，僕からみるとアスペルガー症候群なんですよね」とか「〇〇先生は発達障害と言っていたけれど，私からみると『普通の適応障害』なんです」というような言葉を聞くことがある。大学病院のなかのことであれば，お互いの人柄や臨床を知っており，何故だろうと考えることもできるが，これがほかの医療機関となると，「何でそんな診断をしているのか」と互いに不信を抱くことにもなりかねない。

　具体的な例をあげてみよう。

　診察室で落ち着いて話す少年を見て，「〇〇君は，（診察室では）きちんと話をすることができるので，学校でよく話を聞いてあげてください」などと助言すると，担任から「〇〇君は，学校では落ち着きがなく，皆のなかに入れません。時には乱暴なこともするし，自分の好きなことだけを一方的に話しています。とても話を聞くような状況ではありません（もっと，ちゃんと診察してください！　発達障害ではないですか？　薬を飲んだほうがいいのではないのですか？）」などと，怒りをこめた返事が返ってくることがある。これは学校の先生の心配や苦労を理解していないから起こることであるが，治療者というものは目の前の子どもの姿を，「本当の子どもの姿」などと考えやすいので注意が必要である。ただし，学校の先生の情報も，クラスや学校全体の雰囲気，担任教師の性格や考え方などの影響を受けており，子ども自身が引き起こしているものと，環境が引き起こしているものを冷静に吟味する必要がある。

　子どもも大人も，一対一か集団か，またその場の刺激の質と量などによって，さらに不安や緊張の程度などによって，現す姿が異なってくる。これまでの診断は，家族や職場の情報を参考にしてはいたが，何よりも目の前のクライエントを診察することが重要視されてきた。しかし，これからの診断では，家族や学校や職場での情報を総合することが，より重要な意味をもってく

るのではないかと思う。自分の目の前のクライエントの姿と，その他の人や場面を前にしたクライエントの姿を総合して，クライエントを理解するという姿勢が求められているのである。そういう意味での連携があらためて重要になってくる。一人の目では平面的な捉え方になりやすい。複数の人の目を通して見たとき，はじめてクライエントが立体的に見えてくるのである。

Ⅶ　生き生きした瞬間を見つけ出す

　複数の人や場面の情報をもとにアセスメントをするということに，ひとつ付け加えておきたい。それは筆者らが考えている「生き生きした瞬間を見つけ出す」ということである。
　毎週，入院の患者さんについて，精神科医，研修医，看護師，作業療法士，精神科ソーシャルワーカーの多職種でカンファレンスを行なっている。そのなかで，筆者らは入院のさまざまな場面での患者さんの言動を照合し，患者さんを理解しようとする。そのなかでも特に，患者さんの生き生きとした瞬間や笑顔が出る瞬間を見つけ出すということが大切と考えている。例を出して考えてみよう。

1.　ある日のカンファレンス
――ケース4

研修医――先週入院された統合失調症の疑いのある，18歳の男性です。入院後，ほとんど話されません。でも特に不安そうでもなく，落ち着いて過ごされています。

指導医――同室の患者さんとは？
研修医――交流はありません。デイルームにも，ほとんど出ることはありません。
指導医――看護から見たらどうですか？
看護師（以下，Ns）――落ち着いておられます。確かに交流はありません。……だけど，この間，お兄さんが面会に来られたとき，いつもはゆっくりなのに，ササッと走っていって，いい笑顔で話していたので驚きました（ポイント①）。
指導医――他に病棟で，いい笑顔が出る時はありませんか？
Ns――ありません。
指導医――普段の表情は？
Ns――無表情で，動きもありません。
指導医――作業場面ではどうですか？
作業療法士（以下，OT）――……Bさんは，カブトムシが大好きなんです。カブトムシの話だとたくさんいろんなことを話してくれます。この間は，作業の合間に，ネットでカブトムシについて調べていました。
指導医――カブトムシが大好き？
OT――家でも，カブトムシをたくさん飼っているみたいです。詳しいですよ。
指導医――作業場面での表情は？
OT――生き生きとしたいい表情が出ます。特にカブトムシの話をしているときは，よく笑顔も出ます（ポイント②）。

2.　その後の情報（主治医とOTから）

　Bさんは入院前の1年間，兄と一緒に自動車修理の町工場で働いていた。車が好きで，中古

車価格などにも詳しい（ポイント③）。

外来で精神科作業療法を受けに来ていたときには，レクレーションだけに参加していたが，緊張が強く，あっという間に会計もせずに帰ったりすることがあり，目が離せなかった。入院後は，作業場面で，OTが「私もカブトムシを飼っていたことがあるよ」と話すと，本人のほうから，「何匹飼っとったん？」「どのくらいの大きさの虫カゴ？」などと尋ねたり，「新しい虫カゴを買おうと思っている」「この種類のカブトムシは高い」などと話すようになった。そのときは，よい顔をして生き生きとして話したという。

そして1カ月弱の入院の間に，作業療法では，カブトムシの革細工のキーホルダー（可愛らしくできて，うれしそうだった）を作って，「これを車の鍵につける」と言って退院していった（ポイントが繋がる）。

さて，これらの経過から，この青年が生き生きとなるポイントは，①兄，②カブトムシ，③車，であることがわかる。そして，兄のような保護的な存在のもとに力を発揮すること，車やカブトムシなどの興味をもったものには集中して楽しめることなどがわかり，退院後の就労に生かしていった。今は面倒見のよい親分肌の上司の許で，元気に働いている。

このような生き生きする瞬間，ポイントを見つけること。ここにクライエントを理解し援助する重要なヒントが潜んでいる。これが前節で述べた情報を総合することの意義なのであり，クライエントを理解する際に大切なポイントになるのである。

VIII　おわりに

これまで述べてきたように，アセスメントは1回行なえば終わりというものではなく，絶えず更新していかなければならないものである。特に心理療法は，クライエントの主観的な悩みやつらさに目が向きやすい。それはとても大切なもので，それなしには心理療法はなりたたないのであるが，同時に治療者は，客観的な観察と冷静な判断を行なっていなければならない。心理療法が，何を目的として始まり，今は何処にいて，これから何処に向かって進んでいくのか，という治療の方向を見失わないためにもアセスメントは不可欠である。心理療法が何となくうまく進んでいるように見えても，クライエントが生きている現実の生活の質が変わらないとき，何か大切なものを見落としているのではないかという，大局的な観点からのアセスメントが必要になることもある。そのように考えると，アセスメントには単にクライエントを理解するということに留まらず，クライエントの生活を，そして治療全体を俯瞰するような視点が不可欠となる，奥の深いものなのだと思うのである。

文　献

青木省三（2007）精神科臨床ノート．日本評論社．
青木省三（2011）新訂増補 思春期の心の臨床．金剛出版．
村瀬嘉代子（2008）心理療法と生活事象――クライエントを支えるということ．金剛出版．

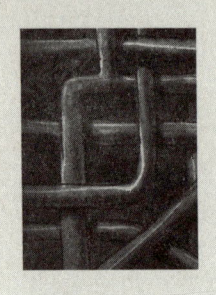

論説

よみとりの視点，伝える工夫
―― 臨床心理アセスメント私論

伊藤 直文 NAOHUMI ITO
大正大学

I はじめに

　近年，臨床心理学領域であらためてアセスメントへの関心が強くなっている。背景には，認知行動療法やエビデンスベイスト・アプローチの興隆にともない，システマティックな介入の最初期段階としてアセスメントが重視されるようになっていること，「軽度発達障害」への関心が高まり鑑別ツールの必要性が増していること，さらに，臨床心理職の職務領域が広がり，他職種との協働が増すにつれて，あらためて固有の「技術」を磨く必要が生じてきていることなどの事情があるように見える。こうした変化の途上にあっても，心理アセスメントが「心理」アセスメントである以上，変わるものと変わらないもの（変わるべきでないもの）があるに違いない。
　ここで，私に与えられた役割は，アセスメントに関わる総説や大きな展望を論ずることではないだろう。固有の臨床経験のなかで考えてきたことを述べて，全体の議論にわずかでもふくらみを加えることができたらと考える。
　さて，私論というからには，ある程度，私の経験領域を明らかにしておかなければならない。私は，大学院在籍中の3年間国立病院精神科の無給研究員として働いた後，家庭裁判所調査官となり，当初は家事部で主に夫婦・家族間の紛争調整活動を中心に行い，後に少年部で非行少年やその家族に関わるようになった。最近十数年は，大学付属の外来相談機関で幅広い対象の心理臨床に従事している。これらの経験のなかでも，とりわけ法律職という独自の専門性と思考回路を持ち，心理職とは異なる人間観を持つ人々（その距離は，医師と心理職の間の距離よりも相当に大きい）に自らの見解や知見を伝える仕事をしていたこと，利害の対立する紛争当事者の間に入って，必要な情報提供をしつつ意見調整をしていたことなどが，自分の臨床姿勢に大きく影響していると感じている。以下の議論には，おそらくこうした経験に基づいた特有の色彩があるに違いない。

II 臨床心理アセスメントを どうとらえるか

　歴史的に見ると心理アセスメントにおいては，基礎心理学における科学主義，臨床心理学における医学モデルに基づいて，可能な限り「人の心」を客観化，対象化して，その人の心理的諸側面や人物像を評価，診断しようとする方向性が先行して存在した。これは現在にいたるまでさまざまな心理テスト，測定尺度の開発，発展に貢献する重要な流れとなっている（私が仕事を始めた当時，「心理アセスメント」の語はなく，「心理測定」「心理診断」という語が使われていた）。他方，その後の臨床心理学独自の発展のなかで，心理学的測定にとどまらないあらゆる資料，知見を統合して「対象者の『全』人の記述と評価を目指す」（赤塚ほか，1996）方向性が強調されるようになった。コーチン（Korchin, 1976）は「臨床的アセスメントというのは，有効な諸決定を下す際に必要な，患者についての理解を臨床家が獲得していく過程を指す」と定義し，臨床的観点から「目的」的に行う一連の「過程」と考えている。彼は，アセスメントの目的についても極めて広い焦点を持つものと考え，重要な側面として「将来の行動予測」をも含めた。かくして臨床心理アセスメントは，客観的把握から全人的把握に向け，横断的，歴史的視点から将来展望的視点に向けて，その視野を広げたのである。

　ここでは，後者の臨床的方向性に従って論を進める。

III よみとりの視点

　以下に，臨床心理アセスメントを進める際，日頃大切に思っている視点（軸）を挙げる。これは，アセスメントの必要項目を網羅するものではない。対象者の問題歴，性格傾向，内面の葛藤や力動，知的特徴，身体的状況，家族背景などの基本情報は当然おさえたうえで，その情報をどう統合するかについて要点を述べようとするものである。

1. その人が世界や自分を どのように体験しているか

　生物−心理−社会モデルということが言われる。その基本前提にはまったく異論はないものの，「心理」が「生物」「社会」と並列的関係にあるとはどうも思えない。こころ（人の主体性とか精神とか「魂」と表現されるものまでを含む幅広い意味で使う）は，生物や社会を把握するが，生物や社会はこころを把握しない。もちろんこれは，「心理」職が「生物」や「社会」の専門職に対して優位性を持つということではない。ただ，専門職としての臨床心理職の役割は，少なくとも生物−心理−社会の一部を「分担」することではなく，こころのとらえた存在の全体性を観ることにこそあると考えるのである。

　人は，自らの身体に根ざし，出自や社会経済的な事情を抱えて人生を歩む。ただ，同じような条件で育っても，多様な生き方，人柄があるように，その人が環境世界や自らの身体性をどう体験し，生きようとしているかにこそ，その人のかけがえのないあり方が示される。この点をアセスメントの揺るがない基本軸としたい。

例えば，何らかの障害によって知的機能の低下が生じている場合，知能の詳細な把握は必須だが，機能低下を本人がどの程度自覚し，どう受け止めているか，また，その事実を家族や周辺の人と共有できているのか，そもそも，本人にとって知的機能はどんな位置を占めていたのかなどが，本人の「人間」的な苦悩に近づくためには重要だろう。

　家庭裁判所時代に私の指導官が担当した，50代後半の夫に対する妻からの離婚申し立て事例。堅いくらいにまじめで家族思いの夫だったが，子どもたちが成長するに従って，突然に怒り，暴れることが増え，家族関係も悪化，成人に達した子の勧めもあって離婚申し立てがなされた。妻や子は家族団らん中に突然怒り出す夫に辟易していたが，怒り出す状況に疑問を感じた指導官からの指示で私がグラッシーテストを施行した。すると具体水準（テスターが作った積み木模様と同じ積み木模様を作る）は容易にできるのに対し，抽象水準（2次元の図版の模様を積み木で作る）は極端に成績が悪く，脳器質障害が疑われた。詳細な生活歴を聴取するなかで，夫はかつて炭坑で粉じん爆発事故に遭っていることがわかった。その後，他の仕事に就き家族を養ってきたが，子が成長し，家族間の会話が複雑になるにつれて，自分だけが理解できず疎外されているとの感覚が強まり怒りが爆発，次第に家族に疎まれるようになったが，自分でも自分の状況が理解できなかったのである。この事例は，一酸化炭素中毒後遺症の可能性を考え，専門医に紹介，妻子が医師の指導に従って配慮するにつれて，怒りの爆発は減少し，離婚申し立ては取り下げられた。

　同じく家庭裁判所で経験した事例。30代の夫婦で夫の異常な嫉妬深さに困った妻が円満調整の申し立てをしたものである。執拗に妻の浮気を疑う夫の面接を重ねるなかで，面接者の言葉を聞き取ろうとする際の些細なしぐさに気づいて尋ねると，実は子ども時代の病気により片耳がよく聞こえないという。しかし，会社にはもちろん妻にも隠していた。コードレスフォンに買い換えた自宅の電話で，妻が部屋の中を移動しながら話すと，角度によって急に聞こえにくくなる。最初は，自分の聴力の問題だからと気にとめなかったが，次第に，実は妻が自分の難聴に気づいており，聞かせたくない話になると故意に聞こえない側に回るのではないかと疑念が止まらなくなった。そして，妻の職場の男性から電話があったのを機に嫉妬妄想様の状態に陥ったのである。十数年来，親以外の誰にも話さなかった心情を話すうちに，決意して妻に耳の障害を告白することができ，関係は改善に向かった。

　これらの少々特異な例をあげたことには理由がある。「対象者の感じているように感じる」という言い回しは「共感」を指すものとしてしばしば使われる。しかし，これは「話を丁寧によく聞く」だけで可能になるものではなく，幅広い知識とそれを具体的生活のなかに置いてイメージすることのできる能動的な想像力を必要とするものである。ここでは，障害に関連した例をあげたが，親の会社が倒産したら，離婚したら，家族の日常に何が起きるのか等々。生活の具体レベルで，その人の体験しているであろう世界のリアリティを描くことができるアセスメントを心がけたい。

2. 矛盾のなかにその人の希望を見いだす

アセスメントに限らず，人が人を理解しようとするときには，矛盾なく整合性のある人物像を描きたいという欲求が働く。しかし，人は往々にして矛盾した存在だし，とりわけ混乱のなかにあるときには矛盾を孕んでいても不思議はない。

家を出た夫に愛情があるし，夫のいない生活など考えることができないので戻ってほしいと訴える主婦が，他方で就職先を探している。人生に絶望して死ぬつもりだという人が友達と遊んでいる。ここから「本音は別れる気なのだ」「本気で死ぬつもりはない」と考えるのは短慮に過ぎよう。矛盾する両面をひとまずそのまま受け入れておくゆとりが必要である。そのうえで，「訴え」と「行動」の間に矛盾があるとき，多くの場合そこには「感情」が介在している（佐竹・中井，1987）ことに気づくべきだろう。その「感情」自体が決して一色ではないが，そのなかには，その人がどのように生きたいかという希望が隠されている。人は行き詰まったとき，混乱し矛盾したふるまいをする。逆に矛盾があるときには，新しい別の生き方への可能性が開けつつあるとも言える。それを見逃さずにとらえたい。

3. 現実との折り合い方を見定める

コーチン（Korchin, 1976）は，「臨床家の行う仕事は，患者のパーソナリティの構造とダイナミックスや，彼に欠けているものと同時に彼に備わっているものとか，彼に課される要求とそれに対処する彼のやりくり（resource）とを描写することである」と述べている。人は，他者から見て極めて不適切な行動を取っているときでさえ，内的，外的条件のなかでその人なりに精一杯の選択をしていると想定してみる。この想定はときに間違っているかもしれないが，こう想定するなかでその人の現実との折り合い方が見えるようになり，うまくいかないながらも頑張っているその人の主体のあり方やリソースを見つけ出せることが多い。

例えば，ロールシャッハ法の解釈で，退行的（病理的）な反応内容に注目することは重要だが，その反応をどう帳尻あわせして説明してくれようとしているかに着目するほうが，先行きの見通しを立てるために役立つように思う。

心理臨床家は，対象者のイメージや感情世界などの内的過程を描くことに熱心だが，内的現実や外的要請との折り合い方のなかにこそ，その個人のリアルで具体性のある姿を見ることができると考えている。

4. 臨床心理アセスメントは自分に及ぶことを自覚する

アセスメント場面は「対人場面」である。私たちは，心理テストや面接を通してアセスメントを行うが，あらゆる対人場面ではインフォーマルなアセスメントが行われている。しかも，インフォーマルなアセスメントは，しばしば無意識になされ，それを基盤にしてフォーマルなアセスメントもなされるのである。私たちが，専門的で「切れ味のよい」レッテルを貼ろうとするとき，そこに逆転移が隠されていないかを自問することは重要である。

また，「臨床的」アセスメントの場合，対象

者についての展望（希望）は，援助者としての「私」の展望（希望や期待）と表裏になっていることが指摘できる。対象者について良好な見通しを述べるとき，私たちは，多かれ少なかれ自らがなし得る最善の努力を前提に述べるはずである。「多分，大丈夫。後はよろしく」という姿勢では（実際に支援に当たるのが他の人であっても），責任あるアセスメントとは言えまい。展望を示すことは，その展望のある部分を引き受ける覚悟に裏打ちされて，本物の希望や期待になる。

「自分」を枠外の傍観者の位置に置かずに人を見る姿勢が大切だろう。

5.「盲点を自覚する」

上述のインフォーマルなアセスメントがある以上，いくら自覚しようとしても，盲点は必ずある。それを少しでも小さくするための努力は必要であろう。

紙数の関係で紹介することができないが，私自身は，仕事を始めて間もなくコーチンのテキストを参考にアセスメント項目の包括的な枠組みを作成し，折に触れて改訂しつつ，ケースが行き詰まったときなどに眺めるようにしていた。そのなかで，知らないままに治療を進めていたことに驚いたり，自分の関わりの偏りに気づいたりすることが多かった。

また，私はバウムテストをしばしば活用してきたが，最終所見を作成するときや，当の対象者にどう話をしようかと考えるときなどにその方のバウムテストを目の前に置いている。すると自然とこちらの思い込みや過剰な思い入れがほどけ，「この人にはこの伝え方がよさそうだ」と道筋が見えてくることが多い。これも盲点を正すひとつの方法だろう。

IV 伝える工夫

「伝える工夫」について述べる紙数が乏しくなってしまった。ただ，上述してきた基本姿勢は，私たちが心理学的にとらえた諸特徴を日常のリアリティのなかに置いて見ようとする努力の表れである。これらの姿勢を大切にしていると，それだけで他の専門職や一般人への伝え方もずいぶん容易になると感じている。

そのうえで，より具体的なポイントのいくつかに触れておきたい。

1．相手が知りたいことは何か

伝える方法以前に，アセスメントの依頼を受けた場合には，なぜ今アセスメントなのか，何を知りたいのか，どう生かしたいのかなどの諸点を知っておくことが大切である。この場合，一番簡単なのは，依頼者に尋ねることであろう。私自身，思いもかけない趣旨の依頼を受け，依頼者と話し合って，ようやくアセスメント目的が定まる場合が少なくなかった。逆にこれさえわかってしまえば，伝える方法は比較的簡単になる。また，もし直接尋ねることができない場合でも，依頼意図を多面的によく推し量ることが大切である。

これは，利害関係者が存在する事例ではさらに重要である。特殊な例だが，離婚する夫婦による子どもの取り合いのケースで，一方の親元で暮らす子どもの心身の状態を調査し所見を述

べなくてはならないことは多い。そこでは必要に応じてさまざまな心理学的手法も使うが，その結果を，裁判官だけでなく反対当事者にも伝えることを求められる場合があった。これはたいへん微妙で困難な場面だが，この場合も，あらかじめ反対当事者が何を心配し，何を知りたいか，最終的にどのようにしたいと考えているのかを丁寧に聞き取っておくと，伝える作業がずいぶんスムーズになるだけでなく，解決の道筋さえ見えることがあった。

もちろん，これはテストの結果や面接所見を相手に合わせて都合の良いように伝えるということではない。ただ，相手の知りたいことに答えることは基本であり，それが臨床活動全体の目的にかなうものと考えるのである。

2. 伝えるプロセスが大切

相手の知りたいことは何かを軸に，この人にそれを伝えたら，どのような結果を生じるかを常に考え，量りながら，やりとりをするなかで伝えることが肝要である。わかったことを伝えるだけでは責任を果たしたことにはならない。

描画法やTAT（絵画統画検査）などでは，データを一緒に見ながら話し合うことが有効な場合がある。自らの反応を見るなかで自然と自分に目が向き，本人の言葉に少し言葉を加えていくことで意味のあるフィードバックがスムーズにできる。ちょうどその人のなかで言葉になりそうでならなかったものを言葉に置き換えていくような，極めて治療的な過程が生じるのである。

不自由のない中流家庭に生まれたが，不良交友のなかで非行化し，すでに少年院も経験した16歳の男子少年。再度入った少年鑑別所で描いた家族画を前に話し合った。「これはあなたが何歳の頃？」という質問に，彼はしばらく絶句した。ぽろぽろと涙を落とし，「小学4年で家を新築して引っ越してきた。家の前で家族そろって写真を撮ったときの絵。お父さん，お母さんも嬉しそうだった。僕も幸せだった。自分が悪くなり，引っ越してきたのが間違いだったとお母さんが泣く。ひどいことをした」と絞り出すように語った。在宅試験観察になり，彼自身厳しい試練を受けながらも不良仲間から抜け，回復していった。

子を奪い合う過程で，夫を悪し様に言いつのってきた妻は，子の描いた父母の絵を見て，それまでの激しい口調が嘘のように「なんだか2人とも馬鹿みたい」とつぶやいた。

同棲する男性が皆暴力的になり，関係破綻することを繰り返している20代女性は，自身のTAT反応を読み，「私って不幸になりたがっているのかな」とつぶやいた。その後のカウンセリング過程で，自分は汚れているという感覚が拭えないこと，その源が幼児期の犯罪被害体験にあったことなどが明らかになり，「幸せになってもいいんだよね」と語るようになった。終結後1年経って，幸せそうな写真入りの結婚報告はがきが届いた。

データを見ながらでない場合でも，被験者自身の考えを尋ねながら，被験者の言葉の延長線上にある知見を伝えていくようにするとスムーズなフィードバックができる。

3. 具体像の浮かぶ例え話

　心理学的素養を持たない相手に心理学的所見を伝えるには，例え話の引き出しを数多く持つことも大切である。統合失調症を骨折になぞらえて家族に説明した安永浩（1994）の方法は，それが極めて体感的でインパクトがあることによって効果的になっている。私も，それに倣い，なるべく体感的に伝わりやすい例えを使うようにしている。これは必ずしもアセスメント場面ではないが，症状（問題行動）と成長の関係について，「症状はカサブタみたいなもの。治りかけるときが一番かゆい。でも，そこで掻き剥がしてしまうとまた傷になってしまう。下に健康な皮膚ができると自然に剥がれるから焦らないで」と言うことがある。また，ロールシャッハ法の所見における外的情緒統制については，湖に張った氷の例えを使う。「十分に厚い氷が張っているときには，上を安心して歩いたりスケートをしたりできるが，氷が薄いときに乗るのは危険。一部だけ薄かったり穴が空いていたりすることもあるからうっかりするとひどい目にあう。全体に穴がないのが一番だが，あったとしてもそこに穴があることを知っていて近づかないようにできる人と知らずに落ちる人もいる。この人の場合は……」と説明する。この例えは，「穴の位置を知る」「そもそも湖に近づかないようにする」などその人に応じた対処課題まで伝えやすいのが気に入っている。

　いずれにしても，そもそもこちらの側が「心理学的」に考えすぎないこと，テスト結果や観察知見を，体験的，体感的に腑に落ちるレベルまで味わって自分のものにしておくことが必要なのだろうと思う。

V　おわりに

　日常臨床のなかで私的に考えていたことを思いつくままに述べてきた。書きながら，アセスメントにおける「よみとること」と「伝えること」，「臨床的アセスメント」と「治療」とは不可分のものであり，一方のみを取り出して述べることがとても難しいとあらためて感じた。ただ，一体不可分であることを知りつつも，臨床の局面によっては，意図的，意識的にアセスメントを行うことの重要さも忘れてはなるまい。

文　献

赤塚大樹，森谷寛之，豊田洋子ほか（1996）臨床心理アセスメント入門．培風館．
馬場禮子（2003）投影法．臨床心理学 3-4；447-453．
伊藤直文（2003）父母紛争中の子どもの描画．大正大学カウンセリング研究所紀要 26；13-22．
Korchin SJ（1976）Modern Clinical Psychology. New York : Basic Books Inc.（村瀬孝雄 監訳（1980）現代臨床心理学 ── クリニックとコミュニティにおける介入の原理．弘文堂．）
佐竹洋人，中井久夫（1987）「意地」の心理．創元社．
下山晴彦（2008）心理アセスメントとは何か．In：下山晴彦，松澤広和 編：実践 心理アセスメント こころの科学増刊．日本評論社，pp.2-8．
安永浩（1994）分裂病について患者と家族にどう話すか．精神療法 20-5；439-447．

論説

臨床心理アセスメントを学ぶ

下山 晴彦 HARUHIKO SHIMOYAMA
東京大学

I はじめに

心理アセスメントは,「心理的援助を必要とする事例(個人または事態)について,その人格,状況,規定因に関する情報を系統的に収集し,分析し,その結果を総合して事例への介入方針を決定するための作業仮説を生成する過程」と定義できる。ただし,アセスメントを介入後の段階まで含めて定義する場合もある。実際に介入が始まった後に,介入効果を調べ,その結果に基づいて作業仮説を検討・修正していく作業が始まるからである。介入効果を調べることをアセスメントに含めるならば,アセスメントは介入後の段階まで含めて定義されることになる。

このようにアセスメントを定義する場合,アセスメントは,次の段階を踏んで進むことになる。①受付段階,②準備段階,③情報の収集段階,④情報の分析段階,⑤結果報告の段階,である。事例への介入を含める場合には,⑥介入方針の決定段階,⑦介入効果の評価段階,⑧介入方針の修正段階,が加わることになる。

アセスメントでは,このような段階を経て,事例の問題が生じ,さらに維持されているメカニズムについての作業仮説を生成し,修正していくことになる。その際,情報を体系的に収集し,さらにそれらを的確に整理・統合して事例の問題の構造を明確化する作業をケース・フォーミュレーション(case formulation:事例定式化)と呼ぶ。日本語でいえば,問題についての見立てを立てる作業に相当する。

本小論では,アセスメントに関する拙著(下山, 2008)の記述を援用しながら,筆者の考えるアセスメントについてまとめることにする。

II ケース・フォーミュレーションとは何か

　アセスメントで得られた情報は，たとえそれが正確で網羅的なものであっても，ただ羅列されていただけでは，介入を計画するためには十分に機能しない。情報は，有機的に集約されることで，初めて実践上の意味をもつ。情報の集約方法としては，例えば，米国の精神障害の診断分類体系であるDSMに代表される精神医学的診断がある。精神医学的診断では，情報を分類し，類型化し，名付けることで，事例を理解しようとする。しかし，精神医学的診断は，症状特異的な薬物療法には有効であるが，クライエントの状態を全体として把握する視点に欠ける。そのため，クライエントの精神症状の治療だけでなく，生活を含めた心理的援助を目指す介入方針を定めるのには，十分ではない。

　このような精神医学的診断の不備を補うものに，ケース・フォーミュレーションがある。Eells (1997) によれば，ケース・フォーミュレーションとは，「心理的，対人的，行動的な諸問題の原因と促進・維持要因に関する仮説」と定義される。したがって，ケース・フォーミュレーションは，アセスメントにおいて臨床心理士が収集した情報に基づいて事例の問題を理解し，介入の方針を定めるために行われるものである。セラピストが信奉する心理療法の理論をあらゆる事例に適用するのではなく，まず事例の現実に基づいて介入を計画しなければならない。そのためには，ケース・フォーミュレーションは不可欠である。

　ケース・フォーミュレーションは，精神医学的診断とは異なり，病気の診断ではなく，問題についての"臨床的見解"を作成すること（問題のフォーミュレーション）を目的とするものである (Bruch & Bond, 1998)。しかも，それは，既存の理論や障害分類を当てはめるのではなく，アセスメントによって得られた情報によって新たに仮説を生成することを基本としている。介入過程は，問題のフォーミュレーションによって作成された臨床的見解に沿って進むことになる。

　したがって，問題のフォーミュレーションに基づいて介入方針を定めるのが，ケース・フォーミュレーションである。このようなケース・フォーミュレーションモデルを用いることで，現在の問題行動がどのようにして起こり，そして維持されているのかを説明できる。つまり，問題のメカニズムを明確化できる。さらに，その説明に基づく介入仮説を立てることができる。このような特徴をもつケース・フォーミュレーションによって，個々の事例の状況やクライエントのニーズに応じた介入計画を立てることができるようになるのである。

III 問題のメカニズムを明らかにする作業としてのアセスメント

　事例の現実を把握するためには，対象となる問題を単純化して割り切るのではなく，問題の複雑な様相を複雑なものとして理解する作業が必要となる。複雑であればあるほど，さまざまな要因が，時に矛盾し，時に融合し，互いに重なり合って抜き差しならない事態となる。そこで，現実を多次元的に見ていくと，平面的に見ていたときには単なる混乱としか映らなかった

複雑な現実が，相互の関連性をもったメカニズムとして立体的に立ち現れてくる。そのようなメカニズムをアセスメントによって明らかにするためには，単純に既存の心理テストや面接をするだけでは十分ではない。複雑な現実を反映する多様なデータを収集し，それらを体系的に分析し，統合して問題を成立させ，維持させているメカニズムを明らかにする一連の情報処理の作業が必要となる。

そこで，臨床心理アセスメントは，事例の問題のメカニズムを明らかにし，介入の方針を定めるための情報処理過程とみなすことができる。以下にその過程を3段階に分け概略する。

1. データ収集段階

まず，現実に即したデータを的確に収集することが必要となる。つまり，現実を多元的に記述するためには，さまざまな視点だけでなく，質の異なるデータを収集することが重要となる。面接データだけでなく，観察データや検査データも収集することが必要な場合がある。言語データや非言語データだけでなく，行動データも必要となる。日本の臨床心理学では，アセスメントといった場合，面接で得られる言語データ，あるいは投映法などで得られる非言語データが多くの部分を占めている。それは，いずれもクライエント本人が表出した主観的データである。なぜ，このような主観的データへの偏重が生じるのかというと，日本の臨床心理学は精神分析の理論が前提とされているからである。内的世界の深層的無意識が問題を引き起こす原因であり，それはイメージなどの主観的データを通して表出される，という理論が大前提となっている。

しかし，事例は，日常生活という現実のなかで起きる。したがって，まずは，現実における社会的行動や対人関係を観察した客観的データが必要となる。また，その人の生物学的な身体生理機能の障害が要因として働いている場合もある。特に医療領域での臨床実践では，その可能性が高い。したがって，薬物療法への反応を含めた精神医学関連のデータに加えて，生物学的検査や神経心理学的検査の情報も必要となることが，今後増えてくるだろう。つまり，生物－心理－社会モデルに関連する幅広いデータの収集が求められることが多くなってくる。

2. データ分析・統合段階

次に，データに基づいて問題がどのように成立し，そして維持されているのかを分析する段階となる。ここでは，機能分析に基づいて問題のメカニズムに関する仮説を生成し，さらに介入に向けての方針を，仮説として提示するケース・フォーミュレーションの作業を行う。データの分析段階では，異常心理学の知見が参照枠として活用される。心理療法の理論モデルを活用することもできる。ただし，心理療法の理論モデルは，いずれも問題の原因論を提案しているが，それらは，必ずしも実証的な研究によって提案されたものとはいえず，創始者の経験的直観や推論によって提案されたものが多い。したがって，既存の理論を適用する際には，注意深く収集データとの適合性をチェックする必要がある。近年では，認知心理学や神経心理学などの発展によって，さまざまな問題についての研究が進んでいる。むしろ，そのような異常心

理学の最新の研究成果を参考にして，問題の成立と維持のメカニズムをフォーミュレーションしていくことがますます必要となってきている。

3. 仮説の検証・修正段階

最後に，仮説として示したケース・フォーミュレーションに基づいて介入の方法をクライエントに提案し，同意が得られたならば実際に介入する段階となる。そして，その介入の成果を参照して仮説を修正し，より現実に適合した，目標とする介入の効果に結びつくフォーミュレーションを構成していくことを繰り返し行っていくことが，アセスメントの最終作業となる。なお，ケース・フォーミュレーションと介入にあたっては，異常心理学や臨床心理学の効果研究の最新の成果を活用することが，倫理的にも求められることを指摘しておきたい。最新の研究成果を無視して，有効性が認められていない介入法を選択して効果が現れなかった場合には，専門職としての倫理的な問題が問われることになる。

IV 事例を通して　アセスメントを考える

以下において，事例（下山，2008）を通してアセスメントを行う際の留意点について具体的に検討する。

1. 事例：チカさん

チカさんは，普通学級に通う小学校5年生の女の子です。チカさんは，小学校低学年から学力が低く，また振る舞いも幼いところがありました。半年前に担任になった男性教諭は，知的能力に問題があると考えていました。そのようなチカさんが，半年前くらいから人から声を掛けられると逃げ出してしまう，奇妙な行動をとるようになりました。そのことで親や教師に注意されても，その行動を止めることはありませんでした。むしろ，叱られれば叱られるほどに，その行動を熱心に行うような面がありました。そのため，クラスの集団活動などにも支障をきたすようになりました。そこで教諭は，彼女への対応についてスクールカウンセラーである臨床心理士に相談をしました。そのとき，教諭は，臨床心理士に「参考資料にしたいので，知能検査をしてほしい」と依頼しました。実は，教諭は，そのような奇妙な行動は，チカさんの知能に何らかの問題があるために生じた問題行動と理解し，チカさんを特別支援学級に移動させることを考えていたのでした。知能検査の結果はIQ69であり，軽度の知的障害の存在を示すものでした。

ここで臨床心理士が教師の問題理解を鵜呑みにし，知能検査の結果に基づき，チカさんの問題を知的障害に由来するものだと判断したならば，それは，適切なアセスメントといえるでしょうか。

検査を担当した臨床心理士は，知能検査の結果を教諭に伝えるだけでは，臨床心理アセスメ

ントをしたことにならないと考えました。というのは、チカさんが、なぜ、そのような不可解で不適切な行動を繰り返すのか、その理由が明らかではないからです。軽度の知的障害があっても、そのような行動をしない子どもは数多くいます。むしろ、ほとんどの子どもは、そのようなことはしません。では、なぜチカさんは、叱られるのにもかかわらず、そのような行動を繰り返したのでしょうか。臨床心理士は、彼女にとって何らかの"意味"があったからこそ、その行動を繰り返したのだと考えました。つまり、その奇妙な行動は何らかの"意味"をもっているからこそ繰り返されたのであり、それを明らかにするのが臨床心理アセスメントだと考えたのです。

そこで、臨床心理士は、学校場面におけるチカさんの行動を観察することにしました。するとチカさんは、逃げると教諭が追いかけて「なぜ逃げたのか」を問うことを楽しんでいるようにもみえました。さらに、教諭に叱られることを喜んでいるようにもみえました。また、さらに学校での生活を観察してみると、チカさんは、自分から人に話しかけることもなく、いつも一人で孤立していることも明らかになりました。そのような観察データから、臨床心理士は、「問いかけられて逃げるという行動は、対人関係を楽しむ意味をもっているのではないか」との仮説を立てました。そして、チカさんと面接して話を聴くことにしました。臨床心理士は、最近の友達関係や家族の状況など、対人関係を中心にチカさんの話を聴いていきました。そこでわかったのは、工場勤務であった父親が失業をし、その代わりに母親が夜の仕事のパートに出るようになり、家に帰っても母親が居らず寂しいこと、学校でも多くの生徒は塾通いなど進学準備を始めており、話す友達がますますいなくなったことなどが明らかになりました。そして、「笑って逃げると、先生が追いかけてくれるし、皆も注目するので嬉しくなる」と語ったのです。それを聴いた臨床心理士は、「声をかけられて逃げる行動は、注目を引くためのコミュニケーション行動という意味をもっている」と仮説を修正しました。

次にその仮説を確かめるために、担任教諭に「彼女が逃げ出しても追いかけないようにしてみてください」と伝えて、様子をみることにしました。すると、チカさんは、当初は追いかけてこない教諭に戸惑っていましたが、次第に逃げるという行動をしなくなりました。その代わりに教諭に声をかけてもらおうとまとわりつくようになっていきました。

Ⅴ　アセスメントを通して問題行動の意味（機能）を明らかにする

結局、チカさんの真の問題は、対人コミュニケーション・スキルを学習していないということであった。実際に軽度の知的障害があっても、挨拶がしっかりできて、先生や友達とも関係を適切に保つことができる子どもは存在する。したがって、知的障害が問題行動の原因と考えるのは、単純に過ぎる。それは、誤った推論というだけでなく、「器質的障害だから、もう治らない」という誤ったレッテルを貼ってしまう危険性もある。たしかに生物学的な要因、つまり器質的障害に由来する知的障害によって、対人関係能力の低下という発達の遅れが生じている

ともいえる。しかし，対人コミュニケーションのような生活機能のスキルは，学習によって改善される可能性は高いのである。

　チカさんは，心理的には対人接触を求める欲求が強く，その結果として"笑って逃げる"という対人行動をとることで，その心理的欲求を満たそうとしていたと理解できる。つまり，チカさんは，他者の注意を引くための手段として，逃げるという行動を活用していたわけである。したがって，"笑って逃げる"という行動は，彼女の心理的欲求を満たすという"意味"をもっていたのである。教諭が彼女を追いかける限りは，その問題行動は，有効に"機能"していたので維持されていたわけである。

　ここで，知能検査の結果を示されただけならば，教諭は「知能が低いから，適切な行動ができないのだ」といった，短絡的な意味解釈をしてしまう可能性が多分にあった。そうなると，チカさんの問題行動は知的障害のなせる業となり，彼女の人と関わりたいという気持ちは無視され，さらには知的障害児というレッテルが貼られ，社会的に不利な状況がもたらされる危険性も出てくる。アセスメントは，そのような専門家の一方的判断，しかも誤った判断を押し付け，問題の意味を固定化する危険性も秘めているのである。

　幸い，上記事例では，臨床心理士が，教諭の推論的判断（憶測）をそのまま受け容れるのではなく，行動観察や面接を組み入れた包括的なアセスメントを実施し，問題行動の意味を明確化することができた。人間の行動は，単に知能だけで決定されているわけではない。少なくとも子どもは，家庭や学校という社会的環境のなかで生活し，活動している。だからこそ，知能検査の結果に加えて，生活場面での行動観察や本人の気持ちを聴く面接などをして，その状況のなかで問題が起きてくる意味を探っていく包括的なアセスメントをすることが必要となる。そして，そのような問題を発生させ，維持させているメカニズムが見えてくることによって，その行動の意味が明らかとなる。上記事例では，"笑って逃げる"という問題行動は，チカさんの"人と関わりたい"という欲求を満たす手段としての機能と意味をもっていた。ケース・フォーミュレーションでは，このような観察データや面接データも含めて情報を統合し，問題の機能を分析し，問題を発生・維持させているメカニズムを明らかにする作業が必要となるのである。

　したがって，介入は，単に"笑って逃げる"という行動を抑制するだけでは，何も意味をなさないことになる。笑うことを止めたとしても，それに替わる他の問題行動で，同様の欲求を満たす試みを始めるはずである。肝心なのは，"笑って逃げる"という行動に替わる，適応的な対人行動の学習を促すことである。具体的には，まずは"人と関わりたい"，あるいは"寂しい"という自己の気持ちを，チカさん自身が意識できるように援助することである。そして，そのような気持ちが生じたときに，問題行動をするのではなく，自分から教諭やクラスメートに声をかけるといった，適切なコミュニケーション・スキルの学習を援助していくことになる。また，それと同時に教諭や親，さらには同級生にも彼女の行動の意味を伝え，彼女が新しいコミュニケーション行動を習得するのをサポートするのに協力してもらう体制を整えることも必要となる。周囲の者は，彼女が自分から

周囲の人に声をかけるといった適切なコミュニケーション行動をとったときには，喜んで応えたり，それを褒めたりするようにする。それによって，問題行動が抑制されるだけでなく，チカさんの生活機能のスキルの習得が進むという積極的な介入が可能となる。

VI　おわりに

　事例の現実を理解するためには，現実の多元性を前提としたうえで多角的にデータを収集，分析し，問題の成立と維持のメカニズムをフォーミュレーションして提示する，情報処理活動としてアセスメントをとらえなければならない。多元的にデータを収集するという点に関して日本の臨床心理学は非常に遅れている。しかし，英米圏の臨床心理学では，生物－心理－社会モデルに基づいて，多元的次元を測定するアセスメント技法が開発されている。

　ある特定の理論に拘っていた場合には，それに新たなアセスメント・ツールを付け加えようとしても，単なる継ぎ接ぎとなり，全体として統合された分析と，それに基づく事例のフォーミュレーションができない。これは，現在の日本の臨床心理学におけるアセスメントが発展しない最も主要な問題点である。そのような個別の理論にとらわれずに，問題の多元性を全体として理解し，さまざまなツールを統合して活用するアセスメントの枠組みを共有できるようになることが，日本の臨床心理学の緊急の課題となっている。

文　献

Bruch M & Bond FW (1998) Beyond Diagnosis : Case Formulation Approach in CBT. John Wiley & Sons.（下山晴彦 監訳（2006）認知行動療法ケースフォーミュレーション入門．金剛出版．）

Eells TD (Ed.) (1997) Handbook of Psychotherapy Case Formulation. The Guilford Press.

下山晴彦（2008）臨床心理アセスメント入門──臨床心理学はどのように問題を把握するか．金剛出版．

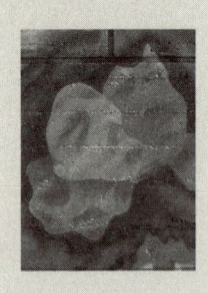

論説

臨床心理アセスメントを学ぶ
―― 心理アセスメントに関する基本的な覚え書き

津川 律子 RITSUKO TSUGAWA
日本大学文理学部心理学科

福田 由利 YURI FUKUDA
大石記念病院／野口クリニック

I 本稿の目的

心理アセスメントとは，対象（個人の場合はクライエント）が，今どのような状態にあり，何に本当は困っているかを把握し，どのような心理支援が求められ，どの介入が優先されるのかを選択し，どのようになることが望まれるかを見通すといった一連の過程のことといってよいだろう。心理アセスメントは，すべての心理支援の根底に存在する臨床心理士のスキルの中心である。しかし，この一連の過程をどのように行うのかを臨床家として体得することは容易ではない。結果として，"必要そうな情報を収集したが……"とか"収集したけれど面接で役立てきれない……"という状態に陥っている臨床経験の浅い臨床心理士を本稿の読者対象として，例を交えながら心理アセスメントのコツを伝えたい。

II 心理アセスメントを通した理解からくる真の共感
―― Here and Now

機関や施設で対象者が来るのを待っているのではなく，地域に出て心理支援を行う役割も臨床心理士に期待されている。たとえば公的機関が提供する無料相談会では，事前情報がないまま，しかも1回という限られた時間のなかで，適切な支援を行わなければならない。その際，臨床経験の浅い臨床心理士は，受容・傾聴・共感の3点セットは知識としてわかっている。ノンバーバルな情報も無視はしていない。しかし，話の「内容」のほうに気をとられ，惹きつけられてしまいがちで，肝心な視点が抜け落ちている（もしくは手薄になっている）ことが多い場合が見受けられる。

たとえば，「小さなときから気が弱くて，家族にいじめられていて……」といった話の場合，誰からどのようにいじめられてきたのかといっ

た話の「内容」のほうに興味をもって惹きつけられてしまい（一生懸命に話を聴くことはもちろん大切なことである），その方が40代後半であったとすると，「小さなときから」なのに，どうしていまここで（Here and Now）私にその話をしているのだろうか？　という肝心の視点が抜け落ちるといった具合である。「今日ここにいらしたのは？」といった質問ができたとしても，「先月，市報を見ていたら，この無料相談会のことが載っていて，家が近かったので」といった返事が返ってくると，すぐにそれで理解した気分になってしまい，スーパーヴァイザーに「市報を見ていらしたようです」などと表面的な報告をして，お目玉をくらった経験のある人も少なくないだろう。

クライエントは正直に言っているのだが，市報に無料相談会の記事が載るのは某市の歴史はじまって以来ではないであろうし，家が近いからといって誰もが心理支援を求めてくるわけではない。話の「内容」以外の心理アセスメントの視点は複数あり，とくに基軸（Here and Now）が身についていれば，そこにひっかかることができる。そして，「市報を見ていらしたんですね。毎月載っていますよね」といった自然なやり取りにつながり，「そうなんですよ。以前はね，そういう記事を見ても，全然ね，自分には関心のない感じでいたんですよね（話しながら段々と顔色が変わってくる）……それが，先月，叔父を亡くしまして。すぐ近所に住んでいて，家族にいじめられている私をずっとかばっていてくれていたんです。それが昨年の3月の震災の後に急にガンがみつかって……（少し目が涙ぐむ）……私ひとりぼっちになってしまった……」といった話が展開されれば，この方に関する報告は，「市報を見て来た人」ではなく，「心理的に支えてくれていた対象を急に失って来談した方」となり，心理支援の方向性もまったく違ってくるであろう。そのうえで，①本人の語りに耳を傾けながら，②いま起きていることを整理して相手に伝え，③不必要な不満や不安は取り除き，④必要なアドバイスを行い，そして，⑤今後の支援の方向性や他機関へのリファーの必要性を検討することになる。

重要なのでもう一度繰り返すと，心理アセスメントの基軸は，「いまなぜここにいるのか」「いまなぜこの話をしているのか」を捉える視点である（津川，2009，2011a）。自発的に訪れたのか，家族に連れられてきたのか，これまでに援助を求めたことはあるのかなどを表面的に確認するだけなら，心理臨床の長期訓練を受けなくてもできる。その方の歴史のなかで，この瞬間がどのように位置づけられているのか，ここに来るまでどのように生き抜いてきたのか，今の自分をどうとらえているのか，今こうやって話していることが本人にとってどのような体験となっているのかを積極的にアセスメントすることが必要である。たとえば，話せば話すほど具合が悪くなってしまう精神病圏の方のアセスメントのコツを知らなければ，「傾聴」がまったくのアダとなってしまう。

このように丁寧に心理アセスメントを進めていくと，目の前のクライエントの全体像が浮かび上がってくる。どうにか環境に合わせようと懸命に生きてきた歴史，途方に暮れた心境やそのなかに存在するプライド，それでも生きようとする気持ちが援助者の身体のなかに伝わってくる。「あぁ，そうだったんだ……」という実感がこちらの身体のなかで充足していくであろう。

まさに，それが共感なのだろうと思う。つまり，心理アセスメントを通して実感としての理解が生まれ，そこから真の共感がもたらされると言っても過言ではない。そして，共感があってこその心理支援である。

III 心理アセスメントのための「引き出し」

適切な心理アセスメントを行うために，アセスメントの手掛かりとなる知識・理論や臨床経験が入っている「引き出し」をできるだけ多く持っていたい。たとえば，関連法律と倫理，心理学の知識，医学や社会福祉学を代表とした臨床心理学をとりまく多数の関連学問の基礎知識である。もちろん臨床心理学の各種理論や知識の引き出しがなくては職業として成立しない。事例を通して学んだ臨床経験という極めて重要な引き出しが必要なことも言うまでもない。自分自身の生活者としての体験の引き出しも持っていたい。さらに，日本の制度（とくに行政），昨今の雇用問題，経済情勢などの引き出しも必要である。社会情勢もどんどん変化する。学問も日進月歩である。

これらの引き出しを，面接外の時間に意識的に開いて検討することもあれば，面接のなかで同時に開いて照らし合わせることもある。ひらめくような感じで自然と開くこともある（自然に開く回数が増えていくのが中級者になる過程）。引き出しの数が少なければ，心理アセスメントでとりこぼしが生じてしまう確率が高まる。引き出しが多ければ，多面的かつ包括的な心理アセスメントが可能となる確率が高まる。いま筆者が心配しているのは，肝心要の「心理学」の知識が手薄な人が少なくないことである。最近，「対象の恒常性」を知らない臨床心理学系大学院修了者に出会って，本当に驚いた。内的な表象の存在がわからずに，どうやって子どもの心理支援をするのだろうか。こういった基礎的な知識は，その名前をただ知っているというより，臨床実践と照らし合わせて理解しておくことが役に立つのだが，臨床経験の浅い人は，学ばないのではなく，学び方のコツがまだわかっていないのだろうと思う。

たとえば，「支離滅裂」と「錯乱」は，一般用語としては似ているが，ドイツ語圏を踏襲した医療領域の専門用語としては意味が本質的に異なっており，その違いを理解しておくことは，そのまま心理支援のあり方に直結するだけでなく，チーム医療における"連携"に関係してくる。この２つの用語を使い間違えるようでは，精神科リエゾンチームは，それこそ混乱する。どう違うのかという構成概念を辞書や教科書できちんと押さえておいて，それが実際の患者の臨床像にどう当てはまるのかを臨床現場で先輩たちに教えてもらう。構成概念と臨床像を合わせていくのである。合わせられるまで何回もやる。一人ではやらない。合っているのか合っていないのか，臨床経験が浅い人は自分ではわからない（わからないのにわかったつもりになるのが危険）ので，指導者やスーパーヴァイザーなどに確認しつつ力量を高める。同様に，たとえば，ロールシャッハ法で「EA＝2」である入院患者がいたとして，この「EA＝2」という大事な数値が，入院という場面で，その患者の実際の行動にどう現れるのか，そのことによって現実生活のなかでその患者がどう生きづらいのか，

生きづらさのためにどんな精神症状が二次的に発生しているのか，その二次症状は心理検査のどこにどう表れているのか，といったように心理検査の数値と患者の現実生活を合わせていく。これが引き出しの"中身"を増やすことになる。

Ⅳ 心理アセスメントのプロセス
── 仮説と検証の繰り返し

　心理アセスメントの具体的手段として，行動観察，心理検査，面接があるのは周知のことであるが，これらは独立した手段ではない。面接には行動観察も含まれ，心理検査の最中には行動観察も会話も行われる。そして，これらには共通の行程があり，それを「仮説と修正」のプロセスと呼んでもよいだろう。ここでは，主に言葉を用いた面接を中心に，心理アセスメントのプロセスを追ってみたい。

　はじめてクライエントに会う前に，何らかの情報が存在する。冒頭の例に書いたように，公的機関が提供する無料相談会などでは事前情報がほぼないが，多くの臨床現場では，事前に電話で申込みがあったり，記入された相談申込書があったり，カルテがあったり，関わっているスタッフからの情報がある。カルテの読み方については，津川・篠竹（2010）などを参照されたい。事前情報を収集することに躍起になるのではなく，これからお会いする方に思いを馳せる。そして，出会いがあり，はじめて会ったその瞬間の雰囲気，動作，表情などから，その方の生活の背景，身体的・心理的コンディションを予測する。勝手にモウソウするのではなく

「根拠」（当然ながら数値だけを意味しない）から予測する。これが仮説である。

　そして面接に入り交流がはじまる。クライエントの話す内容もさることながら，語りのトーンが予測どおりでなければ，複数の引き出しを活用した「検証」が行われ，違う仮説が導き出される。ひとつの仮説に固着してはいけない。2人（もしくは数人）の間に何かのやり取りが続く。誰かが何かの刺激を発し，そこにいるメンバー（もちろん自分が含まれる）が反応する。全身でそれらを捉える。頭だけで理解しようとしない。言葉の下にある気持ちを全身で「聴く」のである（津川，2003）。修正仮説を立て，それをまた検証（段々と吟味になる）し，微修正しながら，より正しい仮説（ご本人のあり様）に集約していく。

　この仮説と検証といった一連の流れは，心理面接の場面であれば，主に言葉という刺激を提示することによって得られる反応であるし，ロールシャッハ法であれば図版という刺激による反応，WAISでは課題という刺激による反応といったように，刺激と反応の複雑な過程からなる。クライエントは刺激を受けて，それをどのように受け止め，処理し，表出するのだろうか。背景にある知的機能や認知機能，精神状態，パーソナリティ傾向，思考過程，感情の様相などを丁寧になぞることによって仮説と検証が緻密に重ねられ，仮説が確かなものとなってゆく。

V 心理アセスメントの優先順位

1.「命」と「生活」の心理アセスメント

　心理アセスメントには順番がある。まずは「命」が守られるかという視点である。自殺の危険性、精神症状が早急に治療を要する状態かどうかなどである。次に、「生活」を守ることである。帰る家があるか、ライフラインは止まっていないか、食料を買うお金があるか、虐待されていないか、DVを受けていないか、などである。なお、自殺の危険性については、本人の表情、語る内容、生活状況、抑うつの程度などから少しでもその可能性が懸念されたら、率直に「このような状態が続いていたら、死にたいと思うこともあるのでは？」などの質問をする。そして、「実際に行動に移そうとしたことがあるか」「何があなたを引き留めているのか」など、腰を据えて尋ねる必要がある（津川，2009，2011b）。
　医療機関に訪れる患者の場合であれば、「命」に関する確認は医師が行い、「生活」の確認はソーシャルワーカーが担う、といった業務分担があるかもしれない。しかし患者がみな、自身の差し迫った問題について明確に自覚しているとは限らない。院内の各種専門家を適切に選り分けて相談できるほど、エネルギーもスキルも知識も乏しい場合が稀ではない。目の前の患者が自ら語らなくとも、「命」と「生活」の安全をチェックすることは対人援助者の責任である。初回面接ではもちろんのこと、援助のプロセスのなかで変化したり、突然現れたり、見えないところで進んでいたりすることが往々にしてあるので、「命」と「生活」に関する心理アセスメントは常に念頭に置いておかなければならない。

2. 知的機能・認知機能の心理アセスメント

　「命」と「生活」の安全に関する心理アセスメントと並行して次の心理アセスメントに進んでいく。優先順位として次にくるのが、知的機能と認知機能の心理アセスメントである。たとえば、臨床心理士の専門性が発揮しやすいところとして、心理的状態や対人関係のあり様を、生育歴や家族との関係から捉えるアプローチがある。そういうアプローチをするにしても、知的機能（制限されている部分だけでなく、高機能の部分や、全体のバランスを忘れずに）や認知機能の偏りがベースにあって、不適応を起こし、心理的な不調に至っているケースも少なくないことに留意する。

3. 病態水準・精神症状の心理アセスメント

　次に、病態水準の心理アセスメントである。統合失調症の発症が懸念される状態なのか、一過性に精神病様状態を呈しているのか、BPO圏か、神経症圏なのかを、思考過程の混乱、思考内容の歪み、感情の統制、不安の質、対人関係のあり様などから心理アセスメントしていく。病態水準のアセスメントの際、防衛機制や不安の質を論じている精神分析学は大変有用である（津川，2009）。ただ、精神分析学の理論を活用して心理アセスメントをすることと、無思慮に精神分析学の技法を用いた介入をすることはまったく別ものである。
　同時に、どのような精神症状が出現しているか、その程度はどれくらいかをアセスメントす

る。同じ抑うつ感を訴えていても，意欲・活力の低下の程度，思考力の低下の程度，焦燥感の有無などさまざまである。そもそも，操作診断基準で「うつ病」と診断されている方々であっても，どんなに個人差があることだろうか（津川，2012）。ましてや「抑うつ」を訴えてこられる方々を勝手に同質に括ってはいけない。

4. パーソナリティ特性の心理アセスメント

ここは臨床心理士の十八番であり，さまざまな臨床心理学用語が活躍するところでもある。例をあげる。「うつ病」という診断で，精神科外来で定期的な投薬を受けていた30代女性の心理カウンセリングの依頼が主治医よりあった。依頼理由は「なかなか改善が見られない」とのことだった。初回の面接では「身体が動かなくなり家事ができない。8歳の長女に手作りのおやつも作ってあげられず，宿題も見てあげられず，つらい。主人にも負担をかけて本当に申し訳ない。結婚前は自分で望んで小学校の教員をしていた。子どもたちが成長する姿を見るのが嬉しくて，睡眠時間を削って授業の質を上げようと毎日準備をしていた。あの頃は頑張れていたのですけれど……」と，穏やかな口調で話された。このごく短い語りからでも，双極Ⅱ型を含めた双極スペクトラムの可能性について主治医がすでに考慮ずみだとしても，生活歴を丁寧に取らなければならない。と同時に，秩序志向性，対他的配慮性，役割との過剰な同一化といった本人のあり方が認められ，パーソナリティとしては，いわゆるメランコリー親和型のパーソナリティ傾向が窺われた。

ここで終わってはいけない。「メランコリー親和型のパーソナリティ傾向」という分類をして，終わってはいけない。それでは，心理アセスメントにならない。単なる分類である。教諭をしていたときは体調を崩すことなく頑張れていたのに，出産後の育児もこなせていたのに，なぜ今回，体調を崩したのだろうか。「いつもいろんなことを一生懸命されてきたのですね」とそっと伝えると，急に嗚咽された。「私が8歳のとき，父は一緒に歩いていた私をかばって車に轢かれて亡くなった。母は狂ったように泣いていた。祖母も毎日泣いていた。私のせいでみんなを不幸にした。だから私は何があっても我慢しなくてはいけないと思った……学校から帰ると，母は仕事でいなくて，ひとりでおやつを買って食べた……」と続けて語られた。今回，8歳になった娘と，8歳だった頃の自分が重なり，さびしい思いをさせたくない気持ちや，大切な人を不幸にするのではないかという思いが高まり，それを打ち消そうと普段よりもさらに懸命に頑張り続けて，そして，今回の「うつ病」に至ったのだろう。

医学では「うつ病」という診断だとして，今回のことは医学では，うつ病が「発病した」となる。それが定かなことだとしても，パーソナリティ傾向を含めて心理アセスメントをすると，臨床心理学では少なくとも次のようなことを意味している。"いまの生き方をずっと続けているのはちょっと無理よ，いまのパーソナリティを全部変えるなんてできないし，する必要もないけれど（そもそもこうなった歴史を大切にしよう），少しだけ自分のあり様に幅をもたせられれば，この後の人生が生きやすくなるし，子育てもやりやすくなるよ"。つまり，大きな変革

とか改革ではなく，自分のあり様に関する小さな改善（といっても実に重要なこと）をするチャンスが到来したのである。なお，チャンスが到来したと考えることと，ご本人の症状がつらいことを共感することは援助者として問題なく共在できる。

このように，パーソナリティ特性を把握することで留まるのではなく，「いまなぜ？」（Here and Now）という視点を失わず，その人の歴史と現在をつなげていく。

5. 援助者側（自分自身や組織）の心理アセスメント

自分自身や，所属する組織やチームについて心理アセスメントをする。自分にそのクライエントを担当できる力量（臨床経験，体調，今後のライフプラン，サポート環境など）があるか，同時に，組織やチームがともに取り組んでいける状況にあるか（空きベッドの数だけを意味しない。メンバーの力量や現在の力動などが重要である）をアセスメントする。援助者側の力量や覚悟といった要因は外せないアセスメントの視点である。

VI 心理アセスメントの今後

臨床心理学の技法や技術は今後も発展していくであろう。倫理コードや関連法律はどんどん増えていくだろう。マニュアル的な心理アセスメントを嫌う向きは多いが，これも時代とともにマニュアル化が急速に進んでいくであろう。

しかし，どんなにマニュアル化が進み，条件・基準・数値などが増えたとしても，クライエントと自分が出会う一瞬一瞬（Here and Now）の大切さは変わらないだろう。多角的多層的な心理アセスメントを土台として，唯一無二のその人の全体像を捉え，心理支援にダイレクトに活かすという私たちの創造的な仕事も，これから生まれる優秀な心理臨床家たちによって，世代を経ながら，より精緻になっていくであろう。

文　献

津川律子（2003）現場研修. In：下山晴彦 編：臨床心理学全書 第4巻 臨床心理実習論. 誠信書房, pp.369-398.

津川律子（2009）精神科臨床における心理アセスメント入門. 金剛出版.

津川律子（2011a）面接技法としてのアセスメント. 臨床心理学 11-2；176-181.

津川律子（2011b）自殺予防のための心理療法 総論. In：張賢徳 編：専門医のための精神科臨床リュミエール29 自殺予防の基本戦略. 中山書店, pp.118-126.

津川律子（2012）「うつ病」―― 地域のなかで. 臨床心理学 12-4；599-602.

津川律子, 篠竹利和（2010）シナリオで学ぶ医療現場の臨床心理検査. 誠信書房.

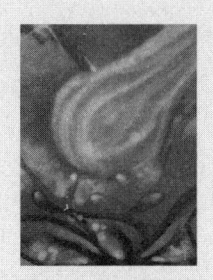

論説
アセスメントと仮説

村瀬 嘉代子 KAYOKO MURASE
北翔大学大学院

I はじめに

　「臨床的アセスメントとは，有効な諸決定を下す際に必要な，患者（クライエント）についての理解を臨床家が獲得していく過程である」とコーチンは定義し，さらにそれは患者（クライエント）にとっての価値ある情報を得るために必要な，いかなる行為をも含んでいる，とも述べている（Korchin, 1976）。
　アセスメントと心理的支援とは概念規定としては当然別の営みである。しかし，心理的支援，つまり心理臨床の営みとは，心理臨床家がクライエントは何を必要としているか，それに対して自分はどのようなことをどこまで責任を持って行えるかについて考え，支援の方向性や目的をクライエントと共有し，常に自分の行為がこの目的にそっているかを検討しつつ臨床過程を進めていくものである。したがって，当面，解決を目指す問題に焦点を当てるにしても，問題の背景を考えるために多次元にわたってものを観，考える全体的視点，そして生物・心理・社会モデルに則って，心理臨床の過程はアセスメントと心理的支援とが裏打ちしあって進行していくというのが現実である。インテーク，見立ての時期といえども，その過程で行われるクライエントとのコミュニケーションのなかにはアセスメントと同時に支援の要素も含まれているのが本来の臨床といえよう（このプロセスの機微については本誌の座談会でも取り上げられている）。
　そもそも臨床の過程とは，クライエントについての理解の精度が過程の進行につれて高まっていくものであり，確定した完璧な見立てというものは厳密にはあり得ないのではなかろうか。理解が的確に深まっていくということは，クライエントについての仮説の精度が上がっていくということであろう。アセスメントとはある種，仮説である，と自分に言い聞かせ，常に仮説を変更する余地，自分のそれまでの考えの不備や不足に対して正直に対したい，と今日まで私は考えてきた。

II　アセスメントについて目を見開かされた経験

　今から半世紀近く前、私が家庭裁判所の調査官に入職した頃は、科学性、科学的という言葉が強調して語られていたように思う。数値化されたものに信憑性があるとみなす傾向があった。非行少年のロールシャッハ・テストのデータを統計的に処理して作成された、非行予測、再犯予測尺度なるものが注目されたり、夫婦関係調整事件では夫婦の和合度の可能性を知ろうとするテストなども試作されたりしていた。これらは基本的にベクトルが一方向へ向かうという考え方を元にしている。だが、私は非行を犯した少年たちに面接し、時に家庭や学校、職場などを訪問して、ことの判断にかかわる要因は多元にわたり、しかも多種類であり、意見書を作成するのに矛盾した要因をどう整理し、まとめるのかにいつも呻吟していた。ベクトルの方向が一直線に向かう考え方で対処できるのは、環境要因に恵まれ、非行性も進んでいない少年の場合のように思われた。

　逮捕された少年は多くの場合、再犯しないと口にする。そうあってほしいと思い、そうであろうと信じたい。彼等の多くは自分の言葉や気持ちを確かに受けとめられたという経験に乏しい。人が他者の言葉を聴き、それについて考えることができる前提には、自分の言葉を大切に聴き入ってもらった、という経験が土台として必要であろう。ならば、できれば、少年の言葉を聴き入れたい。しかし、役割として、また社会防衛上、ただ聴いて頷くというわけにはいかない。その子どもの言葉がこれからの行動にどれくらい実現されうるのか、それにはどういう手立てが必要なのか、これには少年の個々のさまざまな要因を考え合わせねばならなかった。つまり、個別に即して現実的に適切な意見をどのように導き出すかということである。そして、もともと学んだことについては、一度は感嘆しながらも、さて本当にそうであろうかと立ち止まって考える習癖と相まって、自分の仕事に対して新人の私は曖昧模糊とした気持ちになっていた。

　以下のそれぞれの出会いは私にとってアセスメント、ひいては心理臨床の営みの本質について、目を見開かされる経験となったのである。

1．ウェクスラー博士の講演を聴いて

　上述した迷いのなかにあった1960年代前半のある日、家庭裁判所調査官研修所の研究員として、法務省が招聘されたウェクスラー博士による講演・研修会に出席するよう命ぜられた。当時、心理テストは心理職の武器というようにも一部言われていて、何か心理テストを施行する人というのは冷徹、怜悧という言葉を連想させる気配があったようにも記憶する。

　登壇されたウェクスラー博士は穏やかで包容力を感じさせ、簡潔明晰で美しい英語を話された。矯正領域の専門家が提出されたある服役者のWAISのデータ解釈についてのコメントを伺い、はっと驚嘆した。

　その受刑者は暴行傷害事件の累犯者であった。受刑中も規則違反が多く、懲罰を繰り返し受けていると説明された。さらに、「彼は知能は普通域で、かつ手先が器用なので屋内で機械の部品を作るような作業を課されている。前の刑務所では縫製の仕事を課していたが反則行為を

些細な原因から繰り返しており、仮出所はできなかった」という補足に、ウェクスラー博士はローデータを見てすかさずコメントされた。「この作業の課し方は全くのミスマッチだ。作業は彼にとってほとんど意味をもたらさない。知能検査は単に認知機能や指数を知るのが目的ではない。施行時のやり取り、応えるときの表情やしぐさ、どんな雰囲気が醸し出されたか、そしてこの下位検査のバラツキを読み取ることに意味があるのだ。彼は本来アグレッション（攻撃性）を押さえ込んでいて、そのことをこれまで誰からも理解されなかったものと考えられる。手先が器用だというような理由でそういう作業を課してきたことは、彼のうちに不完全燃焼しているものをどんどん累積させたであろう。作業も単なる作業ではなく、受刑者の適性に応じ、そこに教育的、治癒的意味を持たせてこそ再犯も防止できるであろう……。知能検査を平板なレベルで考えてほしくない」と詳細は省くが、彼の行動傾向、パーソナリティ特性を鮮やかに描き出し、アグレッションが鬱積しているその背景要因にも考えを巡らされたのであった。まるで、その受刑者がそこにいるかのごとく実像が描き出され、彼の適切に表現できない鬱屈した気持ちが伝わってくるようであった。鮮烈な印象を受けた。手引き書をマスターして足れりとするのではなく、また下位検査のバラツキの意味を考えるに止まらず、その状況にかかわるあらゆる事象を緻密さをもって受け取り、総合的に考えること、さらに数値や抽象的表現で記される検査結果の内容をその被験者の生きている現実生活と具体的にリンクさせて考えることの大切さに、そのとき私は気付いたのであった。

2. 我妻洋先生とTATとの出会い

同じく1960年代はじめのこと、このとき私は家庭裁判所調査官研修所の研修生であった。ロールシャッハ・テストは研修カリキュラムにあったが、TAT（絵画統覚検査）は油絵や英会話と並んで夕刻の課外授業に入っていた。講師はハーバード、ミシガン大学に学んで帰朝間もない心理学者、かつ文化人類学者の我妻洋先生であった。1ドル360円、円の持ち出しは制限され、留学すらも希有なる機会で、海外旅行など極めて難しい時代であった。冒頭、先生はわが国の臨床心理学がいかに遅れているかについて蕩々と論じられた。そして、「心理療法の場合はもちろん、投映法の勉強をするには、まずその投映法施行を受けて、自分のパーソナリティ特徴を自覚認識することが前提である。ついては、これから各自のTAT反応をとり、それを順にこの教室で教材として使用する。施行法は簡略化して全カードのなかでも意味深いものを7枚、各自に渡すので、各カードを見て思い浮かぶ物語を5分以内に筆記するように。できあがった7個の物語は自分が次回まで持ち帰って解釈する」とおっしゃったのである。テスターを志向するものは自分の特質を覚知すること、これは必要であろうとすぐ納得した。だが、こころの内面を表すという各自の反応を直ちにクラスで教材に用いることには軽い疑問が生じた。「委ねよう、自分を素直に開示しよう」という気持ちにはまだなれていない……。

反応拒否はいけない。そうだ、自分を素直に出さずに巧妙に没個性的な反応をしよう、と私は咄嗟に考えた。そこで、各図版の特徴に即応した、三文小説風の起承転結はあって、構造は

整っているがなにやら平凡ありきたりの物語を作った。そして，物語の結末は幸福，不幸，中間，幸福，不幸，というように一応バランスがあるように工夫した。自分のなかから率直に湧き起こってくるのではないこのような作為的物語を限定された時間内に作るのは，始めてみると予測していたよりも精神的エネルギーをひどく消耗する作業であった。7枚とカード数が少なく限定されていたから，虚偽の反応を大きく破綻せずに一貫して続けられたのであろう。正規のTAT施行が2回に分けて20枚行うことの妥当性が理解されたし，ロールシャッハ・テストが数枚のカードのシリーズではなく，10枚ひとシリーズである意味が納得できるように実感した。7枚のカードについての物語を提出後，「本当の自分は出していないから……」と身勝手にも安心していたのである。

次回，私以外の研修生に反応を返された後で，我妻先生は困惑されたというか，真剣な表情でおっしゃった。「自分は日本，アメリカ，さらには中米の膨大な人数のTAT反応を分析し，TATの解釈については完全にマスターしたと内心自負していた。だが，この1週間，何度もその反応を読み返して考えたが，このクラスで一人だけどうしても一人の人の反応として，そのパーソナリティ特性を描き出せない人がいる。自分がいまだに未熟なのか，その被験者が巧妙な嘘つきかいずれかである……」。私は非を深く悔いてお詫びした。先生は「人が悪い」とおっしゃりながらも，ご自身が進めておられた国際非行比較研究プロジェクトに参加するよう勧めてくださった。このとき，TATやロールシャッハのデータを数多く読んだことにより，人のこころが文化・歴史・社会のあり方などによって，いかに大きく規定されているか，多元的に全体的視野を持つことと，同時に焦点をしかと捉える緻密さが大切であるらしいと，学んだのであった。

この経験により，投映法というツールの持つ多面性やことの本質特性を捉えうる特質というのはまことに豊かな可能性を持つものであり，時に呈されている投映法は主観的という疑問に応えうるものであること，それこそが解釈力の習熟なのだと気づき納得した。解釈の手引きを習得することに務めたうえで，データを読み解くには知識と経験の引き出しを豊かにしていくということと，解釈者としての自分のものの感じ取り方，考え方の特徴などについての自覚をより的確なものにしていく限りない努力を続けることの必要性に思い至ったのであった。

3. 中井久夫先生の
ロールシャッハ・テスト解釈

それは1970年代はじめ，故土居健郎先生が主催される事例研究会で，ある日ロールシャッハ・データを添えての事例提出がなされた折のこと。そもそも投映法の解釈過程は施行，そしてデータ整理，解釈基準に則りながらの解釈という手順を常套のものとして考えていたように思う。だが，隣席の中井先生の呟き声を聞いて私は吃驚した。先生は事例提出者がカードの1枚目からそれについての反応を語られ始めると，そのテスティに半ば身を添わされながら，それまでのそのクライエントについての情報やテストに取りかかるときの様子などを含めて，事例提出者が語られる前に次の反応内容を予測されていった。こういう次第で，先生は事例提出者

の提示に沿いながら，ご自身で考え次の反応内容を予測しながら聴いていかれたのである。そして，ご自身の予測通りの反応だと「そうだ」と頷かれ，少し予測が外れると「オヤ，ふーむ」と一瞬考え込まれるのであった。何しろ，これは高速回転の動きである。10枚のカードについての反応提示が終わるときには，先生の脳裏にはほぼそのクライエントについてのロールシャッハによる見立ては出来上がっていたのであった。失礼だが，事例提出者の見立てよりも，中井先生のそれはより総合的であり，クライエントの内的・外的世界が一人の人のものとして全体性をもって活き活きと的確に描出されているように思われた。

平板に生産効率一辺倒であってはならない。だが心理臨床の営みも仕事である以上，正確さ，スピード，量への配慮が求められ，そこにクライエントの体験世界をどれくらい当事者に寄り添って想像し理解できるかが問われているのだと思われる。

III アセスメントと「出会う」ということ

1.「応えない」気持ちの背景を汲む

被疑者として再鑑定入院中のA子さんの心理検査施行を依頼された。夫の愛情が冷めたと絶望して二児を殺害，自らも自殺を図ったが果たせず殺人罪で起訴されたもの。第一鑑定書によると，各種テストに反応せず，緘黙，無表情，無為の院内態度に終始。小学1年より断続的不登校が始まり，中学2年時に事実上中退の事実より，児童期より緩慢に進行し始めた知的障害を伴う統合失調症が疑われていた。ところが第一鑑定書について，うつ病と統合失調症の識別基準が問題とされたこと，事件発生前の被告の行動に必ずしも了解困難さや奇異さが顕著でないことから，再鑑定施行となったのであった。

自己紹介し，目的を告げてロールシャッハ・テスト，記銘力検査などを施行しようとしたが，A子さんは顔を背け，無表情のまま小声で「わかんない」を繰り返した。バウムテスト用の用紙を渡して樹木を求めると，棒付き三角飴のような図形を描いて紙を投げ返し，後は無表情に押し黙ってとりつくしまもなかった。相当長い時間が流れた。検査者としての面目は二の次と覚悟を決め，検査を諦めようと道具を片付け始めながら，ふと正直な想いを小声で声にした。

「これまで繰り返しいろいろな人や場面で尋ねられ，貴女としては事件以前に事態が戻るわけでもなし，取り返しのつかない事件は言葉にしがたい強い後悔，申し訳なさ，もう思い出しているとどうしようもないつらさで一杯になるのでしょう……。考えたくない，考えられない……。何か決めるのならもういい，決めてくれとか……。つらいでしょうね……。煩わしい大人の世界に入る前の小さな子ども時代にかえって，ちがう道を歩めていたらなど……。貴女が応えない，とされる気持ちを受けとりたいと思います……」。意外にもA子さんは「やめないで！」と言う。声の調子，語り口が急に子どもっぽくなり，表情は悲しさを浮かべつつ語り出した。貧しい農家の長女で，小学入学前から弟妹の世話をさせられた。病弱だった実母は9歳時に病死。継母は弟妹の世話に加えて，学校を休んで農作業を手伝わせた。言うことをきか

ないと食事を与えられなかったり，体罰を受けた。勉強はわからなくなり，友達もいなくなった。口減らしにと見合いで結婚させられた。ただいじけて働くだけの暮らしをしてきた自分はお化粧の仕方も，夫への態度，いや世間との付き合い方もわからず，自分は駄目な妻で母親だと思い，話す人もいなかった……。嫌々やってきた弟妹の世話の経験は子育てに役立つよりも自信のなさを増した。こんな母親を持って生きていく子どもたちもかわいそうだし，自分の生きている価値も意味も考えられなかった。母子で死ねばみんな終わると思った……。

　それからの彼女は心理諸検査に素直に取り組んだ。学習不足，経験不足のため，素質が著しく発揮されていなかった。極度に低い自尊感情による念慮的傾向や情緒の不安定さが基底にあり，これらを護るために感情を強く抑制，切り離してなんとかバランスを取ろうとし，それにエネルギーを費消して，現実生活での対処は拙いものになっていると考えられた。しかし孤立感に包まれた内面には一応の事理常識の辨え(わきま)はあり，アパシーな外見とはうらはらに強い情愛渇望感がこころの底に息づいていた……。

　当初離婚を考えていた夫は実刑が確定したA子に対し，面会に訪れるようになり，「この事態は自分にも責任がある，共に生き直そう」とその出所を待つという決意をした。

2. 障害と「かけがえのない自分」

　幼児期から継続来談していたある中学生が意を決したように，それでいて不安で一杯の面持ちで問いかけてきた。「ここに来ている子どもたちは途中で通ってこなくなる。ボクはずっと来てる。学校のクラスもみんなと別。フツウの大人になれるの？」。彼はいわゆるADHDの特徴を持つとされてきたが多動性はかなり和らぎ，ただし知的障害を併せ持ち，学習や日常生活に難儀する場面が多かった。自分の障害について小学5年次頃に，その特性について病院で具体的に説明を受けたようであった。だが必ずしも十分に納得してこなかったようであった。発達上，「自分」を意識するようになって，痛切に実感として抱いた問いを問いかけてきたのだと思われた。生きにくさをもたらす障害，それはこの私も含む誰かに代わって外れくじを引いたようなものなのに，療育課程でこのような子どもたちの払う努力は真に大きい……。齋藤喜博の「人は誰しもその人独自のかけがえのなさがある」という詩を一緒に音読して話した。「一日一日丁寧にできることをやって生きていったら，きっと誇りが持てる大人になると思う。何でも一人でできることばかりが正しいのではない。人に上手に頼んだり，教えてもらったり，助けてもらうことも大切，それは人間として劣ってることじゃない，生きるってお互いさまなの……」。本当に思う言葉ではあったが私の胸中は疼いた。40代の彼は今，施設で木工品の制作に弛まず励んでいる。辞書を引きながら書いたという，折に触れて届く文章や文字は，昨今になっても，わずかずつだが上達しつつある。

3. まとめ

　アセスメントの過程とは相互関係のうえに展開していくものであり，いわゆるクライエントの言動や反応のみならず，その過程に関わるあらゆる事象が意味を持っている。

Ⅳ　クライエントを理解するために心理臨床家に求められること

①ニュートラルな気持ちで，人を人として遇する。

②あらゆる事実に対して，とりわけ自分の内面に生起する感情や思考の内容について，それが肯定的，否定的であるかを問わず，正直に所与のものとして自覚し，中庸のバランス感覚を維持するよう努める。

③クライエントの体験世界，何をどう体験しているか，自分をどう受けとめているかについて，外的な行動特徴を的確に観察することばかりに偏らず，想像し，その不安や苦しみ，悲しさなどを汲み取ろうとする。さらに，クライエントの体験を想像し，わかろうとする。ただし，一方でそうしている状況を相対化して自覚し，バランス感覚を失わないように留意する。

④客観的な観察を緻密に的確にする。気付く力と気付いたことを知識や経験に照合してわかろうとする。わからないところを大切に抱え，さらに観察，気付きを続け，考え続ける。

⑤心理検査をはじめ，アセスメントに用いるツールの扱いについては基本の習得は必須であろう。だが，マニュアルに照らして事足れりと終わるのでなく，下位項目のバラツキ，その他矛盾点の意味を熟考する。さらに，マニュアルや基準を活かして，理解を的確で深いものにするために，ジェネラル・アーツを豊かにする努力を怠らない。

⑥クライエントはこれまでの歴史とその人と関わる空間（大きくは社会，近くは家族という人間関係）のいわば交点のなかにある。だからこそ全体状況との繋がりのなかで考えることが必要であろう。人の内面や心理的メカニズムばかりに重点を置くのではなく，その人の現実生活，その人を取り巻く全体状況を生物・心理・社会モデルで考える視点を持つ。

⑦容易に看取できる症状や行動上の問題ばかりにウエイトを置いて考えるのではなく，潜在している可能性を見出そうとする姿勢が大切。

⑧アセスメントの結果を伝える場合，まず，クライエントの全体状況を考えて，伝える目的，誰に向かって伝えるのか，誰から，どういう時期に，どのように伝えるか，について行動に移る前に熟慮する。

⑨明確で，公共性のある理解されやすい表現を心懸ける（いたずらに術語を多用するのは疑問）。

⑩当然ながら，アセスメントは支援に役立つものであるように。さらにアセスメントの過程はクライエント理解の仮説が次第に精度を増していく過程である。絶対に正しい仮説は果たしてあるのであろうか，という謙虚さと可能性に向かって開かれた姿勢を持ちたい。

文　献

Korchin SJ (1976) Modern Clinical Psychology. New York : Basic Books Inc. (村瀬孝雄 監訳 (1980) 現代臨床心理学——クリニックとコミュニティにおける介入の原理．弘文堂．)

村瀬嘉代子 (2007) 第12回大会シンポジウム 児童思春期の臨床における心理職の役割．包括システムによる日本ロールシャッハ学会誌 11-1；4-30．

● http://kongoshuppan.co.jp ●

精神科臨床における心理アセスメント入門

津川律子著

心理アセスメントの六つの視点（トリアージ1・トリアージ2・病態水準にまつわる要素・疾患にまつわる要素・パーソナリティ・発達生活の実際）から得られたものは，第七の視点（here and now）を通じて集約され，ネットワークのようにつながりながら立体的に存在する。臨床心理面接と不可分な"それ"は"家"のイメージであり，アセスメントから得られた成果をヒントにクライエントの全体像を立体化してゆく内的努力を，セラピストは学派を越えて行なう。

チェックリストでもラベリングでもない「心理アセスメントの六つの視点」を，第七の視点（here and now）で有機的につなげ，クライエントの立体的な全体像をとらえるために。若手臨床心理士に贈る「心理アセスメント入門」必携書。定価 2,730 円

臨床心理アセスメント入門

臨床心理学は，どのように問題を把握するのか

下山晴彦著

臨床心理アセスメントは，生物－心理－社会モデルに依拠して生物的次元や社会的次元を含んだ総合的アセスメントに変容しつつある。これはまた医学的診断基準から心理問題を分類することをもってアセスメントとする精神医学に抗して，問題の心理学的な意味を見出していくケース・フォーミュレーションというアセスメント方法を，臨床心理学が独自に開発することでもある。本書は，この臨床心理学の最新知見に基づく臨床心理アセスメントの方法を，全23回講義を通して解説する。心理的問題の総合的把握のための枠組は，臨床心理学のみならず，メンタルヘルス活動全体における臨床心理アセスメントの意義と役割を知ることにつながるだろう。　　定価 3,360 円

初心者のための臨床心理学研究実践マニュアル（第2版）

津川律子，遠藤裕乃著　臨床心理士や臨床心理学を志す読者に向けて「研究の進め方と論文の書き方」を解説した好評既刊マニュアル第2版。論文指導のマニュアルとしても有用。　　2,730 円

必携 臨床心理アセスメント

小山充道編著　国内で利用される100弱の心理テストについて，詳細な解説と例，ワンポイント・アドバイス等が示される。この一冊ですべてがわかる心理テストの大全集。　　8,925 円

心理援助の専門職として働くために

M・コーリィ，G・コーリィ著　下山晴彦監訳　心理援助職が学校や病院，企業といった社会的なシステムに関わっていくための実践的な態度，知識や技能を身につけるためのテキストブック。　　3,570 円

心理援助の専門職になるために

M・コーリィ，G・コーリィ著　下山晴彦監訳　援助者自身の課題や教育訓練過程で生じる問題を豊富な事例とともに解説した，心理援助職を目指す学生や初学者必携のテキストブック。　　3,990 円

Ψ 金剛出版　〒112-0005　東京都文京区水道1-5-16　URL http://kongoshuppan.co.jp/
Tel. 03-3815-6661　Fax. 03-3818-6848　e-mail kongo@kongoshuppan.co.jp

（価格は税込（5％）です）

III

事例で学ぶ臨床心理アセスメント①
乳幼児期・児童期

I 「見立て」と「アセスメント」

　土居（1999）によると「見立て」とは，「患者のポジティブな価値を含めての状況判断を表す」もので「具体的に患者にどのように語りかけるかを含む」ものとして，（1）患者の病状の正しい把握，（2）患者と環境の相互関係の理解，（3）どの程度まで病気が生活の支障になっているかの読みとり，（4）患者およびその家族の治療に対する態度ないし期待がどのような性質のものであるかという動機づけを含んでいる。さらに，熊倉（2003）は「（見立ては）生活史や面接所見など面接で得られた総ての情報から真の来談理由を推定するもの」と述べて，来談者の訴えの中心である「主訴」と「来談理由」を区別している。一方，下山（2008）は「臨床心理アセスメント」を「臨床心理学的援助を必要とする事例（個人または事態）について，その人格や状況，および規定因に関する情報を系統的に収集，分析し，その結果を総合して事例への介入方針を決定するための作業仮説を生成する過程」と定義している。以上はアセスメントについての重要な考え方であるが，発達途上の子どもにはそのまま適用しにくい点がある。

概論

こころの発達に寄り添う 子どもの臨床心理アセスメント

徳田 仁子 KIMIKO TOKUDA
京都光華女子大学

　親または養育者が子どもの発育について相談したくなるのはどのようなときだろうか。年齢別にみると，言葉の遅れの目立つ2歳〜3歳，集団への参入が試される5歳〜7歳，対人関係の繊細な関係意識や前思春期の課題が際立つ10歳〜12歳に多いようである。それはこの時期が発達の節目を示し，自己の編成が組みかわることで問題が生活の前面に出てくるからなのであろう。そこでは，子どもが抱える問題を単に症状や問題行動としてだけではなく，発達という連続的プロセスのなかの課題として位置づけることが必要である。また，鯨岡（2007）は「子どもの発達は，単に個体の内在的な力が時間軸に沿って現れてくるという単純な性格のものではなく，そこには周囲からの『育てる』営みが介在し，その影響を大きく受けながら，子どもの側はもちろん，育てる側も共に変容していく過程である」と強調している。つまり子どもは成長発達する存在であり，また環境の影響が大きい。そして相談場面では本人よりも親または養育者の訴えが前面に出ることが多く，子ども自身の主

訴（本人が何に困っているのか）が明確でないことも多い。子どもや養育者が「なぜ今来談したのか」という真の来談理由を手がかりとしてはじめて「見立て」「手立て」「見通し」が導かれることも多い。

II 子どもの臨床心理アセスメントについての考え方

　木部（2007）は，クライン派の立場から，子どもの発達を養育環境と神経的発達（認知的機能）および心的発達（対象関係）が三位一体化したものであると捉えている。養育環境には生活歴，母親あるいは父親の養育機能，家族の周囲の環境等が含まれる。神経的発達については，発達発育歴・既往歴・WISC-III などの心理検査を参考とする。心的発達には，コミュニケーション能力，症状と関連したストーリーおよび葛藤のテーマが含まれる。一方，S・I・グリーンスパン＋N・Th・グリーンスパン（2008）は，自我心理学の立場から発達構造論的アプローチを提唱しているが，これは発達（まとまりの水準），個人差（生物学的な差異），関係性（養育者との関わり合いの観点）の3つの観点を重視し，基本的自我機能のまとまりを重視して査定することが特徴である。端的にまとめると，クライン派と自我心理学派では治療的関わりの観点として，空想を重視するか自我のまとまりを重視するかで異なっているが，発達の捉え方という観点では接近していると言えるだろう。

　一方，村瀬・楢原（2007）は，アセスメントの目的とは「症状の背後にあるものを汲みとり，本人がそうせざるを得ない必然性を理解しようと努めること」であり，「その子どもが今よりも少しでも生きやすくするような具体的な援助の方法を考えていくことにある」としている。ここには，目の前の子どもが生きる状況についてのよりよい方策は何かという，個別的で連続的な発達という命題に対するわれわれ援助者の判断が含まれている。

　以上のことから，子どものアセスメントで大切な視点としては，（1）養育環境と神経的発達，および心的発達の3つの観点から見ること（2）子どものもつ可能性や能力について着目し共有すること，（3）家族を含む環境からの影響と環境への影響に着目すること，（4）子どもを取り巻く環境のなかに活用できる資源を見いだすことを挙げることができる。

　さらに視野に入れておきたいのは，（1）生活…子どもの状態像を生活のなかで捉える，（2）関係…問題行動を関係のなかで捉える，（3）発達…症状や問題行動，発達障碍を精神発達という連続性をもったプロセスのなかに位置づける，という3つの視点である。

　具体的なアセスメントの作業としては，親または養育者の話から子どもの状態像を把握し，症状や問題行動等の成り立ちを推測して見立て，もし必要であれば検査をして理解を深め，その手立てや見通しを判断することになる。さまざまな検査については松本・金子（2010）が詳しく紹介・解説している。検査結果をフィード

バックする際には，その言葉の影響力の大きさに鑑み，養育者とともにもう一度生活のなかで捉え直すとどのような意味があるのか，どこに着目して子どもの成育を見ていくのかをわかりやすく伝えておきたい。

III 「虔十公園林」にみられるこころの発達

　こころが発達するとはどういうことだろうか。子どもの状態像を査定する際，精神発達についての自分自身の枠組み（発達観）を明確にしておく必要がある。滝川（2004）は，精神発達の本質を関係の発達（社会性の発達）と認識の発達（理解の発達）という2つの基本軸で捉えている。そして，関係の発達の遅れが前面に出るものとして広汎性発達障碍，認識の発達の遅れが前面に出るものとして精神遅滞を捉えるなど，精神発達のさまざまな遅れはこの2つの発達軸の間で把握できるとしている。さらに，関係の発達と認識の発達は互いに関係し合っており，人間の認識の発達とは，個体がもっている感覚や知覚した社会をそのまま捉えるのではなく，すでにまわりの人々が捉えているように捉え直していくという構造をもち，まわりの人たちと認識世界を共有するということである。

　赤ん坊は生まれる前，在胎5カ月頃になると活発に手足を動かして母親に自分の存在を知らせ，母親もそれに応えることから母子のコミュニケーションが始まる。生まれたばかりの赤ん坊はまだこの世界や自分自身を知らないが，空腹や不快感を泣いて周囲に知らせるようになり，欲求を満たしてくれる母親を見たり見られたりするうちに愛着の関係がつくられ，微笑みや言葉による共同的な関係世界のなかに参入する。その一方，感覚運動的体験は，やがて象徴遊びや心象の出現，言語活動などに現れる象徴機能によって内面化・概念化されていくが，その端緒は1歳半～2歳頃，活動を自分のからだから「脱中心化」することにある。つまり自分のからだをほかの客体の一つとして見はじめ，さらに自分自身を運動の主体として認めはじめ，将来自分自身のこころとも向き合う素地ができる。

　宮沢賢治の「虔十公園林」は，知的障碍の人のもつ認識の世界が関係のなかで発達することが窺える作品である。虔十は鷹の青空への飛翔を喜んで人に知らせるような感覚の人だが，家族はいつも暖かく接していた。ある日虔十は，突然家の裏に杉苗を植えることを思いついて，兄の手伝いで苗を植えるのだが，土壌が悪く生育状況が良くなかった。ある時，近所の人にからかい半分で「枝打ち」を勧められてかなりの枝を切ってしまい胸が痛くなってしまうのだが，枝打ちの結果杉林が明るくなったので，子どもたちが林で遊ぶようになる。彼はとても喜び彼自身も林を護る守人として成長していく。それを快く思わない隣の畑の持ち主が伐採を迫るのだが，彼は毅然として「切らない」と断る。彼は「枝打ち」による林の再生という命の営みを感覚・経験的に知り，守人としての自分に誇りをもち，生まれて初めて人に逆らって自己主張するといった内面的成長が起こったのである。

虐十の家族のように，たとえ障碍があっても家族が生活のなかでさまざまな工夫をすることで問題が際立たない例も少なくない。重度の自閉症の子どもをもつある母親は，規則的な子どもの行動を予想し，常にタイミングを見計らって早めに用意をしていた。子どもの不安緊張は相当高く，知覚過敏やこだわりなどの特徴は持続していたものの，母親の対応のおかげで強いパニックになることは少なかった。障碍のある子どもを中心とした生活を送る家族の苦労は計り知れない。われわれは援助者として，家族の立場を尊重することを忘れないでいたい。

Ⅳ　子どもの臨床心理アセスメントの実際

ここでは 0 歳～12 歳の発達段階を 3 期に分けて精神発達を概観し，各段階に応じたアセスメントの留意点をケースのなかで検討してみたい。

1. 乳児期・幼児前期（0 歳～ 2 歳）

生後 3 ～ 4 カ月頃から首がすわりはじめ，5 カ月頃には寝返り，6 カ月目にはお座りをし，だんだん這いはじめ，8 カ月頃からつかまり立ちをしてつかまり歩きになり，1 歳を越えた頃より一人歩き（始歩）をはじめ，やがて走る・階段を上るなど協調運動が活発になる。一方，生後 2 カ月頃になると，視線が固定して自分に向かって微笑む人に対して微笑み，3 ～ 4 カ月では人の顔に対する微笑み（社会的微笑）が出現する。生後 8 カ月頃に最も強くなる人見知りの頃には母の顔と存在への愛着がきわめて強くなる。6 ～ 8 カ月頃には理解できる言葉が増え，1 歳前後には言葉で意味を伝達でき（初語），1 歳半頃には身体・食事・衣服・玩具などを表す多くの単語を身につけ，2 語文で自分の要求を相手に伝えるようになり，2 歳を過ぎると文章を使って会話をするようになる。この過程で，養育者との一体感が快い形で持続することから基本的信頼感が生まれるが，それは自分自身が世界に受け入れられているという自信（安心感）にもつながる。この基本的信頼感をもとにして，トイレのしつけに代表されるような文化・習慣の継承が行われる。

この段階でまず大事なことは「子どもの依存性が養育者に十分に護られて安全が得られ，受け容れられ依存することが承認される関係」（滝川，2004）であるかどうかであろう。例をあげると，2 歳過ぎのAちゃんは，言葉の模倣はできたが柔らかく自然な会話にならなかった。また多動で高いところに平気で上り，落ちても痛がらず，周囲に安心して依存することができなかったが，プレイセラピィの関係のなかで自己表現を十分展開することによって対人緊張感が柔らぎ，情緒的交流も促進されていった（徳田，2012）。

2. 幼児後期（3〜6歳）

3歳頃からは走る，跳ぶ，ケンケンするなどの粗大な協調運動が発達し，その一方，丸を描くとかスプーンを上手に使うなどの微細な協調運動も向上する。知的側面では4歳頃から脱中心化して自分のからだを客観的に見たり，ごっこ遊びなどにみられる象徴能力が拡がり，アニミズムから脱却して，空想と現実とが区別され現実志向力も増大する。前段階から引き続いて養育者が差し出すしつけという形の意志を，子どもが内部に取り入れて調和をはかることが試される一方，自らの行動を決定しようとする自律性の動きが子どもの内部から出て，反抗という形で現れることもある。男女の分化が明確になり，エディプス葛藤を経て，両親の理想化および良心という形で超自我の完成がみられ，依存から脱却して自立へと向かうが，うまくいかないと恥や罪悪感が持続してしまう。

5歳のB君は母と2人暮らし。幼稚園で順番などのルールが守れないと言われ，しつけの仕方がわからないと母子が来室した。家では時々トイレの壁に便を塗るようなこともあるが本人は「覚えていない」という。早熟傾向で早くからいくつかの習い事をしているが，少しつまづいたときに頑張らせようとすればするほどB君がやろうとしなくなり，母が焦るという悪循環が起こっていた。別居中の父とは行事ごとに食事をするルールを設けていたが，家から見える父親の実家をのぞくことは禁止していた。B君のトイレでの表現は，早熟ゆえにあまりにも早く不安を飲み込んで通り過ぎてしまった幼児前期を取り戻しているようであり，真の情緒的交流が必要なことを示唆しているようであった。カウンセリングのなかで母が自分の気持ちを整理して離婚を正式に決め，自身の実家の近くに転居を決めた頃には，B君の問題はほぼ解消していた。

3. 児童期（7〜12歳）

児童期には粗大運動や微細運動がより協調的になって洗練され，知識や技能の習得へとつながり，有能感や自己信頼感が強くなる。またものごとを考える基盤を作るこの時期は，フロイトが潜伏期と呼んだように，生理的にも心理的にも動揺が少なく情緒が安定した時期である。学ぶことは多くの概念を取り入れ，概念同士の間の新しい結びつきを作り，それらをしっかりと記憶のなかに刻み込むという複雑な作業であるが，それによってこころの世界を拡げ，自分自身でものごとを考える基盤と習慣を養うことでもある。小学1年（7歳）は学校集団の一員としての一面が育成されはじめ，そのルールのなかで衝動コントロールや愛他性，責任感などが培われる。2〜3年（8〜9歳）では学校での対人関係に慣れて指示に従う力もあり比較的穏やかに過ごす時期であり，3人以上のオープンな友人関係をもつこともできる。4年（10歳）頃からは二者関係の親密性が主体となり，親友を含む友人関係を長期に持続する力が養われる。5年〜6年（11〜12歳）では前思春期の問題として性的

興味の増大と内的道徳感の増強が認められる。

　「感情が見えすぎる」と訴える小学校4年のCさんは一人っ子，不登校傾向，微熱，チックの相談で父母が学校の相談室に来室した。母の話によれば，2～3歳頃に保健所で軽度の多動の問題があると言われた。小学校入学後「学校はイヤ」というので母子登校していたが，2年生ではひとりで登校。仲間はずれにする特定の子どもとよくケンカをしていた。3年生でチックがひどくなり病院に通院，軽減したが，4年生で悪化し喉を鳴らすような声が出るようになった。家でくつろいでいるときでも出るのだが，「私はこれでストレスを発散しているのだからお母さんは気にしないで」という。Cが学校でチックをごまかすのに疲れて保健室に行く許可を得ようとすると，現担任はムッとした表情になって頑張らせたり約束させたりするので逃げ場がなく「(先生の感情が) 見えすぎるのでしんどい」という。一番生き生きしているのは習い事のときで，集中しているとチックが出ないとのことだった。あらためて父母に来談理由を確認すると，「病院で本人の目の前で『自閉的傾向』と言われたのがショックだったこと，現担任は運動会前の重責でピリピリしているものの，これまでで一番熱心な先生なので関わってほしいが，Cのつらさもわかるので板挟みになっている」とのこと。筆者はチックには神経症水準の錯綜した問題が窺えることから，長期間心理的援助を受ける場が必要と判断して母親とともにリファー先を吟味することにし，担任と家庭の調整には教頭にも入ってもらい緊張緩和に努めた。運動会はクラスの男子に「何番でも良いから一所懸命走ったらいい」と励まされて無事に終えたが，授業は毎日1～2時間しか出られず，「かんじょう」「きもち」「こころ」を手に持った仏像の絵を描いたり「泣いている武士や血まみれの女の人の霊が見えると言う」とのことだった。これまで潜在していた内面的世界が露出して表現されはじめた状態と受け取られたので，母親と学校に「過敏性が強まって余裕がない状態」と理解を求めた。その後，しばらくしてリファー先で面接が行われ，Cさんは「居心地が良かった」と言い，継続する予定との報告があった。

　一方，"家のお金を持ち出す"ことが問題のD君（小学校6年）は，身体の動きがぎこちなく衝動性が目立つと教師より紹介された。飲食店を営む義父と母に代わって幼い弟妹の面倒をみて朝起きられないことも多いようだ。母親はD君と義父との関係への苦言に終始し彼は下を向いてばかりだったが，得意な料理の話のときだけは生き生きとした印象を受けた。集団でイタズラしたときも彼だけが見つかって叱られたなど，何かと要領よくできずにスケープゴートになることが多い様子から，児童相談所の受診を勧めた。母親によればその結果「自閉症」と言われたとのこと。中学2年になると，夜遊び・喫煙・金銭の持ち出しなどで指導や補導の対象になる。D君の問題行動は孤立を怖れて常に誰かと一緒に行動するためと見受けられた。その後，中学卒業の頃には年上で面倒見の良いガールフレンドができるなど，彼には人間関係のたくましさも認められるようになった。

　以上，CとDはいずれも自閉的傾向との診断だったが，前者は神経症的症状，後者は反社会的行動と問題の出方は異なっていた。どのような診断でも自分を創り上

げる途上の子どものパーソナリティの可塑性は大きく，アセスメントはその変化の可能性を十分に考慮したものでありたい。

文　献

土居健郎 (1997)「見立て」の重要性. In：「甘え」理論と精神分析療法. 金剛出版, pp.169-181.
S・L・グリーンスパン, N・Th・グリーンスパン [濱田庸子 訳] (2008) 子どもの臨床アセスメント. 岩崎学術出版社.
木部則雄 (2007) あとがきにかえて. In：M. ラスティン, E. カグリアータ編 [木部則雄 監訳]：こどものこころのアセスメント. 岩崎学術出版社, pp.222-228.
鯨岡峻 (2007) 発達障碍ブームは「発達障碍」の理解を促したか. そだちの科学 8；17-22.
熊倉伸宏 (2003) 面接法. 新興医学出版社, pp.34-47.
松本真理子, 金子一史 編 (2010) 子どもの臨床アセスメント. 金剛出版.
宮沢賢治 (1989) 虔十公園林. In：セロ弾きのゴーシュ ── 宮沢賢治童話集. 偕成社.
村瀬嘉代子, 楢原真也 (2007) 発達障害への援助過程とアセスメント. 臨床心理学 7-3；302-307.
下山晴彦 (2008) 臨床心理アセスメント入門. 金剛出版, pp.219-229.
滝川一廣 (2004)「こころ」の本質とは何か. 筑摩書房, pp.83-182.
徳田仁子 (2012) わたしはどこ？─多動の子どもの存在確認. こころの科学 163；106-109.

ケース
発達障害が疑われる子どもと親との出会い

田中 康雄 YASUO TANAKA
こころとそだちのクリニック むすびめ

I 半歩先の育ちの想像と今の理解

「臨床的アセスメントというのは，有効な諸決定を下す際に必要な，患者についての理解を臨床家が獲得していく過程」（コーチン，1980）である。ここでは，半歩先の育ちを想像しながら今を理解する過程として，架空の診察場面の流れを表記した。

II 親子との出会い

診察室から待合室に出て，これから出会う予定の鈴木さん（仮名）の名前を呼び，診察室に招き入れた。診察の始まりである。以下，診察をしながら筆者が考えをめぐらせたことをゴシック体で表記する。

どのような風情で待ってくれているか，一瞬でもその風景を見るために，僕は診察室から待合室に向かって，名前を呼ぶようにしている。でも，昨今のはやりのように「鈴木さま」とは呼べない。

診察室に入ってきた鈴木さん（仮名）は，親子で並んで椅子に座わり，母親はわが子になにか語りかけていた。「呼ばれたよ」と母親は，わが子を促し，バッグを持って診察室へ歩いてくる。半歩遅れてミニカーを手にした子どもが，とぼとぼと付いてくる。

**一緒に座っていた様子から，母親とこの子の関係は，悪くないなと実感する。
なかには離れて，あるいは，一緒でも別々な世界にいるかのような風情を示す方もいる。終始，子どもに向かって強い指導をされている母親もいれば，疲れ果てて子どもに一瞥をくれることなく顔を伏せている母親もいる。
時に，父親も一緒に待っているときは，子どもが母親と父親にどのように関わろうとしているか，また両親がどのようにわが子に関わろうとしているか，さらに両親が互いをどのように思っているかなどを，瞬間的に観察する。**

僕は名前を呼んで，瞬間の動きを確認したのち，先に診察室に戻り椅子に腰掛けながら，扉があらためて開くのを待つ。

**招き入れるという姿勢をもつことで，互いに相応の緊張感が生まれる。
そして，どのような気分で診察室に足を踏み入れるかを見届ける。
早くに相談をしたいときやある程度の焦燥感が**

あるときは，後から入ってくる子どもよりも先に腰掛けたりする場合があり，子どもの歩みなどから人見知りなど配慮を常に必要としている様子がうかがえる場合は，入り口で立って子どもの入室を待っている，といったこともある。

母親がやや暗い表情で入ってきて，子どもが後に続く。
「おはよう」と僕が挨拶すると，ちょっとだけ驚いた表情と同時にその子は少しだけ首を縦に振った。

必ず，僕は子どもに声をかける。子どもの様子から，そのときの関心の示し方，不安の強弱，他人への警戒心やはじめての場所に対する気分などがうかがえる。
もちろん，行動が先走る子どももいる。隅に置いてあるおもちゃへ一目散，あるいは医師の机の上の判子やパソコンに猪突猛進する子どももいる。
扉を開けた瞬間に，静止して中を凝視する子どもや，すぐに泣き出す子どももいる。
環境に対する反応がうかがえるだけでなく，同時にその状態に向き合う親の様子から日頃の関わりの様子を想像することができる。
今回の初対面では，母親に多少余裕がなく疲弊気味であることが想像でき，子どもは僕の短い挨拶を挨拶として理解してくれたと思われた。

III 周囲に疑われた発達障害

「言葉が遅いと言われました」——1歳8カ月の男の子，拓くん（仮名）が椅子によっこらしょと座るやいなや母親は，とてもつらい話なんですが，という表情を見せて僕に語り始めた。

本論の表題にあるように「発達障害が疑われる」ということであるが，これは，少なくとも幼児期，学齢期の早い時期では，医師が疑うまえに「周囲や親により育ちを心配され，発達障害を，まさに疑い，疑われた」ことで来院する。そして子どもはもちろん，発達障害の存在を想定はしていない。なのに，連れてこられた。これは，けっこう重要なことであると思う。

母親は，ここまでの経過を手短に述べ始めた。

すこしだけでも余裕が親にあるときは，僕は子ども本人にあらためて挨拶をして，今日ここに来た理由について，問うようにしている。もっともそのほとんどは返答なしか「わからない」「知らない」という返答である。でも僕は，ここに君のカルテがある以上，ここがこのカルテの人の相談を受ける場所である，と伝えることを頑迷なほどにこだわる。
しかし，今回は母親の言葉がすぐに続けられたので，まずは母親の正面に椅子を少しずらした。

1歳半健診で言葉が遅いことを告げた保健師の指摘に慌てた母親は，市中のクリニックをインターネットで検索し，自宅から通いやすそうな複数のクリニックに焦点を絞り，それぞれに電話連絡をしたという。
「どこに連絡しても3カ月から6カ月待ちと言われてしまいました」と申し訳なさそうに母親は語る。一番早くに診てもらえたこのクリニックに対して，よかったとその幸運を受け止めつつも，それほど評価の高いクリニックではないのかもしれないというような思いも含まれた，なんともいいようのない表情のように僕には思えた。

ほとんどの場合で，ここにたどり着くまでに，相応の時間がたっているので，多くの家族は，椅子に座ってすぐに，もっとも心配な事柄を急ぎ口にする。
今回は，拓くんの1歳半健診で言葉が遅いことを指摘され，おそらく専門医への相談を勧められたのだろう。健診で言われたときの母親の当

惑の具合は，この一言を発するときの表情が再現している。同時にその言葉を発したときのニュアンス，イントネーションもまさに指摘されたとき，そのままなのだろうと僕は思う。すこし時間があるときに，数カ所の健診風景を経験していると，その場面が想像しやすくなる。多くの同年代の母親でごった返ししているなかで，選ばれし者として指摘され，箇所によっては，「奥に心理発達の専門の方がおりますから，すこし話をしていきませんか」と誘われるところもある。僕も以前，奥に控えていて，数組の母親と子どもに出会ったことがある。そのときは，今回以上に母親はひじょうに不本意な表情で，時に怒りをあらわにぶつけたこともある。子どもの育ちを確認し，これまでの育ちを評価してもらい，安心と次なる段階に歩もうとするときにふっと浮上してきた蹉跌は，多少なりとも不安があればなおさら動揺を強くする。

診察場面は，こころの安定を提供する場所でなければならないと思っている。気休めではない。少なくともここでは一人で受けた，孤独のなかでの強い当惑に焦点を当てたい。

すると，自然に「それは驚かれたでしょうね」「クリニックは，どこも混んでいますから」といった相づちを打つか，黙ったまま拓くんががんばって座ろうしている様子を眺め，さらに言葉を待つかという選択になる。つまり，母親の言葉に，急ぎ気持ちを重ねたほうがよいか，多少の余韻をともに味わう時間を作るほうがよいかを決める。

今回は母親が一気呵成に多少長い状況描写をしたので，早めに言葉を重ね，ねぎらうことを重視した。

それでもそのときに受けた驚愕，なにが起きたというのだろうか，という戸惑いを追体験することはできない。この届かない思いを大切に，僕の言葉のあとの次の言葉を待つ。そのあいだ僕はすこし拓くんの様子に目を向ける。

Ⅳ　出生と育ちを知る

椅子に座った拓くんは，時折母親の様子をうかがいながら，屈託のない笑顔で持参したミニカーとの世界を楽しんでいた。

僕と一緒にすこしだけ拓くんの様子に目を落とした母親は，今一度僕に向き直して，「でも，遅いといっても，言葉だけです。言葉だけなんです。男の子は，口が重たいともいいますし，実家の母親に連絡したら『なに言っているの，あなたのお兄ちゃんは2歳過ぎまで言葉が出ていなかったのよ』とも言われ，正直病院を受診するのに反対しています」と困惑した表情で語り続けた。

　　拓くんの様子を眺めながら，母親がここに来られるまでの逡巡，戸惑い，そのうえでとても疲れ切っている様子を僕は強く感じた。同時に，この話題は，すでに母親の実家にまで普及していることを知った。おそらく，今日の診察のあとには，実家に報告することも約束しているはずだろう。早い時期に情報が拡散するということは，時に誤解や焦りを作り出すということを僕は僕自身のなかで再確認し，より慎重に，しかし，できるだけさらりと言葉を選んだ。

「1歳半ですから，なにが遅いのかと考えることは難しいですよね。お兄ちゃんのこともありますし」

　　身近な情報に重ねた話題にすることで，一般的というよりも鈴木さんのお家的には，という個別的な話に縮めた。

「そうですよね。もともと，この子は，ちょっと小さく産まれたものですから」と母親は拓くんのほうを見て「ねっ」と軽く同意を求めた。拓くんは，ちょっとだけ母親の顔を見て再びミニカーに興味を戻した。

「そうですか。何カ月で生まれたのですか？」と僕は，拓くんの出生時の様子や育ちの様子を尋ねた。

あらためて拓くんの存在意義がある場面であり、母親が拓くんを生き甲斐に思っている様子がうかがえた。だからこその申し訳なさなのだと、理解した。心労もあり、疲弊気味ではあるが、それ以上に拓くんを思う母親の情に触れることができた。

そして、「ちょっと小さく産まれた」という言葉を引き取って、拓くんの育ちに当然の関心が向いたといった流れで発達の様子を聞き出すことができた。

なかなか、こうしたチャンスがないときは、「(言葉の遅れを)指摘されて驚きましたよね。では、もう少し拓くんの成長の様子を教えていただけますか？　まず、生まれたときは何グラムでした。妊娠何週くらいでしたでしょうね。生まれるまでになにかアクシデントはありませんでしたか。生まれてからの成長、そうですね、首の座りとか歩き始めですが、いかがでしょうか？」といったことを機械的に尋ねる。すこしでも母親の言葉のあとに停滞、沈黙が生じてしまうと、なにか問題だったのだろうかと、いらぬ心配をさせてしまうからである。今回は、比較的スムーズに聞き出す舞台を作ることができた。

母親との一問一答から、妊娠中の体調はそれほど問題なかったが、38週で前期破水となり、早めに産婦人科に入院して、39週で誘発分娩で出産した。生まれたときの体重は2,850グラムだった。その後、母乳の飲みは比較的よく、首の座りやおすわり、歩き始めと特に心配な様子はなかったという。

ただ、人がたくさんいるところやうるさい場所は泣いていやがった。目の前の拓くんの赤ちゃん時代を想像しながら聞き取る。最後のエピソードは、母親にとっても気がかりな点であっただろう。すぐに「私もどちらかというと(集団やうるさいところは)苦手ですから」という言葉を添えた。さすが親子ですね、と僕も対応しながら、すると、先ほどからの申し訳なさそうな、やや所在なさげな振る舞いは、初対面や初めての場所に対するこの母のもつ苦手意識からくるものであるとも想像できた。

さらに、1歳過ぎから遊び食べが始まり、好き嫌いも激しくなりお茶碗を引っくり返す、自分で食べようともしないので、母親が追いかけて口に持っていって、初めて口にするという様子も語り始めた。

「それはたいへんですね」と僕が言うと、初めて小さな笑みを浮かべ「でも、なんとか食べてくれるので」と答えた。

この母親は我慢強いだけでなく、わが子を慈しんでいる。これをたいへんだなんて思わないようにしているのではなく、なんとか食べてくれるほうを幸いと思える人なのだ。すると今回の指摘は、これまで以上の難関という未知への不安と、慈しみの背後にある漠とした不安を明らかにしようとしていると感じた。僕はそのようなときに「よい時期に相談にみえましたね」と言うことがある。もちろん、逆鱗に触れそうな状況ではないだろうと思われるときに、あるいは、ひじょうにまじめに子育てに取り組み、ぎりぎりまで踏ん張ってきた方の場合に、よく口から出てしまう。

「コップの水がこぼれる一歩手前、ダムの決壊直前のストレスの状況だったのかもしれません。あまり早すぎても、きっともっとがんばろうと思ってしまいますし、疲労困憊したあとなら、なかなか立ち上がれないですよね」と口にする。つまり、今日来たことがベストタイミングだったのだと、伝えたい。

ちょっと拓くんのマイナス評価の表現が続いたので、拓くんの名誉挽回と母親の本意をきちんと拓くんに伝えたいので、急いで拓くんの話題に話を移す。

V　不安の言葉に価値を見いだす

「今日は，とてもおとなしく一人で遊んでいますよね」と僕が母親からの話を尋ねている間，ぐずることなくミニカーに興じている拓くんに話を向けると「ええ，この子はミニカーがあると結構長く遊べるんです。だからいつもミニカーを持たせて。それもいけないのでしょうかね」と再び不安そうな表情に変わった。

　このようなときには，「いえいえ，好きな世界があるってことは幸せですよね。困ったときのミニカー頼みといった感じですよね」と長所的な印象であることを伝えたい。それ以上に，よく飽きずにわれわれ大人の時間に付き合ってくれていることをきちんと評価する。「拓くん，ありがとうね」と口にすることもある。そして，もうすこし自宅での生活の様子を尋ねる。

睡眠は，なかなかお昼寝はしてくれないが，夜は7時過ぎにはぐっすり寝るという。「それはよかったですね。親孝行ですね」と僕が言うと母親は少しだけ笑みを見せ，「でも私も一緒に寝てしまうので，部屋が片付かないで，主人に申し訳なくて」と言葉を添えた。

　すこしずつ母親の表情が和らぎ，笑みが見られてきたことに安堵しつつ，ひとつひとつの母親の不安の言葉に価値を見いだす言葉を上書きする。ぐっすり寝ることなんて，当たり前と思っている方からすると，なにを言っているのかと思われそうだが，やはり日頃の母親の苦労が少しでも報われる言葉を選択したい。
　話の流れのどこで配偶者が登場するか，これは夫婦の関係を知るうえで大切なものとなる。ちっとも協力的でないことを不満として口にする方もいれば，まるで存在していないかのように子どもとの二人の世界で話が完結してしまう方もいる。場合によっては夫の家族，とくに姑が話題に上ることもある。子どもを支援することは，子どもの生活がよい方向へ進むように考え，可能な調整を行うことにある。ゆえに，家族全員の布置を知り得ておくと，不意のときに役立つことがある。

僕は，以前に遠方からみえた母親のご両親と出会ったことがある。孫の発達を気がかりに思っていただけではなく，わが娘の心身の健康を危惧していたことを知り，それまで孤軍奮闘していた母親に「あなたが言っていたように，娘思いのよいご両親だったね。つねに後ろに控えてくれていると思うと心強いね」と伝えたことがある。折に触れ，遠くに嫁いだ自分が親に心配ばかりかけられないと言っていたことを思いだし，「いくつになっても子どもを心配することが親の生き甲斐だと思うよ」と伝えた。するとその母親は，「そうですね，私にとっても息子がまさにそれ。生き甲斐です」と答えた。

いつも二人の関係で閉塞状態に置かれたようなこの親子にちょっとだけ余裕が生まれた瞬間であった。

もちろん，こうしたささやかな出来事が，長きにわたる前向きなエネルギーにはなることはすくない。ただ，一人ではなかったという当たり前のことに気づかせてくれることで勇気をもらえる。

鈴木さんに戻ろう。つねに半分の目で拓くんの遊びを見ていた僕は，そろそろすこしずつ拓くんに近づこうと試みる。

VI　子ども本人にすこし近づく

ミニカーを指さし「かっこいいね」「なんていう車かな」「ミニカーが好きなんだね」「家にはたくさんあるのかな」とほとんど独り言のように僕は声に出す。なんていう車と言ったときに，拓くんはミニカーの車体下を僕に向けた。「ここに書いてあるよ」と言ってくれているようだった。たくさんあるのか

な，には，首をかすかに縦に振った。同時に母親が「もう片付けが大変で，同じ車が何台もあって」と，口を挟む。母親にもすこし余裕が生まれたようだ。その言葉に拓くんが診察室で初めて母親に不服そうな表情を向けた。

　なるほど，拓くんはたしかに発語はないが，こちらの言葉あるいは気持ちを察知する力はあるようだ。これまでの拓くんのかすかな表情の変化はそのことを裏付ける。拓くんの言葉の遅れは，まずは表出する言葉の遅れであるが，言葉の理解はそれよりは育っている。そして，すこしずつだが，自分の気持ちを伝えたいという言葉を使おうとしていることが明らかとなってきた。僕は拓くんの不服を言葉に置き換えようと試みた。

　「同じミニカーでも，それぞれすこしだけ違うってことかもしれません。そして拓くんは，そういったとても細やかな事柄にひじょうに敏感，繊細なのではないでしょうか。あるいは，気に入ったものはたくさん常備したいということもありますね。万が一のために予備機を準備しておく。ひょっとしたらとても慎重で計画性に溢れているということかもしれません。僕の知っているコレクターの方で，保存用，展示用，日常品用として同じミニカーを3台持っている人がいますよ」，はじめて僕は，真剣な気持ちを込めて母親へ話をした。

　母親は「そんな人もいるのですか。拓はきっと，好きなんです。単純に正直に。でも，すこしの違いも把握しているようです。細かい部品の違いなどがわかるのか，箱にしまうときにいちいち確認しますし，私が適当にしまうととても不満そうにして，自分で入れ替えていますから。でも私に怒りをぶつけることはしません。ええ，たしかにこの子は気持ちの優しい子で，繊細だと思います」とそれまでの困った表情とは微妙に異なる，晴れの席で戸惑う様子といった，よい意味での恥ずかしさを込め，すこしだけ照れた表情を示した。

僕が目指すひとつの姿は，こうしたせっかく来てくれた方へ，心配ばかりではないことに気づいてもらうことでもある。それも押しつけでなく自分のなかでの気づきになってくれればと願っている。

　診察室の空気が徐々に和らいだのを察知したのか，拓くんが椅子から降りて，狭い診察室をおずおずと歩き始めた。時計を指さしたとき，母親は「そうね。うちの時計と同じ丸い時計ね」と言うと拓くんは，笑顔を見せ，さらに指をさした。「そうね，もうすこしで終わるから。帰りにどこに寄りたいの？」と母親は，声を発しない拓くんと会話を始めた。

　次第に拓くんは，母親の膝によじ登り降りたりを繰り返しはじめ，肩に乗ろうとしたり，母親のほっぺをつねったりし始めた。

　「そろそろ飽きてきたのでしょうね。よく今までがんばっていましたよね」と僕は困り顔の母親に伝え，拓くんに「ありがとう」と言い，母親に今日のまとめを話すことにした。

VII　別れを希望に

　「今日は，来てくれてありがとうございました。拓くんもほんとうに長い時間がんばったと思います。さて言葉が遅い，ということをご心配で来られたわけですが，たしかに，今日僕も拓くんの声を聞くことはできませんでした。でもさっきお母さんが，拓くんの指さしにきちんと答えていたように，『やりとり』はできているところもありました。でもそれはさすがに日々の生活を共にしている母親だからできることだと思います。でないと，拓くんが伝えようとしたことを察知することはできないでしょう。その点，お母さんはさすがですよね。伊達に1年8カ月，一緒に生活していないということですね。

　言葉に関しては，声に出す言葉はまだこれから期待したいと思いますが，こちらの言葉を理解する点においては，けっこうできているように思います。

ですから，あまり拓くんの前で拓くんが不満に思うような言葉は控えたほうがよいですね。今日も何度か不満そうな表情をしましたから。それを相手に伝えたい言葉については，声に出す言葉よりは，育っていると思いますが，まだ相手が決まっていますね。お母さんに対しては，だいぶ伝えたいと思っているようです。その点は，今まさにお母さんがおやりになった，まずは『私から伝えたいときに言葉を使う』という模範を示すことです。さっきの時計を指さしたときお母さんは『そうね。うちの時計と同じ丸い時計ね』とか，『そうね，もうすこしで終わるから。帰りにどこに寄りたいの？』といった声かけをしましたよね。これです。これをたくさんしてあげて，拓くんの反応を見てあげてください。コミュニケーションを取りたいと拓くんが思ったときに，使える言葉を蓄えておく必要があります。周囲がたくさん言葉をかけることも大切です。今日の様子から，そんな感想を持ちました」とまとめた。

　　母親によっては，診断名や今後の見通しを求めてくる場合があるが，「僕は，診断名というのは，僕がこの子を医学的に判断するうえでの個人的指標で，当然今もいくつかの名前を頭に浮かべながら，ああでもないこうでもないと思い考え苦心しています。医者は，まずなにかカテゴリーを想定して当てはめてその重なり具合で，いろいろと考えていくものです。で，今日のところは，『すみません。よくわかりませんでした』というのが本音です」と答える場合もある。今回はそれに続けて「まず月1回程度来ていただき，もう少し拓くんの様子を見せていただけますか。終盤の本領発揮の様子をもう少し見てみたいですし」と伝えた。ともかく正直な対応を心がける。そのうえで，必要に応じて**心理検査**などを検討する。

　僕は拓くんに関しては，しばらく検査は控え，日々の声かけを中心に生活を楽しんでもらうという方針を立て，来月の予約をし，二人を見送った。

これは，いわゆる「インフォーマルなアセスメント」（コーチン，1980）である。読まれた方が，多少でも臨場感を共有していただければ，幸いである。

今回，僕のコメントで使用した言葉の3つの意味（声に出すことば，分かることば，コミュニケーション意欲）は中川（2009）を参考にしている。

文　献

S・J・コーチン［村瀬孝雄 監訳］（1980）現代臨床心理学——クリニックとコミュニティにおける介入の原理．弘文堂．

中川信子（2009）発達障害とことばの相談——子どもの育ちを支える言語聴覚士のアプローチ．小学館．

ケース
聴覚障害とその影響が疑われる事例

河﨑 佳子 YOSHIKO KAWASAKI
神戸大学大学院

I はじめに

 本稿では，問題行動や発達課題の背景に，聴覚障害の存在やその影響を想定してみる必要のある事例について考えていく。医学的に高度・重度難聴，あるいは聾（ろう）と診断される「きこえない」人々や，軽・中等度難聴と診断される「きこえにくい」人々が，聴者社会のなかで成長していく際にもたらされる影響について，臨床心理学的な視点から語られることは，最近までほとんどなかった。
 聴覚障害は外見的にわかりにくい「見えない障害」であり，コミュニケーションの難しさも手伝って，意外なほど理解されていない。そこでまず，聴覚障害の定義と分類，聴覚障害の発見，聴覚障害児のコミュニケーション手段等について述べる。その後，具体的な事例を通して，聴覚障害が心理発達にもたらす影響を捉え，それを適切な支援に結びつけることの大切さを示したい。

II 聴覚障害──さまざまなきこえ

 「聴覚障害」は，外耳から大脳皮質の聴覚野に至る聴覚伝達経路に何らかの損傷があるために，聴覚感度の低下，もしくは聴覚的弁別力の低下が生じている状態と定義される。前者は「きこえにくい」または「きこえない」状態，後者は「聴き分けにくい」状態である。そして，どれぐらいの大きさの音を感知することができるかによって，軽度・中等度・高度・重度難聴などに分類される。分類の基準はひととおりでないが，一般的には，平均聴力レベルが30dB以上50dB未満を「軽度難聴」，50dB以上70dB未満を「中等度難聴」，70dB以上を「高度難聴」，100dB以上を「重度難聴（または聾）」と定義している。
 聴覚障害に関する別の分類に，障害部位に関するものがある。外耳道から中耳まで（音の振動を伝える部分）に原因がある難聴を「伝音性難聴」，内耳から聴神経・中枢神経伝導路を経て大脳皮質聴覚野に達するまでの部分（音を感じる部分）に原因がある難聴を「感音性難聴」と呼ぶ。伝音性難聴の場合，失聴レベルは70dBを超えず，高度・重度難聴には至らない。一方，感音性難聴の失聴レベルは，軽度からまったくきこえない状態（聾）まで幅がある。伝音性難聴と感音性難聴では，聴力レベルが同じであっても，きこえ方は大きく異なる。伝音性難聴の場合は，補聴器をつけることでことばの聴き分けを正常な状態に近づけることができるが，感音性難聴の場合は，音がひずんだり，くぐもったり，途切れたりするうえに，きこえる音の周波数も限られているた

め，補聴器で音の存在を感知できても，ことばを聴き分けることは難しい。

Ⅲ 聴覚障害の発見

わが国で新生児聴覚スクリーニング検査[注1]が実施されるようになって，10年余りが経過した。現在，全出生児の6～7割がスクリーニング検査を受けている。その結果，高度・重度難聴だけでなく，かつては幼児期ないしは児童期に至るまで気づかれなかった軽・中等度難聴や一側性（片耳）難聴の子どもたちも，生後間もなく産院で発見される。そのため，聴覚障害をもつ子どものほとんどは，親がその事実を知ったうえで養育を開始し，保育園・幼稚園・小学校の先生たちもその情報を得てかかわれるようになった。そうした子どもたちが，何らかの理由で心理相談に紹介されてくるときは，問題の背景に聴覚障害の影響が絡んでいるのか否か，絡んでいるとすればどう絡んでいるのかを明らかにして，具体的な支援策を練る必要がある。

一方，スクリーニング検査を受けていない新生児もいる。また，生まれたときには正常な聴力を有していたが，成長過程で聴力が低下する中途失聴児もいる。このような可能性に留意し，発達の遅れ，学習上の困難，友人関係のトラブルなどを主訴に心理相談に紹介される子どもたちについても，聴覚障害の存在を見逃さないアンテナが重要である。聴覚障害が判明した場合には，「きこえなさ」や「きこえにくさ」が問題の直接的な要因となっている部分と，他の要因を巻き込んで問題が複雑化している部分とを見極める作業が期待される。

注1）新生児聴覚スクリーニング検査は，出生後約2～5日に産科で行われる検査で，眠っている赤ちゃんに35～40dB（ささやき声程度の大きさ）の音を聞かせ，その反応を調べる。その結果「再検査」が必要とされた場合は，小児難聴専門医のいる精密検査機関に紹介され，生後3～4カ月頃に聴覚障害の確定診断を受ける。

Ⅳ 補聴器・人工内耳について

補聴器は，聴覚障害のある子どもの残存聴力の活用に大きな役割を果たす。ただし，その効果は，残存聴力の程度や難聴の種類によって異なるだけでなく，装用後の教育環境や生活経験による違いも大きい。補聴器でかなりの効果が得られたとしても，健聴者と同様のきこえ体験をするわけでない点は，子どもたちの成長を考えるうえで十分に理解されなければならない。

人工内耳は，補聴器の効果が得られない高度感音性難聴に適用される装置として登場し，日本では1991年から小児への移植手術が始まった。人工内耳は，音を外耳・中耳・内耳機構への振動としてではなく，電気インパルスとして直接蝸牛神経に伝える。そのため，補聴器の効果がなかなか得られない高度・重度難聴児にも，軽・中等度難聴レベルの聴力をもたらす。これは，口話（音声言語）の習得にとってメリットが大きい。しかし，騒音下や離れた距離での会話，集団場面，反響のある場所などでは聴きとり能力が急激に落ちることから，人工内耳はむしろ，「すぐれた補聴器」と理解するのが適切だろう。

Ⅴ きこえない子どもたちはどこにいるのか？

これまでに，聴覚障害にもいろいろな種類があり，きこえ方やきこえの幅は千差万別であることを述べてきた。では，そうした子どもたちは，どこにいるのか。それぞれの「きこえ」をもちながら，どんな保育・教育を受けているのか。

乳児期～就園までの期間は，ろう学校の教育相談，難聴児を対象とする療育施設や病院の言語聴覚士らが支援を担っている。3歳を迎えると，高度・重度難聴の子どもたちの多くは，ろう学校の幼稚部に通う。軽・中等度難聴児や，相当数の人工内耳装用児については，地元の幼稚園や保育園に通い，一般の小学校にインテグレーション（総合教育：障害

をもつ子どもを健常児とともに教育すること）するケースが多い。一方，ろう学校の幼稚部で聴覚口話法（残存聴力を生かし，読話と発話を用いて日本語を習得させる教育方法）による訓練と学習を行った高度・重度難聴の子どもたちと親も，やがて就学を前に，ろう学校の小学部に進むか，一般の小学校にインテグレーションするかを選択する時がくる。稀に，普通学校内に固定制の難聴学級を設置している行政区もある。つまり，きこえない子どもたちは，療育教室，ろう学校の幼稚部や小学部，難聴学級，一般の保育園，幼稚園，小学校など，さまざまな場所で生活している。

VI　きこえない子のコミュニケーション手段

聴覚障害をもつ子どもたちは，どのような方法でコミュニケーションをしているのか。

軽・中等度難聴の子どもたちは，日本語を健聴児に近い状態で，母語として獲得できる。裸耳では音の弁別が不十分な中等度難聴児であっても，補聴器を装用することで音声日本語を獲得することができる。したがって，人工内耳装用児を含め，軽・中等度難聴児の主たるコミュニケーション手段は，一般に口話である。ただし，どのレベルまでの日本語を習得できているかは，子どもによって異なる。健聴者と変わらない発話ができていても，会話や文章の内容に注目すると，平均的な発達からは相当の遅れがみられることもある。その点を十分吟味したうえで，面接や検査の進め方を工夫する必要がある。

一方，高度・重度難聴の場合は，音声言語を自然に獲得することはない。そのため，聴覚口話法によって発話と読話を訓練し，日本語の習得を目指してきた。かつては日本語の習得への影響を懸念され，手話の使用を禁止した口話主義教育が主流であった。しかし，近年は，手話に関する社会的・言語学的な理解が高まるにつれてろう教育の見直しも進み，幼児期から手話や指文字を導入して保育・教育を行う療育施設やろう学校が増えてきた。施設や学校の指導方針にかかわらず，デフファミリー（親がろう者である家族）出身の子どもたちは，日本手話[注2]を母語として成長するケースが多い。したがって，高度・重度難聴児と面接を行う場合，対象児にとって最も馴染みのあるコミュニケーション手段が何であるか，どのような教育を受けてきたか，補足的に用いられる手段は何かなどを知ることが重要である。時には，口話も筆談も不十分で，手話は知らないという難聴児に出会うこともある。

VII　心理検査実施の実際

筆者は長年にわたる聴覚障害者支援の過程で，彼らが医療・福祉・教育機関で受けた心理検査の報告に接してきた。軽・中等度難聴者については，健聴者とほぼ同じ方法（口話による教示）で実施される例がほとんどである。口話法による教育で日本語を習得してきた重度・高度難聴者についても，口話と補足的な筆談によって教示がなされている。手話を主なコミュニケーション手段とする聴覚障害者については，手話を保障した実施が望ましいが，残念ながら，従来そうした配慮はほとんどなかった。そのため，口話でのコミュニケーションが不十分で，筆談が成り立つだけの日本語能力のない対象者については，一部の描画検査や動作性項目だけを実施した例が多かった。

最近は，手話通訳を介して心理検査を実施するケースも出てきた。筆者は，数年前に，手話と指文字を重視したトータルコミュニケーション教育を行っているろう学校で，知能検査実施についての調査を行ったことがある。担当教員らは，子どもたちの発達を詳細に把握するため，口話と手話と指文字

注2）「日本手話」は，日本のろう者が昔から使ってきた自然言語をいう。日本語とは単語も文法も異なる別の言語である。自然言語であるため，そのなかにいれば子どもは自然に日本手話を母語として獲得する。一方，「日本語対応手話」は，日本語に合わせて手の動き（手話単語や指文字）を付けて表現するものをいう。

を基本としながら，空書（空間に指で書字すること）や筆談を交え，対象児のコミュニケーション様式に合わせた工夫を重ねていた。

Ⅷ 事 例

ここで，具体的な事例を提示し，これまで述べてきた内容をあらためて振り返りながら，聴覚障害をもつ子どもたちの臨床心理アセスメントについて考えてみる[注3]。

1. 事例 1 ―― 保育園に通う軽度難聴児 A 子

A 子（4歳8カ月）は右耳 50dB，左耳 30dB の感音性難聴である。はじめに A 子の様子に疑問を抱いたのは，保育園の担任の先生だった。年中組に進級し，集団場面でも指示を理解して行動できる子どもたちが大半となってくるなかで，A 子には理解できていないことが多かった。描画や工作遊びの輪には入れるが，朝の会や絵本の読みきかせなどの場面では，落ち着きなくそわそわしたり，ぼんやりと窓の外を眺めたりしていた。自由遊びの時間は，友だちから離れて，一人で遊んでいる姿が目立った。

A 子は，新生児聴覚スクリーニング検査で再検査となり，生後5カ月で軽度の感音性難聴と診断された。しかし，両親は医師から「この程度であれば，言語獲得に問題はありません。ふつうに生活していけます」と言われ，補聴器を勧められた記憶もない。そのため，両親は A 子について「少しきこえにくい面のある子」という程度の認識で，特に配慮なく育ててきた。ことばの発達についても，「少し遅かったかもしれないが，やがてふつうにしゃべるようになった」ため，問題はないと思っていた。

軽・中等度難聴児について，こうした理解は珍しくない（若狭・河﨑，2008）。だが，軽・中等度難聴は，実は，「きこえる時ときこえない時のある」障害である。補聴器装用を含め，条件が整えば，かなりの程度「きこえる」体験をする。高度難聴者と最も異なるのは，音声言語を母語として獲得するに足る聴力をもっている点である。そのために，専門療育の対象外とされる子どもがほとんどで，ろう教育を受けることも少ない。彼らは，「日本語の獲得に特段の困難を抱えず，普通学校での教育に十分耐え得る」と判断され，支援のないまま健聴者集団のなかで育てられる。これは聴覚障害児の課題を言語獲得のみに位置づけてきた結果である。だが，条件が異なれば，彼らはとたんに「きこえない」存在となる。この点を十分理解したうえで，軽・中等度難聴の子どもたちを育てる環境を工夫する必要がある。

小児難聴専門医の紹介で出会った臨床心理士（および言語聴覚士）から，両親はこうした説明を聞くことができた。まず，A 子に補聴器をつけることになった。そして，難聴児をもつ「親の会」に入り，きこえないことについて学び始めた。両親にとって最も衝撃的だったのは，難聴青年が自らの体験を語る講演をきいたことだった。そこで母親は，口語以外のコミュニケーション手段の必要性を感じて手話教室に通い，家庭での会話に手話を交えるようになった。そして，A 子が「自分にはきこえない音がたくさんあること」を理解できるよう，心がけて接した。この間，保育園の先生たちも簡単な手話や指文字を学んで，A 子に向けて積極的に使ってくれた。A 子が年長組に進級した春，両親は担任の先生と相談のうえ，クラスメートにも A 子の聴覚障害について説明し，子どもたちにできる支援やコミュニケーションの工夫を具体的に示してもらうことになった。

2. 事例 2 ―― 幼稚園年長の中途失聴児 B 男

幼稚園の年長組に在籍する B 男の担任は，彼の様子にいくつかの問題を感じていた。説明を待てずにしゃべり出す，指示を無視した行動が目立つ，思い込みで友達を叱責し，すぐに喧嘩になる……。担任

注3）紹介する事例は，筆者の体験をもとに筆者が創作したもので，実存の人物ではない。描き出したい本質的な事柄だけを取りだし，その他については個人のプライバシーを保持することに配慮している。

から相談を受けた巡回心理士は，B男にK式発達検査と描画検査（人物画）を試みた。発達指数は，認知・適応領域が110，言語・社会領域が85で，全体としてはわずかに100に満たない値だった。人物画についても，いくらか幼さはあったが，ほぼ年齢相応の発達がみられた。しばらく一緒にゲーム遊びをしながら彼の様子を観察してみると，心理士のことばに反応しないことの多いB男が，決してこちらを無視しているわけではないとわかってきた。B男から反応が返ってくるとき，それは「ふつう」の応答なのだ。ところが，反応のないときは，まるで「なにごともなかった」かのように，表情も動作も変化しない。取り残された心理士は，ふと，「B男はきこえていないのではないか？」と思った。

検査の結果，B男は右耳80dBの高度難聴，左耳40dBの軽度難聴と診断された。新生児聴覚スクリーニング検査は通過しており，言語獲得も順調だったことから，おそらく幼稚園入園後に聴力が下がったものと推察された。聴力低下後もB男の発話に問題がなかったこと，片耳が軽度難聴であること，自然に読唇を習得してしまう勘の良さをもっていたことによって，家族でさえB男の聴力の変化に気づかなかった。

B男はすぐに補聴器を装用し，言語療法士による指導が始まった。両親は「親の会」に入会して情報を集め，ろう学校や難聴学級で学ぶ子どもたちの家族とも親しくなった。両親もB男と共に難聴児対象のサマーキャンプやスポーツ大会に参加している。就学については，地元でのインテグレーションを選択したが，手話サークルに親子で出かけたり，手話の得意な聴覚障害学生にB男の遊び相手を依頼したりしながら，B男の成長を見守っている。

3. 事例3
—— インテグレーションした高度難聴児C男

小学校2年生のC男は，高度感音性難聴である。新生児聴覚スクリーニング検査で難聴を発見され，生後6カ月から補聴器を装用していた。3歳まで療育教室に通ったのち，ろう学校の幼稚部で口話訓練を受け，「優秀な子」と評価されて地元の小学校にインテグレーションした。すでに小学3年生までの漢字を習得し，低学年用の本を一人で読み，算数も1年生のカリキュラムを一通り学習したうえでの就学だった。優等生で問題のなかったC男が，2年生の後半に友人関係で初めてつまずいた。それまでは，勉強ができて活発なC男のリードにクラスメートが従うことが多かったが，その頃から，子どもたちが「C男くんと遊んでも面白くない」「自分が話すばっかりで，人の言うことをきかない」「ジコチューだ」と言い始め，C男から距離をとるようになった。疎外感を覚えたC男は，「みんながボクを仲間はずれにする……」と，母親に泣いて訴えた。教科の成績には問題のないC男だったが，授業や遊びのなかで他児の発言が理解できないことや，「独りよがり」と受け取られる言動が多いことを，担任教師も気にしていた。

C男の問題を理解するためには，インテグレーションを経験して育った聴覚障害者の声を聞くことが有効である（河﨑，1999，2004，2008；木村，2001；中野，2001）。「きこえなくても，頑張れば，健聴児と同じようにできる」と教えられた彼らは，健聴児と同じには「きこえない」事実がもたらす状況を認識できずに成長している。そのため，自分を巡って何が起こっているのかがわからないまま，疎外感や不適応感に苦しむことが多かった。

担任教師から相談を受けたカウンセラーは，難聴成人の手記をC男の両親に紹介した。そして，C男に必要なコミュニケーション保障の方法について話し合い，C男が「全部わかる」会話を通して，相手の発言を待ち，相談して決める体験ができるよう励ました。そして，C男との遊戯療法の時間をもち，カウンセラー自身も支援にかかわっていった。

4. 事例4——不登校になった人工内耳装用児D子

小学校4年生のD子は、新生児聴覚スクリーニング検査で重度難聴が見つかり、2歳になってすぐ人工内耳手術を受けた。手術後、人工内耳装用時の聴力は40dBになり、言語療法士による訓練を受けながら、ほとんど問題を感じさせない発声を習得した。幼稚園から地元の小学校へと、インテグレーションの道をスムーズに歩んでいると思われていた。ところが、4年生の夏休み明けから登校を渋るようになり、母親になだめられたり叱られたりしながらの登校を続けていたが、5年生に進級した直後から、頑として登校を拒むようになった。

D子のWISC知能検査の結果は、言語性IQ・動作性IQがともに100を上回っていた。描画検査を実施したところ、要求水準の高さと自信のなさが印象的だった。会話においては、感情に触れる話題を避け、うつむいたまま、まるで「気づくこと」を怖れているかのような表面的なやりとりをした。だが、心理士が「人工内耳でずいぶん音がきこえていても、D子さんのきこえは、健聴の人たちと同じではないよね。だから、どうしてと思うことや、自分だけが知らなくて恥ずかしい思いをしたことや、自分が悪いのだろうかと感じたことなど、健聴者にはわかってもらえないつらい体験や悔しい体験がいろいろあると思う。もしかしたら、D子さんが学校に行きたくないと思うようになった理由は、そういうことに関係しているのではないかしら？」と語りかけたとき、D子は少し視線を上げた。3年生になった頃から、友だちの会話の輪に入れなくなった。授業中にみんなが「ワー‼」と笑うと取り残された気持ちになり、また歌の歌い出しがわからなくてびくびくした。ある日、先生の指示が聞き取れずに失敗したのをきっかけに、さらに緊張が増した。いくつもの不安が積み重なって、「もう学校に行きたくない」と思うようになったのだという。

心理士を通してD子の心情を知った両親は、とても驚いた。人工内耳装用後、「D子はきこえているから大丈夫」と思い込んでいたという。D子自身、「みんなと同じ」でありたかったのかもしれない。そのために、「きこえなくて困っている」事実にどう向き合い、誰に何と伝えていいかがわからず、動けなくなってしまったのだろう。両親は、D子を「きこえない子」として認識し直すことになった。学校も聴覚障害教育に関するさまざまな情報を得て、両親とともに対策を考えていった。

5. 事例5——ろう学校に通う高度難聴児E男

現在、ろう学校小学部に在籍する6年生のE男は、1歳半で高度感音性難聴が発見されて、3歳からろう学校幼稚部に通った。口話訓練では一定の成果を示し、クラスのなかでも「よくできる子」だった。だが、多くの親がインテグレーションを希望するなかで、両親は「子どもに無理をさせたくない」という気持ちが強く、当初より、ろう学校小学部への就学を選択していた。聴覚口話法を基本としながら手話も大切にする指導方針のなかで、E男はまずまずの成績を保ちながら、特に問題なくすごしてきた。ところが、6年生になって、家庭でのE男はイライラすることが増えた。特に、1歳下の弟への態度が乱暴で、つかみかかって拳を振ることもあった。親から相談を受けた学校の紹介で、E男は児童相談所で心理判定を受けることになった。

知能検査といくつかの投映法検査を施行した心理士は、経験や情報不足によって知識面や常識面にいくらかの課題はあるが、生来的な知的障害はないと判断した。むしろ、生き生きした感情と時間的展望に欠ける点が気になった。心理士は手話通訳を入れた面接を設定し、心理検査の結果を本人にフィードバックしながら話し合うことにした。

面接を通して、健聴家族のなかでE男が味わっていた日常的な孤独感と、父親の期待を受けて育っている弟への嫉妬が明らかとなった。かつては兄弟仲が良くて、いつも一緒に遊んでいた。ところが、1年ほど前から、E男と弟の関係が「何か変になって」、溝がどんどん広がり、「弟だけが良いものを次々手に入れていく」と感じるようになった。聴覚

障害をもつ自分は，どうやっても弟にかなわないという思いが強くなり，自分の将来に希望が抱けず，「どうでもいい」という気持ちと「あきらめたくない」という悔しさの間で，E男の心は揺れていた。家族のなかでは，母親だけがE男との会話でわずかな手話を使っていた。

心理士は，E男の味わっている苦しさは，彼が立派に思春期を迎えている証拠であると捉え，両親にそう伝えた。そして，正直な気持ちを語ることのできたE男を評価した。手話通訳を入れた家族面接の場で，心理士は両親にE男の成育史について尋ねてみた。聴覚障害がわかったときのこと，幼児期のこと，ろう学校就学を選んだときのことなどを話すうちに，父親の仕事や母親のボランティア活動などに話題が移り，やがてE男の将来についても両親の思いが語られた。E男にとって，それははじめて知ることばかりだった。弟は，兄弟で一緒に続けていた少年野球をE男が突然辞めてしまった後，「お兄ちゃんと遊びたいけど，どうしたらいいかわからなくなってしまった……」ことを話してくれた。弟の気持ちを知って，E男も「ボクが野球チームをやめた理由は，周りの会話についていけないのが苦しかったから」だと言った。心理士は，しばらく家族面接を継続してみることを提案し，月に1度，両親は2人の息子とともに，心理士と手話通訳者の待つ児童相談所に足を運ぶことになった。

Ⅸ おわりに

心理学的な理解と支援を必要としながら，つまずき，苦しんでいる聴覚障害児は大勢いる。そうした子どもたちが心理査定やアドバイスを求めて臨床心理士のもとを訪れるとき，「きこえない」という障害がもたらす問題の幅と深さを見逃すことなく，適切な援助策を探っていきたい。本稿では5つの事例を紹介したが，他にも，一側性難聴児，知的障害や自閉傾向を併せもつ聴覚障害児，盲ろう児，きこえない親をもつ健聴児（CODA：Children of Deaf Adults）

など，聴覚障害に関しては臨床心理士が慎重に対応しなければならない課題が数多くある。

文　献

河﨑佳子（1999）聴こえる親と聴こえない子．In：村瀬嘉代子 編：聴覚障害者の心理臨床．日本評論社，pp.121-146．
河﨑佳子（2004）きこえない子の心・ことば・家族．明石書店．
河﨑佳子（2008）きこえない子どもたちと家族．In：村瀬嘉代子，河﨑佳子 編：聴覚障害者の心理臨床②．日本評論社，pp.141-159．
木村晴美（2001）ろう学校のリアリティ．In：金沢貴之 編：聾教育の脱構築．明石書店，pp.279-321．
草薙進郎，四日市章 編（1997）聴覚障害児の教育と方法．コレール社．
中野聡子（2001）インテグレーションのリアリティ．In：金沢貴之 編：聾教育の脱構築．明石書店，pp.321-340．
若狭妙子，河﨑佳子（2008）軽・中等度難聴者の心理．In：村瀬嘉代子，河﨑佳子 編：聴覚障害者の心理臨床②．日本評論社，pp.141-159．

ケース

虐待を受けた子ども,愛着の構築に課題をもつ子どもの総合的アセスメント
——児童福祉施設で暮らす社会的養護児童に焦点を絞って

増沢 高 TAKASHI MASUZAWA
子どもの虹情報研修センター

I 社会的養護の子どもたち

「社会的養護」は環境上の課題を抱えた家庭に替わって社会が養育を担う形態をいう。社会的養護児童を対象とした施設には,乳児院,児童養護施設,児童自立支援施設,そして情緒障害児短期治療施設がある。これらの施設への入所は児童相談所(以下,児相)が判断し,親と子どもの同意を得たうえでの措置による。大戦直後は養育する保護者を失った戦災孤児がほとんどだったが,高度経済成長以降は,家庭環境が理由で入所する児童が多くを占めるようになった。その最たるものに家庭内の虐待がある。

入所する被虐待児の多くは,人生初期から不適切な養育環境を生き抜いてきている。子どもの発達は,安全と安心に包まれた養育環境が必要で,その中心にあるのが,子どもへの応答的関わりを一貫して提供する養育者の存在である。社会的養護が必要な被虐待児のほとんどは,こうした守りとなる養育者が不在あるいはいなくなった子どもたちである。ゆえに彼らは人生初期の課題である愛着の構築が不十分なままに年齢を重ねている。ここでは,そうしたケースへの援助チームによるアセスメントについて述べる。

II 社会的養護ケースのアセスメントの流れ

アセスメントは次の3つの要素で成立する。

① 行動観察,生育歴,家族状況,医学的所見,心理諸検査など,総合的な情報を把握
② 症状や問題行動も含めた子どもの全体像の背景にある本質的な問題の理解
③ 今後の援助過程で起こるであろうことを,困難な事態も含めて予測し,それに対する手立ても含めた援助方針の設定

これを図式化すると図のようになる。[総合的な情報の集約] → [ケースの理解] → [援助方針の設定] が基本の流れとなる。援助方針は,予定した入所期間のなかで何を目的とするかといった,援助全体の基盤となる長期的方針と,それを実現するための短期(数カ月単位)の援助方針に分かれる。このうち後者は,子どもに適した生活環境や日課の設定,対応上の配慮あるいは留意すべきこと,子どもが情緒的に混乱する場面等への対応,特別活動や治療教育的プログラムの提供等の具体的な設定である。適切で実現可能な方針設定に向けてチーム全体で検討しておくことは,援助者に納得と後ろ盾を与え,

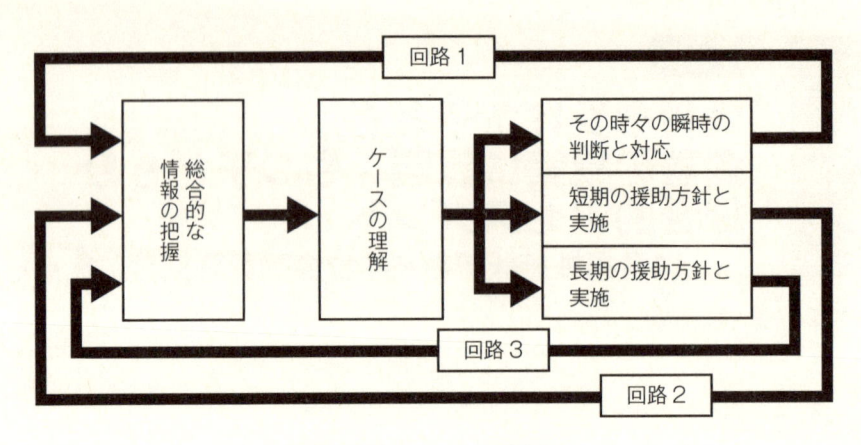

図　アセスメントの流れ

チームとしてもまとまりのある援助が可能となる。
　これらの方針の上に位置づけられるのが，その時々の援助者の対応である。どのような方針が設定されたとしても，日常生活では大小さまざまな事態が次々と生じ，援助者はそのつど，瞬時の判断による即応的対応を余儀なくされる。しかし，そこで何をするかこそが，子どもの回復と成長に直接作用する極めて重要な要素となる。対応が的確であるか否かは，援助者のケース理解と，長期および短期の援助方針の適切さに左右される。
　アセスメントは常に仮説である。援助者の対応に対する子どもの反応（体に触れたら強張った，注意したとたん無表情になった，一緒に皿洗いをしているとき和やかな会話ができたなど）は，ケースを理解するうえで重要な情報として新たに加えられ，ケース理解を深める契機となる（図の回路1）。こうした［情報］→［理解］→［対応］→［子どもの反応＝情報］→［理解］→［対応の修正］……という循環過程が，援助チーム全体で活発に展開していくことが，治療的援助の肝となる。短期の援助方針についても，カンファレンス等で，その方針による援助の結果を点検・評価することが不可欠で，それが新たな情報，そして理解の深化へと進み，それに基づいて援助方針の修正や新たな方針の設定が加えられる（回路2）。同時に，長期の援助方針も同様の循環システムの中で見直され，必要な修正がなされる（回路3）。

回路1はその時々で瞬時に活発に展開しており，施設の多忙な営みのなかで，ややもすると意識にとどまることなく，流されやすい。この展開を意識化し，そこで得られた情報や気づきを支援チームで共有することを心掛けることが重要である。

Ⅲ　予後を左右する入所前のアセスメント

　社会的養護ケースの場合，入所前に家族状況や生育歴，一時保護所での行動観察，心理諸検査等の情報を児相が把握している。入所が見えてきた段階で施設は児相からその情報を得るとともに，両者協働によるアセスメントを行うことが重要となる。それはアドミッションケア（新規入所者に対して入所時に行う支援）における主要手続きの一つで，児相からの情報に加え，施設職員による一時保護中の子どもへの面接，施設見学の際のオリエンテーションや会話等を通して得られた情報をもとに，ケース理解を深め，長期および短期の援助方針を設定する。そこでは，子ども同士の関係性を見通しての寮や居室の決定，日課や登校形態，食事や入浴等の配慮など多岐にわたる検討を行う必要がある。そのなかには入所日に子どもをどのように迎えるかの検討も含まれる。
　ところが地域や機関によっては，入所前に施設と児相による充分なアセスメントがなされておらず，

子どもを迎え入れるために必要な準備が十分整っていない現状がある。施設入所はそれまでの家や地域など重要な居場所との別れであり、大きな喪失体験の一つとなり得る。たとえ辛辣な対応を受け、家庭から離さざるを得ない状況でも、家や地域から離れることを望む子どもはほとんどいない。入所にあたっての丁寧な説明と動機づけは当然のこと、それまで過ごしてきた地域の居場所とのつながりを維持する手立ても援助方針のなかに組み込む必要がある。子どもは強度の不安を抱えながら施設の生活に入る。入所時に援助者がどのように子どもを理解し迎え入れるかは、子どもの予後を大きく左右する。児相と施設はこの過程を決して曖昧にしてはならない。

子どもは入所後、生活に慣れるに従って、素の自分をみせるようになる。援助者は、それまで気づかなかった子どもの様子や当初の印象とは違う子どもの姿に触れることとなる。入所後しばらくは回路1が目まぐるしく展開するはずである。そのため、入所2、3カ月後には長期および短期の援助方針を見直すことが必要となる。

Ⅳ 総合的な情報の把握
—— 日常生活での関わりながらの行動観察

子どもの全体像をつかむためには、身体的側面、心理的側面、社会的側面の3側面を意識した、行動観察や子どもと家族および関係機関からの聴き取りが重要となる。虐待ケースの場合、家族から充分な情報が得られにくく、多くの子どもは自分の状態を伝える力が拙い。そのため援助者には、子どもの視点に立った、関わりながらの行動観察の力が求められる。

不適切な養育環境で生きてきた子どもたちは、睡眠の問題や生活リズム、食事や排せつ等、日常の基本的な営みのなかで、多くの症状や問題を呈している。その問題は、生きることに関する領域での諸問題、基本的な社会的スキルなど多岐にわたる。また、人格の基盤形成が脆弱で愛着に課題を抱えた子どもの場合、関わる対象や状況によって極端なありようを示すため、面接室等の特定の場面、あるいは特定の援助者のみとの関係性だけでは、子どもの全体像をとらえることはできない。チームアプローチは、さまざまな場面で複数の援助者が関わるため、状況による子どもの異相が把握可能となる。また教師など、施設外で関わる援助者に様子を尋ねることも必須となる。この際、気になる場面を具体的に尋ねることが重要となる。具体的な状況把握は具体的な援助方針に通じ、また尋ねられる側にとっても、視点が整理され新たな気づきの契機となり得る。尋ね上手は重要なコンサルテーション力の一部である。

しかし、生活を共にしていてもなお見えにくい症状や問題がある。秘められた習癖や嗜好、陰に隠れての逸脱行動やいじめ、見逃しやすい症状などである。いじめなど子どもの生活を脅かす事態は見過ごしてはならず、適切な対応と予防策を講じなくてはならない。なかでも見逃しやすく誤解しやすい症状の一つに解離がある。愛着に課題を抱えた子どもは、関わる大人が自分を守る存在であると受け止められない。ゆえに外界への安全感や安心感が得られず、逆に不信感や恐怖感を抱きやすい。そうしたとき、子どもは外界刺激から自分を切り離す「解離」を用いやすい。それは意識の不鮮明さ、記憶の歪み、学習の積み上げられなさなどとなって表れる。解離の多用は外界からの重要な刺激の取り入れを妨げ、子どもの発達を阻害させる。また、例えば援助者が叱責しようと向き合ったとたん意識が不鮮明となり、あくびをしてしまうなどの解離症状が、「真剣さが足りない」などと誤解され、援助者の誤った対応を引き出してもしまう。人生早期から不適切な環境におかれ、愛着に課題を抱えた子どもの解離症状については充分な理解が必要である。どのような場面に解離が頻発するかを丁寧に捉えることで、子どもにとっての対処困難な場面や危機的状況の把握につながっていく。

V　背景要因となる情報の把握

　子どもの背景を理解するための情報としては，次の3つの側面に分けられる。1つ目は，生来的な素因や長期的に抱えた障害，2つ目は，子どもがこれまで生きてきた養育環境等の後天的な要因，最後が現在の環境上の要因である。長期的な障害や素因は，遺伝的な障害を中心とする，生来的に抱えた知的障害や身体障害，生まれながらの素因などである。生来的な障害と定義される発達障害もこれに加えられるが，不適切な初期の養育環境が脳の機能に影響を与え，発達障害様症状を形成するとの指摘もある。確かに，発達障害とされていた子どもたちのなかには，施設入所後症状が改善されるケースも少なくない。発達障害特有の症状のみで永続的な障害と決めつけてはならない。

　援助者は，虐待や不適切な養育等の環境上の問題が子どもにもたらした影響を検討し，子どもの抱えた本質的な課題やニーズへの理解に努めなくてはならない。それは，脳機能も含めた身体への影響（低体重や低身長，体温調整，血行，皮膚疾患など），子どもの心的発達に及ぼされた影響（心的発達レベル，人格の統合度，損なわれた心的課題など），不適切な環境に置かれたことでの誤った学習（盗み，徘徊，性化行動，解離等の心的防衛機制など），外傷体験や喪失体験がもたらした心的影響（PTSD症状，対象喪失の後遺症など）など多角的な視点からの検討となる。PTSD症状については，大人のPTSD概念をそのまま子どもにあてはめるのでなく，子どもの視点に立って，その体験がどのように心に残されたかを検討すべきである。子どもの場合，幼児的思考から外傷的体験に対して非現実的意味が付与され，それが修正されずに現実として残り続ける特徴がある。以下に事例を一つ挙げる。

　男児Aは母親より虐待を受けてきており，Aが小学校1年時にその母親が病死した。母親の死亡を初めに発見したのは下校したAだった。それ以降，母親の死亡は自分が恨み殺したからで，母親は復讐のために幽霊となって甦り自分を襲うと信じるようになった。悪夢を見，周囲に怯え，死の確認のために動物に危害を加えるようになり，それは施設入所時の小学4年まで続いた。Aには外傷体験による不安と恐怖を受け止め，誤った観念を修正してくれる者（大人）が周囲にいなかったのだが，そうした大人に恵まれないのも虐待ケースの特徴でもある。Aの恐怖は自ら作り上げた物語によって増幅され，Aは一人ぼっちでおびえ続けていたのである。

　また一貫しない不安定な養育環境のなかでは，例えば離婚や別居による家族成員の変化，転職による転居などが繰り返されやすい。これらは，依存対象となるべき養育者がいなくなる，あるいはようやく馴染んだ生活環境から離され，見知らぬ場に連れて行かれる体験であり，大きな喪失体験となる。幼い子どもであるほどにその不安と恐怖は計り知れない。生活の場や重要な対象関係の一貫性，安定性，連続性の保障がなく，喪失を繰り返し体験した子どもは，今ある生活に馴染んでも，いつかは消えてなくなる，援助者との関係が芽生えても，それは続かない，いつかは見捨てられるなどの思いが，心の底でなかなか消えることがない。

VI　子どもにとって
対処困難な場面を把握し手立てを講じる

　子どもの症状や問題の背景を考えるとき，これまでの経緯に目が向きがちだが，今ある何らかの要因が現在の失調や問題に直結している場合も少なくない。進行形の何らかの要因とは，生命の危機，基本的な人権の侵害，さまざまなストレス，他者からの強要や教唆，支配など多岐にわたる。不安げな表情の背景にある一時帰宅中の養育者からの不適切な対応，頻発化した盗みの背景にある施設内の仲間集団からの盗みの強要などが例としてあげられよう。施設内でのいじめは人権侵害につながる重大な問題であり，逃げ場のない施設生活のなかで，その恐怖や不安は相当なものである。また先述したように，施設入所も喪失体験になり得る。施設入所後も担当職

員変更や寮の変更，さらには措置変更など，喪失体験が繰り返されるケースは少なくない。ネガティブな要因が施設運営のなかにもあることを我々は強く認識すべきである。施設は，対象関係を安定，一貫したものにすることが必要で，担当養育者や環境の変更が避けられない場合は，その補償を手厚くできるよう，対応を検討しなくてはならない。

多くの子どもが，初期の心的発達課題を充分に獲得できないまま年齢を重ねてきている。そのことが現在の生活を生きづらく困難なものとさせている。周囲への不信，衝動の制御のつたなさ，基本的なスキルの未獲得，解離の多用，外界認知のネガティブな歪み，自己評価の低さ，人との関われなさ，万引きや暴力，性的逸脱など，問題を雪だるまのように増幅させ，さらなる生活の困難へと続く悪循環のスパイラルのなかに閉じ込められている。さまざまな症状や問題はたしかに援助を困難にするが，一番困っているのは子ども自身である。

援助方針を立てる視点は多岐にわたる。その一つに環境設定がある。子どもの生活が安心できて，過ごしやすく，主体的に日々の営みを享受できるよう環境を整えることである。そのためには日常生活を細分化して検討することが有効である。癇癪を起こすなど問題が多発する場面を振り返ると，刺激が多すぎて対処できず混乱している，刺激が不安や恐怖につながってしまう，求める課題がその子には高すぎて応じられず被害感を引き出してしまうなどの要因が見えてくる。日常生活を細分化し問題の要因を特定することで，その場面からの刺激の除去や低減，援助者がより沿うことでの刺激の緩和，その場面に参加することを見送る，無理な課題を設定しないなど，子どもが安心して生活できる環境を整えることが可能となる。

またあらゆる場面のどこかで，穏やかに，のびのびとその子の健康的な力が感じられる場面が見出されたら，そこは回復と育ちを支える重要な場面と認識すべきである。援助者は，侵襲的にならずにその場に寄り添い，子どもが享受している感覚に心を寄せ，言葉を添えてみたい。言葉は心地よい感覚を明瞭にさせ，人間同士でそれが共有できるという実感を与えてくれる。母親が幼児に「きれいだね」「おいしいね」などと語るように。この繰り返しが，人との関係性の回復，情緒発達や言語発達の促進へとつながっていく。良好な感覚や体験を共有し，困難な生活を生きやすいものへと助けてくれる援助者は，自分を守ってくれる愛着の対象として選ばれる。そしてその関係を基盤に，子どもたちは損なわれた発達を取り戻し，回復と成長に向けた歩みを進めていく。

Ⅶ　まとめ

子どものこれまでの人生は，確かにつらい体験が繰り返されているように見える。しかしそればかりではない。家族で行った旅行や父親としたキャッチボールなどの家族との思い出，好きだった公園の滑り台など，楽しかった地域の居場所，やさしかった保育士や先生など守ってくれた大人との関わりなど，子どもを支えた要件は必ずある。援助者は，子どもの語りに耳を傾け，関わりのあった人たちとのつながりのなかで，過去を語るアルバムや縫いぐるみなどの品々に思いを巡らし，こうした要件を丁寧に扱いたい。子どもとの日常会話を通して，施設生活での良き体験も含めて，こうした要件を共有し，現在と過去を紡いでいくことである。これらの事実は，自分は見捨てられた存在ではなく，愛されてもいた，受け入れてくれる人や居場所が確かにあったといった実感を育み，否定的になりがちな自尊心を根底から支え，未来を生きる力を後押しする。

アセスメントというと心理検査や問題となる事柄の評価などをイメージしやすいが，それは，子どもを総合的に理解するための一部分一手段に過ぎない。重要なのは子どもを取り囲む空間軸と子どもの生きた時間軸を丁寧に把握することである。子どもを対象化してその分析に終始するのでなく，子どもの体験世界のなかで何が起きているかを想像，検討し，今と未来が少しでも生きやすくなるよう手を尽くすことである。人とのつながりが脆弱で疎外感や絶望

感を抱きがちな社会的養護の子どもたちにとって，援助者のこうした姿勢は，それだけで大きな治療的エッセンスになり得る。

文　献

増沢高（2011）事例で学ぶ社会的養護のアセスメント．明石書店．

ケース
フォーマルなアセスメントと
子どもの理解の間で

青島 多津子 TAZUKO AOSHIMA
国立きぬ川学院

I はじめに

　児童自立支援施設や少年院に入所する前，子どもたちは児童相談所や少年鑑別所で心理アセスメントを受ける。約1カ月の間に行われるこのアセスメントは，ほとんどのケースでかなり正確である。しかし，時に子どものもつ悲惨な状況が大人の判断力を狂わせることがある。ここではそのような事例を紹介したい。なお，本人の特定を避けるため，本質を損なわない範囲での改変を加えてあることを付記しておく。

II 事　例

1. 家族歴

　患者は実両親との間の同胞2人中第2子で長女。3歳年長の兄は家庭内暴力がある。義父と母との間の異父同胞は男2人女1人の3人である。末弟には多動傾向がある。実父についての詳細は不明だが，実母は，実父が服役したことがあると語っていた。実母は「少し変わった人で話が通じにくい」と語っていた，との引き継ぎがなされている。義父は「体面にこだわる人」で，職業は自称パチプロ，的屋をしているとの話もある。これまでのところ，家系内で精神科受診歴のある人は知られていない。

2. 成育歴

　患者は胎生34週目，2,300gで出生。未熟児で，出生後2週間保育器で生育。その後の発育は順調だった。生後7カ月時に，顔のほぼ全面と右足にトイレ用洗剤を浴びて重症を負った。母親は後にこのときのことを「私が買い物に出ていた留守中の事故。父親はこの子を産むのを反対していたので，殺そうとしたのではないか」と説明している。この事故のため，歩き始めは遅れており，初歩は15カ月であった。両親はこの事故後に離婚し，患者と兄は母親に引き取られた。顔面の一部は後に植皮手術を受けている。

　患者が小学2年時，母親は再婚した。患者は「自分にもお父さんができて嬉しかった」と語っているが，小学3年時に異父弟が生まれると，「お父さんは赤ちゃんばかりかわいがる」ようになり，患者は家族の団らんの場に居にくいと感じるようになったという。兄は，母親の再婚後，家庭内暴力を振るうようになった。このころから，患者は兄に命令され，母親の財布から金を抜き出して兄に渡すようになったという。

小学4年時，患者にとって唯一，「かわいがってくれた人」と感じていた祖父が死亡し，患者は「ひどく孤独」だと感じたという。初めての家出をした直後であったため，患者は祖父の死に罪責感を感じている。鑑別所ではこのころの思い出として，「飼っていたモルモットに針を刺して気晴らしをした」り，「蛙の皮をはいで水の中に入れてバタバタ暴れるのを見ていた」と語っている。この時期，兄が包丁を振り回して暴れ，患者は背中と左肩を切りつけられて20数針を縫う怪我をしている。

中学1年時，異父妹が誕生。このころから，「妹の泣き声を聞くと頭が痛くなる」と自覚するようになった。この時期に，「学校で飼っていたウサギの手足を剪定バサミで切りおとした」と述べている。中学2年ごろからは不登校・怠学が頻発するようになり，シンナー吸引・飲酒・自宅で刃物を振り回す，などの問題行動が目立つようになった。患者によれば，飲酒は小学校時代からあったが，中学3年になって「嫌なことを忘れるために」，次第に大量に飲むようになったという。義父が酒を好むことから，自宅には常時アルコールがおいてあった。また，中学3年の12月ごろから数回，「先輩から栄養剤を注射された」と述べている。

中学2年になると，ストレス時に刃物を持って相手を威嚇するようになったが，この際，朦朧状態と健忘が認められた。

中学3年2学期以降は，登校しても教室には行かず，校舎の裏で座っているのをしばしば目撃されている。患者によれば，このころから1年年長の先輩と仲良くなり，喧嘩・薬物など，さまざまな非行行為を一緒に行ったという。

異常な興奮状態や奇異な言動が持続したため，中学3年3学期，児童相談所に保護され，精神科医師の診察を受けている。このときの診断は適応障害であった。

その後ほどなく，自宅で包丁を振り回して警察に保護され，少年鑑別所に入所した。入所中，睡眠障害・胃痛・イライラ感・警戒心・要素性偽幻覚（セミの羽音・ウサギの鳴き声・黒い影や白い泡の幻視など）が認められた。乳児期の外傷体験・外傷体験を象徴する刺激での意識変化・社会的活動への不参加・過度の警戒心と過覚醒などから，心的外傷後ストレス障害と診断された。

家庭裁判所の審判では，本人が語った非行歴と，しばしば刃物を振り回す異常行動から，虞犯として医療少年院送致が決定した。

3. 病　歴

患者が最初に「異常体験」を自覚したのは，小学6年の3学期だという。母親から「お前は父親に似ている」といわれてショックだったこと，教師や義父から叱責されたことが重なり，「天井に黒い大きな影が見えた」という。その後は，義父が母親に暴力を振るったり，兄の家庭内暴力があった際に，「目の前が真っ白い泡で埋まる感じ」「シュ，シュ，というリズミカルな幻聴」を体験するようになったという。

中学1年時，異父妹が生まれたころから，乳児の泣き声を聞くと「自分がわからなくなって」興奮状態となり，異父妹の顔にまくらを押し付けたことがあったと語っている。

4. 施設入所後の経過

154cm，48kg，小柄だが筋肉質の16歳の女性。顔面は，額の全面，左右の目の下から顎まで，および鼻にかけて，引きつれと色素変化があり，顔面の一部は移植後の皮膚。目の周りは傷痕はなく，視力は正常。傷はあるが少女らしいかわいい笑顔である。背中および左肩に縫合痕があり，一部ケロイドになっている。右下肢は大腿部の外側から下腿の内側にかけて色素沈着がみられる。言葉は明瞭，知的障害は感じられない。見当識は正常，論理構造に著しい歪みはなく，思路の障害も認められない。幻覚・妄想は否認，内因性の精神病を疑うべき症状は認められなかった。

患者の心理的問題の複雑さを考え，週2回の定期

ケース　フォーマルなアセスメントと子どもの理解の間で｜青島　多津子

面接と必要時の臨時面接を行うことを本人と取り決めた。終了まで，週平均3時間程度のカウンセリングを継続した。

第1週目。露悪的で，動物虐待の話や非行の話，自分がいかに異常かといった話を好んでするという印象があった。自分の異常行動については「これまで赤ちゃんのときの記憶があるからだといわれてきた」と説明をし，「周りの大人は私に被虐待児であることを理解させようとしていた」という。母親から受けた虐待，母の精神異常の話，自分の足の傷などの話はするが，顔面の傷についてはできるだけ話題にしないよう努力している様子がみられた。薬物の密売と，ヤクザの足抜けの落とし前を手伝って拳銃を撃った話を余罪として打ち明けている。また，他のヒステリー症状を持った患者の真似をして，大声を上げたり倒れたりという行動が出現した。

3週間目，話題の中心は温かい家庭に対する憧れ・母親に対する愛情欲求・非行仲間の話・望まれて生まれてこなかったことへの傷つき・兄の家庭内暴力についての心配などに話題がうつった。また，実父からの虐待は，本人の記憶ではなく母親に聞いた話だという。依然として，筆者に甘えていいのか警戒するべきなのか迷っている様子がある。保護者会で，義父・母親・異父弟妹来院。患者は遠慮しながら親の顔色を見ており，家族の会話に入れないでいた。

入院2カ月目，隣室の入所者が大声を上げたのに反応して騒ぎ，腕をひっかいて血文字を書いている。教官から自傷について指導をされた際，「あなたは子どものときに虐待されたからどうのこうのといわれた」と憤っている。これをきっかけにして，「赤ちゃんのときの記憶を急に思い出すのが怖い」という発言が多くなる。母親が来院するが，患者には会わず，筆者だけに面会してゆく。前夫に対する批判や患者の問題行動に手を焼いていることについて話す。そのなかで，母親のテレパシー体験が語られている。患者の顔面の傷については細部のつじつまが合わず，不自然な印象を受け，筆者は母親によるものではないかという印象をうけた。患者は今やりたいこととして「人の役に立つボランティアの仕事」だと語っている。

入院3カ月目，個室から集団室（6人部屋）に移動。当初はよいが，次第に集団室でのストレスが大きくなってくると，「私は審判のときにPTSDといわれた」と繰り返し，筆者からも同じ診断名を聞きたがる。筆者はこれに対しては「つらかったね」とだけ伝える。患者はこの返答に不満をあらわにし，「私は空想をしゃべっているだけ」「私，虚言症ですか」と質問してくる。また，露悪的に「死にたい人を殺すボランティアをしたい」と述べ，死体の処理方法についてとうとうと語る。「夜中に同室者を殺す」としきりに脅かしをかけ，個室移動を希望する。また，両親を信用できない，家に帰っても同じことが起きると，親に対する否定的な感情が語られる。

入院4カ月目，教官に対する反発が顕著に出てくる。母親の面会時，家に帰ってきてほしくないと告げられる。その後「祖父が来た，祖父は死んでいない」など，演技的な振る舞いや自傷行為が出現。数人の教官に死体遺棄事件の余罪を話す。主治医にも同じ話をするため，つじつまの合わない部分を指摘するとごまかそうとする。一応念のため，事件性があるか否かを所轄警察に問い合わせたところ，そのような事実は確認されていないとの回答を得る。また，共犯者も実在しない模様。

入院5カ月目，本人から初めて，顔の傷についての話が出る。患者に初めて会ったときの周囲の反応による傷つき，植皮手術を受けたときの話などが語られる。また，患者が初めて家出したとき両親が探してくれなかったさみしさを語る。さらに，実の父親に対する想いが語られるようになり，「なぜこの傷ができたのか，真実を知りたい」という。

入院6カ月目，担当看護婦が急逝。「死ぬときは誰か傍にいたんですか？　一人きりだったら，かわいそう」と涙する。非常にノーマルな悲嘆反応。顔の傷やこれまで精神科医にPTSDと言われてきたことについて，整理して語るようになる。これまで語っていたシーンは「精神科医に何度も聞かれてそう思うようになった」「お母さんに聞かされていた話がイメージされていて，頭のなかで創ったものかも」と振り返っている。また，自分が母親の説明に疑問を持っ

ていること，母親がやったのかもしれない，と疑っていることを口にする。「でも知っちゃいけないことがありますよね。本当のことは，すごく傷つくことだから」と述べる。今まで思いながら怖くていえなかった，兄と時々実父のことを話していたといい，母親がしばしば兄妹に「父親のところに行け」といっていたことから，実父に会いたいと真剣に考え始めたという。実父に会いたいと義父に伝えたところ激しく叱責されたと思い出を語る。また，施設入所以前に考えていたこととして，「助けてくれる人がいないなら，自分一人で耐えなきゃならない。でも，突っ張れば突っ張るほど悲しくなって，耐えられなくなって，八つ当たりで自傷したり」「みんなにすごいかわいそう，って目で見られるのが傷ついた」と述べている。

入院7カ月目，患者が愛着を示している女性教官に対して，過度な反発や演技的なヒステリー症状を出す。実父に対する強い怒りを語る。実父を殺したいといいながらも，その直後に，おじいさん，おばあさんを悲しませたくない，と攻撃的言葉を撤回する。「何でこんなに苦しまなくちゃいけないのか，私が何か悪いことをしたときにされたなら許せるかもしれないけど」「ほかの人が本当は何を考えているのかわからない」「一番引っかかっているのは，（顔の傷は）本当は誰がやったのかということ。こんな一番目立つ場所を」「兄が父親の写真を隠し持っていて，それを見たことがある」「ここではこの顔でも受け入れられた。でも，外に戻ったらまた同じことの繰り返し」「お父さんを殺したら私はもっと苦しむと思いますか？ いつも，泣きながらお父さんを包丁で刺すシーンを思い浮かべる」「一人で苦しむのがやだった。誰かに頼りたかった」「人に顔を見られるのが怖かった」「おじいさんも犬も，死んだって思いたくなかったから，死んでないって嘘ついた」といい，犬が死んだ日の情景を語って涙する。また面会に来た両親に再度，実父に会いたいと話をする。

入院8カ月目，父親のことで心情不安定になっている。「今，家にいたころと同じなんですよ。反抗的態度で」「見捨てられることが絶対に許せない」と自己分析をする。母親は実父の住所と名前を書いた紙を少年院の職員においてゆく。実父が刑務所に入った話は母親の嘘だったらしいことがわかる。その後，筆者に対する依存欲求が顕著になる。見捨てられ不安を語るとともに，「慰めてくれただけでありがたいんです」といったかと思うと，わざと反発的態度を示す。筆者に身体症状を訴えて投薬を要求しておきながら，看護師が薬を持ってゆくと拒薬を繰り返す。クリスマス会は，「こんな顔で出たくなかった」とふたたび顔の傷へのこだわりが出る。少年院の調査で実父の所在が確認されたが，両親の拒否のため，患者には実父についての詳細は知らされなかった。

入院9カ月目，患者が自分のヒステリー症状について，本当はわかってやっていたことを語る。「前は人と目を合わせないでしゃべっていた。今を見たくないからですかね」「前向きになってきたと思う。ここを出たらどうなるかわからないから，今のうちにちゃんと考えておこうと思う」「家のことがあるからですかね，落ち着こうと思っても落ちつけない」と語る。その後の母親との面会で，母親から家への帰住を拒否される。

入院10カ月目，「人の声が聞こえない。本当は聞きたくないからだと思う」といい，筆者に対して，「私がつらいのにどうして何もしてくれなかったんですか。見捨てるような態度を取った」「自傷するのは，寂しいからです。血を流せば，傷つけば心配してもらえる。少しはこっちを見てもらえる」「暴れたりうなり声をあげたりすると，みんなが怖がって近寄ってこない。それが少し面白かったのかも」「お母さんが食べ物に毒を入れるんじゃないかと思って食べられなかった時期があった」「わかってもらいたかった。自分がこんなに苦しんでいるの。だから自傷していた」「何で私のことわかってくれないのって，大声出した」「未熟なままで生きられたらそう生きたいけど，成長するのはつらいことがいっぱいあるからだって思う。今は，気持ちを思ったように出せる。その部分は成長できた。でも，心がすごく狭い」「K先生（患者が好きだった教官）と終わりにしたから先生とも終わりにしたい。調べられるのいやです。ぶっ殺してやる。カルテに書かれるの，いや」

「何でカルテ持ってこないんですか。私を信用していないから？」「(先生は) 私を怒っている。私がひどいこといったから。主治医を変えてほしい」「私があんなにひどいこといったのに，何で私のこと軽蔑しないんですか。受け止めるなんていわれたら……本当は信じないふりをした。別れるのがつらいから，裏切ったフリをしたらいいんじゃないかと思った。先生のこと，試している。ずっと試している。信頼して裏切られるのが怖いから」などと，本音がストレートに語られるようになる。

入院11カ月目，「家に帰るよりここにいたい」「家に帰っても，ここに戻りたいからまた何かやっちゃいそう」「病気に逃げる人がいる。私もそうだった。本当はコントロールできたのに」〈してもいないことをしたといったり？〉「ばれていたんだ」〈児童相談所や鑑別所でも大きなことをいっていたね〉「鑑別所でもべらべら，結構しゃべった。ウサギの足切ったとか。きっとみんな書いてあるんだろうな。恥ずかしい」。家に帰るより保護会（更生保護施設）のほうが安定するかもしれないと語る。また，顔の形成手術を勧めると，「きれいになるものならそうしたい」という。筆者と二人きりになると駄々をこねる様子をみせるが，明らかに甘えており，以前のようにヒステリー症状として顕わすことはなくなっている。鳥の絵を描いて持ってくる。「飛びたいけど，飛べる環境でない」「(実際にやった非行について) 1度チャリ盗んで補導された。それから喧嘩が1回。でも相手が怪我をするほどはやっていない。あと，お酒が2回」「注射の話も，騒ぎが大きくなって嘘といえなくなってしまった」「私のいけないところは，誰彼まわず，警察にも助けを求めちゃったことですね。本当に助けてほしかったのに，助けてっていったのに，結局何もしてもらえなかった」〈あなたはそんなことをする子じゃないって誰かにいってほしかったんだね〉「うん。でもみんな，こんな顔の子だからそのくらいやっても不思議じゃないって思っていたみたいで，そのことにも傷ついた」という。

入院12カ月目，母親から，患者の顔面の形成術は公費負担でできるといわれ，「お金がかからないなら手術受けたい。怖いけど，ここを出たら手術受けて，きれいになって，ここに挨拶に来ます」と希望を話す。「生まれてはじめてお母さんときちんと話せた」〈Mちゃん（中学時代の先輩）は本当はいないんでしょ？〉「わかってたのか，やっぱり。うん」「鑑別で嘘いっぱいついて，嘘ですっていおうと思ったんだけど，信じられちゃったからいえなかった」「私が家出してすぐおじいちゃんが死んだから，私が殺したんじゃないかという気がした」「私，すごくよくなっていますよね。一般少年院に行きます。ちゃんとやって，帰ります」と語る。

心理的には今後もケアが必要ながら，一般少年院での処遇に耐えられる状態と判断し，一般少年院に移送，筆者が往診をしながら5カ月間の教育プログラムを優秀な成績で終了し，自宅に帰住した。その後も紆余曲折があるが，それは別の話になる。

Ⅲ　まとめ

このケースは本来は非行性のほとんどなかった被虐待児の症例であるが，中学3年の冬，はじめて児童相談所を訪れた際にその病理が作られた可能性がある。ここで患者は，PTSDという口実に逃げ込む知識を得たと同時に，乳児期の虐待に関して偽の記憶を作りあげた可能性がある。また，「非行少女」になることによって大人からケアされることを学び，「心理的」ミュンヒハウゼン症候群の状態を呈した。おどろおどろしすぎる非行話は作り話である可能性が高いが，彼女に関わってきた大人たちは彼女がいうように，「顔にこれだけの傷を持ったかわいそうな被虐待児だ。このくらいのことを考えても不思議ではない」と，外見に惑わされてしまった点もあったかもしれない。さらに，母親の強い抵抗で果たせなかった家族調査を，アセスメント段階でできていれば，より早期に問題の本質について明らかにできた可能性がある。結果的に，彼女にとって少年院入所がマイナスでなかったことが救いである。

ケース
小児科医によるアセスメント

氏家 武 TAKESHI UJIIE
北海道こども心療内科氏家医院

I 乳児期・幼児期早期の直接的行動観察

　乳幼児や児童期の子どもの精神心理状態を正確にアセスメントするためには，子どもの行動を直接観察することが重要である。しかし，臨床場面では親や家族からのインテーク情報に頼りすぎてしまい，子どもの行動を観察する時間を十分確保できないことが多い。また，子どもの行動観察のポイントがよくわからずに，正確なアセスメントに至らないこともある。
　乳児期あるいは幼児期早期の子どもと親の行動を直接観察することによって，初期の診断的なアセスメントを行うことができる。また，その後の発達経過についても直接的な行動観察を継続して行うことで，最終的な確定診断を下すことができる。さらに，このような継続的な直接的行動観察によるアセスメントは，傍観者として観察するのではなく，親子関係のなかに介入して治療的な役割を果たすものである。

II 自閉症のある子どもの臨床心理アセスメントの事例

　筆者は社会性の障害を改善して，二次的に生じる言語認知障害を最小限に防ぐために，幼児期早期から療育施設を利用して専門スタッフが相互作用活性化のモデルを示し，親子間の相互作用の活性化を支えることによって，そのような発達改善が期待できると考えている。以下に，直接的な行動観察により幼児期早期あるいは乳児期から療育的介入を親子に開始し，その後自閉性がかなり改善した事例のアセスメントを紹介する。

1. 事例1 K・S（♂）

[1] 周生期
　妊娠39週+6日，自然分娩で出生したが，生下時体重が4,152gのLFD児（在胎週数に比して過体重の新生児）だった。その他には周生期異常は認められていない。

[2] 乳児期
　乳児期はあやしても反応が弱かったと感じたと初診時に親が答えているが，他には特に異常は認められていない。始歩は生後10カ月。

[3] 幼児期

1歳頃からマンマ，ブーブーなどの発語が認められたが，名前を呼んでも振り向かず，1歳6カ月頃には言葉を言わなくなった。1歳頃から新しい場所や見知らぬ人に対して不安がり，嫌がって泣くことが多かったが，自分の気に入った物を持たせると落ち着いていた。

1歳6カ月健診で言葉の遅れを指摘されたが，経過をみるに留まった。2歳になっても発語がなく行動がマイペースで，物を一直線に並べるなど自分の好きなことを一人で黙々とやっているため親が心配して保健所に相談した。2歳過ぎに発語が認められ視線も合うようになったが，名前を呼んでも振り返らず，2歳8カ月時に初めて筆者の病院を受診した。

[4] 初診時の直接的な行動観察によるアセスメント（2歳8カ月時）

診察室に入ると突然泣き出し，母親にしがみついた。スタッフが玩具を見せて遊びに誘うと，母親にしがみついたまま玩具に手を出して遠くへ放り投げることを繰り返した。母親に抱っこされているうちに，スタッフが見せる壁紙に興味を示し泣き止み，スタッフがおもしろいことをするとそれに応じて喜び笑顔を見せるようになった。しかし，そのうち一人で玩具を手にとって遊び出し，母親と離れても平気な様子だった。

コミュニケーション能力：オワリ，チョーダイ，ジュースなど10個ぐらいの語彙があるが，構音は不良。状況の理解は良さそうだが，言葉の理解ははっきりせず呼名には応じない。要求は指差しできず，相手の手を取るクレーン現象が認められた。また，即時型反響言語も認められた。バイバイのジェスチャーはできた。

社会性：2歳6カ月頃から母親への後追いが激しくなった。見知らぬ人の前では泣くことが多く，母親にしがみつきが認められた。他者への興味関心は強くなく，自分から働きかけることはない。馴れてくると他者と多少やり取りはでき，情緒的な簡単なコミュニケーションが成立した。

興味関心の偏り：物を一直線に並べる遊びに没頭し，邪魔されるとパニックになった。

[5] 通院後の経過

週1回の発達障害児のグループセラピーに参加することになったが，集団に入れず泣いて母親にしがみつく状態が数カ月続いた。母親に抱かれているときは，自分の顔に母親の髪の毛が触れる感触を楽しんでいるようだった。徐々に母親から離れられるようになったが，集団の遊びには入らず物並べに没頭し，物の列が壊されるとパニックになった。しかし，その後半年くらいで他児と一緒に短時間の設定保育を楽しめるようになった。

3歳7カ月から幼稚園に通い始めた。母子分離はさほど困難ではなく，1カ月ほどで担任に抱っこされて喜んだり，ブロック並べやぬいぐるみに乗って遊ぶなかで他児との交流も認められるようになった。この頃から急に語彙が増え，単語で要求したり簡単な質問に答えるようになった。しかし，自分の教室に対するこだわりは強く，自分中心の好き勝手な行動は多かった。

グループセラピーでは母子分離を図り，積極的にスタッフが接近を試みたが，視線を合わせることを嫌がり，執拗に母親を求めスタッフから逃げようとした。しかし，姉に協力してもらいながら母子分離を強引に進めたところ，3カ月くらいで全く泣かずにグループセラピーに参加できるようになった。

4歳頃は幼稚園には楽しく通っていたが，こだわりがエスカレートした。通園バスに乗らないと気が済まず，降りた後は決まったスーパーで必ずガムを買ったり，パンツの中に排便することにこだわった。しかし，情緒的なコミュニケーションはかなりよくなり，遠くから「せんせー」と言って駆け寄って来たり，オウム返しの返答に気持ちがこもるようになった。

4歳半からグループセラピーを止め，臨床心理士による個別の心理療法を週1回受けるようになった。幼稚園は2年目を迎え担任が変わったが大きな混乱はなく，仲のよい友達が一人できて毎日一緒に楽し

く遊んでいた。同時に，母親への甘えが強くなり，自分ができることもなんでも母親にやってもらい喜んでいた。言葉による会話はかなりしっかりできるようになり，ひらがなや漢字も覚え始めた。心理療法では視知覚系の課題はよくできたが，言語課題は嫌がり無理するとパニックになることが多く，しばしばセラピーを中断せざるを得なかった。

5歳頃から自分のことを「オレ」と言ったり名前を使うようになり，かなりしっかり言葉で自己主張できるようになった。文字カードを使うとしりとり遊びもでき，教えていないのにカタカナが全部読めるようになった。絵本は内容を理解しながら抑揚をつけて上手に読めるようになった。5歳を過ぎて急にトイレで排便するようになったが，今度は「なんでも一番」にこだわり始めた。

5歳半から再びグループセラピーに参加した。この頃は，からかわれると恥ずかしがったり，誉められると喜んだりして情緒表現が豊かで自然になり，自閉性はほとんど感じさせなくなった。しかし，グループ内では遊びのルールが理解できないとパニックになり，他児が強く出ると引き下がっておとなしくなり自己主張ができなかった。

小学校は地元の普通学級に入学した。授業中先生にあてられると的外れな返答をすることが多く，自分から手を挙げて発言することはなかった。給食時間に嫌いな牛乳を我慢して飲んだら皆から拍手され，以来嫌がらずに飲むようになった。しかし，同級生とは対等に会話ができず孤立することが多かった。勉強がわからず学校に行くのを嫌がることもあったが，母親が根気よく教えることで要領を覚え，なんとかついていけるようになった。

本人は同級生と一緒に遊びたがったがなかなか受け入れられず，入学後半年頃からテレビゲームに一人で没頭するようになった。それを親が禁止してゲーム機を隠したところパニックとなり，知らない家に勝手に入ってテレビゲームをやることもあり親が対処に苦慮した。

しかし，2年生の頃から徐々に同級生と一緒に遊べるようになり，テレビゲームへのこだわりも落ち着き，時間を決めてできるようになった。心理テストの結果，ほぼキャッチアップした状態と考え個別の心理療法は終結となった。現在は，年に数度定期的に経過を聴く程度になっている。

2. 事例2　M・S（♀）

[1] 周生期

妊娠41週，自然分娩，生下時体重3,522gのAFD児（在胎週数に相当する出生体重の新生児）。特に異常は認められなかった。

[2] 新生児期

口唇裂が認められたが哺乳に異常はなかった。

[3] 乳児期

生後4カ月時に口唇裂の手術を受け，その後8カ月まで手を束縛されていた。始歩は11カ月。

[4] 幼児期

言葉の発達が遅れ，始語は2歳で「マンマ」と言った。視線が合わず多動で，人に抱っこされることも嫌がった。2歳6カ月から言葉の教室に通った。3歳4カ月時に初めて専門医の診察を受け自閉症と診断された。そこで母親が24時間子どもに付き添って遊び話しかけるよう言われ，母親は主婦の仕事を辞めるような覚悟でそれを実行した。家族の協力を得てテレビを見せるのも止めて外出を多くし，一時も子どもが一人にならないようにした。その頃から急に言葉が増えたが，状況に関係なく一方的な大声での発語が多かった。また，当初，外出すると大勢の人がいるところでは泣いていたが，毎日のように連れて歩いていると徐々に馴れて泣かなくなった。散歩の道順がいつもと違うと泣いたが，これも意図的に別の道を通るようにして馴れさせたという。

4歳から統合保育を行う幼稚園に入れ，同時に感覚統合訓練を週1回受け始めた。そこで医学的な検査と診断を受けることを奨められて筆者の病院を受診した。

[5] 初診時現症（4歳2カ月時）
　診察場面での直接的な行動観察によるアセスメントでは視線は合い，言葉がけに対しても情緒的な応答性は悪くはなかった。しかし，簡単な会話はできる（年齢や名前を聞かれると答える）ものの言語理解は不十分で，質問の意味がわからないと質問をオウム返ししたり，繰り返して日付や曜日を呪文のように唱えた。医学的検査では頭部CTに異常は認められず，EEG（脳波検査）で基礎波の左右差と全般性棘波が認められた。田中ビネー式知能検査ではIQ54と軽〜中度の知的障害域の遅れが認められ，特に言語理解と概念形成の不十分さに加え，注意集中障害と視覚的同定課題でも困難が認められた。これらの結果から自閉症と診断しそれを告知した。
　コミュニケーション能力：語彙は豊富だが構音は不良で一方的な発話が多くみられた。また，状況にそぐわない発語がみられ，言語理解が不十分で質問の意味がわからないとオウム返しや日付や曜日を繰り返して唱えた。言葉でうまく説明できないと身振り手振りで表現しようとするが，動作表現も未熟だった。
　社会性：3歳半頃から母親への後追いがみられ，大勢の人がいる場面を怖がった。幼稚園では担当の先生たちには慣れ親しんで積極的に声をかけていたが，一方的であったり状況にそぐわない発話だったり，人の会話に入り込んで無関係な話を始めたり，話がどんどん違う方向に発展したりした。幼稚園では他児とは会話ができず，相手にされずに孤立していた。
　興味関心の偏り：文字・マークへのこだわりが強く，ひらがなと数字，漢字も少し読むことができた。日付・曜日を唱えたり，手をかざす常同行動もみられた。

[6] 通院後の経過
　週1回の心理療法と母親カウンセリングを開始した。家では母親と一緒に家事をすることが好きで，家事をしながら母親が丁寧に言葉がけしていた。4歳半頃から言葉による意思表示はかなり正確になり，他児との会話が少しできるようになった。
　5歳頃から母親がいろいろと介入するのを嫌がるようになり，道順やルーチンワークに対するこだわりが悪化した。それでも母親は文字を利用して言葉の意味を教える働きかけを続けた。同じ頃，幼稚園では自分より年下の障害児のお世話を一生懸命してやり，泣いていると傍にいって慰めたり，弁当の片付けを手伝ったり，遊びに誘ったりするようになった。
　5歳半頃には他児の母親も付き添っていないからといって，母親が自分と一緒に公園に来るのを嫌がるようになった。また，心理療法でも課題を嫌がって拒否したり，先生に意地悪をするようになった。その一方で，障害児の行動を真似たり，知っている子どもたちのなかで積極的に他児に話しかけるようになっていった。
　6歳頃には幼稚園では多児とほぼ同じように行動することができるようになり，話をする際も考えながら状況に即して適切に話す努力をするようになった。また，書字を覚え自分の好きな子の名前を書きたがった。苦手な描画も下絵を利用して描けるようになった。
　知能検査（田中ビネー式）ではIQ60だったが，情緒的接触は良好で，小学校は普通学級に入学することになった。学校では授業は途中で飽きてしまい担任が個別に教えなければならないことが多かったが，他児と一緒に集団行動ができ，こだわりによる不適応行動は全く認められなかった。この頃は心理療法を嫌がることがなくなったが，文章の理解と表現は依然としてかなり未熟で，「思考する」ことに困難が認められていた。
　その後，4年生まで個別の心理療法を続け終結とした。この頃には，日常生活はほぼ自立的に行動することができ，学校の用意も母親の助けを借りずにでき，自分で時刻表を確認してバスに乗って町に出かけることもできるようになった。学校でも仲のよい友達ができて一緒に遊び，授業でも積極的に挙手して発言するようになった。学習劇では主役に立候補し，長いセリフを覚えて見事に役をこなし，卒業式の呼びかけもうまくできた。ただし，その時点で

も学業成績は文章題が苦手で，学習塾は続けることになった。

III 発達障害のある子どもの臨床心理アセスメントのポイント

　自閉症の主たる病因は先天的な脳の器質的な障害と考えられているが，臨床的に自閉症と診断し得る年齢は早くても1歳前後である。それは，自閉症を特徴づける症状や行動が形成されるには生後1，2年間の一定の時間を要するからである。自閉症の基本的な問題はおそらく出生と同時に潜在的に存在しているのだろうが，その問題が子どもの健常な精神発達を阻害し，自閉症に特異的な症状を形成するまでにはなんらかの発達プロセスを要するのである。

　健常な新生児は生まれながらにして情動的にも感覚的にも人を求める力をもっていることが判明している。かつては，新生児には愛着行動という親に対して母性的な愛情を求める生得的な行動が備わっていて，それが積極的に働いて親の母性的行動を引き出しているのだと考えられていた。しかし，最近ではこのような関係はお互いが影響し合ってそのあり方を変えていくものであると言われている。つまり，対人志向性はこのような親と子どもの交互作用の原点にあって，子どもと親との自然な人間的な関係を発達させるための基点になっている。そして，そこから始まる親との交互作用によって子どもは自己や外界を健常に知覚し認知するようになり，健常な精神が発達していくことになるのである。

　ところが，自閉症の子どもはこの対人志向性に相当するような社会性の能力が生得的に弱いのではないかということが，最近行われた自閉症の子どもの早期兆候に関する調査で明らかになってきた。つまり，対人志向性が弱い子どもは，将来，自閉症になるリスクが高いと言えるのである。生後間もない新生児の対人志向性が弱いということは，その子どもは親を引き付けたり親へ働きかけたりすることが乏しく，親子の健全な交互作用がスタートするのを妨げてしまうことを意味する。そして，親子の健全な交互作用が活発に働かなければ，その子どもは自己や親をいつまでも意識することなく，常に自己世界のなかだけで外界を知覚，認知するようになる。このような状態が長く続けば，最終的には，間主観性や共感性と呼ばれる親子関係を基本とする情緒的コミュニケーションの発達障害が生じることになる。そして，この情緒的コミュニケーションの発達障害が自閉症の中核となると考えられるのである。

　乳児期や幼児期早期における自閉症児の行動特徴は早期兆候と呼ばれ，1960年代頃から親の回顧的な記述による研究が行われるようになった。その後，1990年以降になるとビデオによる乳幼児期行動の観察という画期的な調査研究が盛んに行われるようになり，早期徴候がかなり具体的に判明してきた。1991年に報告されたAdrienらのホームムービーによる研究では，12例の自閉症児の0歳から2歳の記録をもとに，12例に共通して認められた問題を，社会的相互交渉の障害，情緒障害，視覚的・聴覚的行動の障害，運動・筋トーヌスの障害，非定型的行動の5つの領域にまとめた。次いで，Adrienらの調査結果をもとに，1995年に東海大学精神科グループが13例の自閉症児と健常児の様子をビデオで比較観察する研究を行った。そのなかで，0カ月から6カ月の間に認められた早期徴候は，Adrienらが分類した5項目のなかの社会的相互交渉の障害，情緒的障害，そして視覚的・聴覚的行動の障害の3項目であったことが報告されている。さらに，Maestro et al.（2001）は，乳児期の精神発達を評価するためのグリッドを考案し，健常発達乳幼児にみられる対人関係行動を社会的行動，間主観性，そして象徴機能の3側面に分類した。

　以上のようなことから，乳児期や幼児期早期の自閉症児の臨床心理アセスメントのポイントは，親子間の社会的交互作用の障害あるいは乳幼児の間主観的行動の障害を明らかにすることであると考えられる。具体的には，子どもの問題として，①社会的相互交渉の障害として，孤立，視線が合わない，姿勢の悪さ，頭位の不安定さ，予期的行動の乏しさ，自

発性の乏しさなど，②情緒的障害として，表情の乏しさ，微笑みの乏しさ，新しい場面への不安，情緒不安定など，③視覚的・聴覚的行動の障害として，視線が合わない，反応性の問題など，④運動・筋トーヌスの障害として，低緊張，おとなしい，手振り行動，防御的行動の乏しさなど，⑤非定型的行動として，自己刺激的行動，強迫的行動，常同行動などに焦点を当ててアセスメントする必要がある．また，親子間の問題として，①社会的行動として，視線が合う，予期行動，接近行動，微笑みかけ，他者との交流を楽しむ，他者への働きかけ・声かけなどがしっかり認められるかどうか，②間主観性の表れとして，共同注視や三項関係，模倣，他者心理の予期，参照行動などが認められるか，そして③象徴機能の問題として，探索行動，象徴遊び，ジェスチャー，有意味語などが認められるかどうかを的確にアセスメントする必要がある．さらに，聴覚や視覚などの感覚異常についても乳幼児早期から出現している可能性があり，この点にもアセスメントの焦点をしっかりと当てる必要があると思われる．

文　献

Adrien JL, Faure M, Perrot L et al. (1991) Autism and family home movies : Preliminary findings. J Autism and Dev Dis 21 ; 43-49.
鯨岡峻 (1997) 原初的コミュニケーションの諸相．ミネルヴァ書房．
黒川新二 (1993) 自閉症の早期療育について．精神科治療学 8 ; 343-345.
小林隆児 (1999) 自閉症の発達精神病理と治療．岩崎学術出版社．
小林隆児 (2000) 自閉症の関係障害臨床 —— 母と子のあいだを治療する．ミネルヴァ書房．
小林隆児 (2001) 自閉症と行動障害 —— 関係臨床障害からの接近．岩崎学術出版社．
Maestro S, Muratori F, Barbieri F et al. (2001) Early behavioral development in autistic children : The first 2 years of life through home movies. Psychopathology 34-3 ; 147-152.
奥山真紀子，氏家武，井上登生 (2009) 子どもの心の診療医になるために．南山堂．
Quill KA (1995) Teaching Children with Autism : Strategies to Enhance Communication and Socialization. Delmar Publishers Inc.（安達潤ほか訳 (1999) 社会性とコミュニケーションを育てる自閉症療育．松柏社．）
Stern DN (1985) The Interpersonal World : A View from Psychoanalysis and Developmental Infant. New York : Basic Books Inc.
氏家武 (2000) 自閉症早期療育の基本 —— 児童精神医学の観点から．小児の精神と神経 40 ; 153-162.
山崎晃資，渥美真理子，加藤由起子ほか (1996) 自閉症の初期徴候に関する研究 —— ホーム・ビデオ記録による研究．5公-5．児童・思春期における行動・情緒障害の病態解析及び治療に関する研究（主任研究者：栗田広），平成7年度研究報告書．pp.11-23.

● http://kongoshuppan.co.jp/ ●

モティベーションをまなぶ12の理論

ゼロからわかる「やる気の心理学」入門！

鹿毛雅治編著

きまぐれモティベーションを操って，この退屈と倦怠とストレスひしめく現代社会を生き延びるための思想地図！

幻想の自由意志神話（「我思うゆえに我あり」）と虚構の根性論＝精神論（「やればできる」）に支えられてきたモティベーション論を，最新の心理学理論でリノベーション。ビジネスから学習，社交から娯楽，友人関係から家族関係まで，トラブル＋ストレス必至の現代社会を生き延びるためのモティベーションセオリー・コレクション！世界にひとつ，あなただけのパーソナル・モティベーションセオリーをマスターするための，とっておき12レッスン！　　　　　　　　　　定価3,360円

精神療法の深さ

成田善弘セレクション

成田善弘著

…人間の心の深みに届く精神療法を志しながら，しかしそれに畏れを抱き浅くとどまろうともしてきた。そういう姿勢がその論文だけでなく本書全体の基調になっている…「まえがき」より

本書には，文句なしに面白い良質の臨床論文13篇が精選されている。精神科診断面接における留意点，面接を構造化するポイント，臨床現場の実感，全編に達人の臨床記録がちりばめられている。多くの人に「成田善弘の精神療法」の全体像と本質を理解してもらいたい。後半部には〈成田善弘精読〉とも言うべき秀抜な「解説」（原田誠一氏による書き下ろし150枚）を収載した。　　　　　　定価3,990円

事例でわかる心理学のうまい活かし方
伊藤絵美，杉山崇，坂本真士編　ケーススタディで学ぶ基礎心理学の臨床応用。附録・心理学単語集で心理学用語を整理しながら臨床力のバージョンアップを図る。　　　　　　　　　　　　　　　2,940円

抑うつと自殺の心理学
坂本真士著　人が日々生活する社会との関係のなかで発生する「自殺」と「抑うつ」について，その社会心理学的アプローチを臨床実践に活かす，臨床心理社会学の試みを学ぶ。　　　　　　　4,830円

精神療法面接の多面性
成田善弘著　治療関係と構造，面接の方針，臨床現場における多面的な課題を取り上げ，精神療法面接をいかに行うべきかをわかりやすく解説。精神療法家のためのすぐれた実践書である。　　2,940円

新訂増補 精神療法の第一歩
成田善弘著　精神療法家を志す人のまぎれもない「第一歩」となるとともに，精神療法家・成田善弘の出発点を示す名著，待望の復刊。現在の著者の思考を「補注」「付章」として付す。　　　　2,520円

Ψ金剛出版　〒112-0005　東京都文京区水道1-5-16　URL http://kongoshuppan.co.jp/
Tel. 03-3815-6661　Fax. 03-3818-6848　e-mail kongo@kongoshuppan.co.jp

（価格は税込（5％）です）

IV

事例で学ぶ臨床心理アセスメント②
思春期・青年期

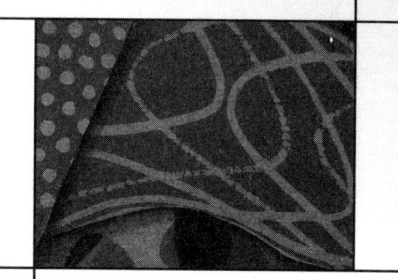

I はじめに

本稿では、思春期・青年期の来談者を対象とする臨床心理的援助におけるアセスメントについて、まず理論的考察をおこない、ついで援助の実践において留意すべき事柄について述べる。

II アイデンティティ形成時期の遅れ

思春期のもっとも重要な発達テーマの一つに、アイデンティティの形成がある。そして近年になって、思春期・青年期のアイデンティティ形成の年代が、どんどん遅くなっている。その原因の一つとして、日本社会の自由度が増してきたことがあるだろう。職業選択の自由はもちろんのこと、価値観も多様化し、自由化している。

たとえば、かつては激しい蔑視の対象であった同性愛や性同一性障害に対して、今でも根強い差別や蔑視はあるが、以前に比べると理解的な態度が社会に増えてい

概論

思春期・青年期の臨床心理アセスメント
── 親子関係と家族力動

古宮 昇 NOBORU KOMIYA
大阪経済大学人間科学部

るように私には思える。同様に、離婚した人や他民族の背景をもつ人々に対する社会の受容度も上がっている。

また、近年問題になっているいわゆる「モンスターペアレンツ」の増加も、価値観の自由化がその一因であろう。なぜなら、かつては「学校の先生は偉いもの、正しいもの」という固い価値観を社会が共有していたため、親が教師に文句を言うことを社会が許容しなかった。ところがその価値観がすたれてゆくにつれて、親は教師の言動に対して批判的になったり、教師や学校に対して要求や苦情を申し立てることが増えた。

このように、「これを信じていれば大丈夫」という、狭い決まった価値観が減るにつれて、子ども・若者は信じるべき価値観を得ることが困難になってきた。さらに、日本経済も、高度経済成長期のような右肩上がりではないため、将来に希望がもちづらい。かつては、「会社に入れば大丈夫」という職業的安定感と、職業が提供する

アイデンティティを得て安心することができたが，それも得がたくなっている。

そのため，たとえば30歳になっても，思春期的なことがテーマになっている来談者が増えている。そこで心理的援助者が心がけておくべき大切なことは，来談者の生物学的実年齢を重視するよりも，面接による見立てによって発達段階を知ることである。

Ⅲ 幼少期にやり残した発達課題のやり直し

思春期・青年期の子どもは，幼少期にやり残した発達課題をやり直そうとする。たとえば，幼少期における親からの分離不安に関するやり残し（心の傷・トラウマ）が思春期になって喚起される子どもたちが多くいる。

そんな子どもたちはしばしば，小学生から高校生にかけての年代で，仲良しの友達との極端な一体化を見せることがある。一緒に長い時間を過ごそうとし，趣味，価値観，話題，服の好みなどの共通点を非常に多くもとうとする。そして，彼ら（彼女ら）にみられるそのような極端な一体化は，精神分析理論でいう「転移」の要素を色濃くもつため，転移反応の特徴である両価性も兼ね備えている。つまり，いつも一緒の親友が，何かのきっかけで仲が悪くなると激しく憎み合うことがある。もっとも，相手に対する陽性の愛着のみが意識化され，その裏に抑圧されている怒りや攻撃性は分離（split）されて，親，教師，ほかの同級生たちなど，親友以外の対象へと向けられ続けることもある。

同様に，幼少期において親への身体的愛着欲求がひどく不充足だったという苦悩を抱えて思春期・青年期に入った子どもは，慢性的に満たされない愛情欲求の充足を求めて，とくに衝動的な性行動に走ることがある。彼らの性的な欲求には幼児が親を求めるような幼稚さ・依存性が色濃くある。

また，性同一性の混乱が表面化するため，同性愛行為を試す子どもたちがいる。反対に，その混乱の苦しみを抑圧しようとして，反動形成にもとづく「男らしさ」「女らしさ」の獲得に必死になる子どもたちもいる。彼らはしばしば，「男らしくなること」「女らしくなること」を強く望み，反対の「女々しいこと」「美しくないこと・かわいくないこと」への極端な嫌悪や蔑視を見せる。それは，自分の男性性・女性性に対する基本的な不安からくるものである。

同様に思春期・青年期は，子どもだった自分自身から離れてゆくことの不安，性的な体を獲得することへの不安が顕在化する時期でもある。そのため，幼児的な行動や好みを見せるようになる子どもがいる。また，神経性食欲不振症（拒食症）は性的な体を獲得することの拒否である，という見方もある。

IV 境界の形成

　思春期・青年期の子どもは，親から分離・独立しようとして，親・学校・社会の規範を疑うようになる。既存の規範や価値観から離れて仲間の価値観に従ったり，仲間の価値観を試してみたり，規範に反抗したりする。彼らがおこなう規則破りは境界に挑戦しようとする試みであり，それはしばしば，親との心理的境界を明確にして自立しようとする欲求によるものである。

　しかし彼らは大人としての権利と自由を求める一方で，大人としての責任を背負う力はない。そのため，彼らの欲求や行動は大人の目から見るとしばしば矛盾しているし，自分勝手なものに見える。

　また，思春期・青年期の子どもたちにおいてとくに明らかに表面化する特徴として，親に対する両価性がある。彼らは親にわかってほしいと同時に，わかられたくない，とも感じている。このことは，親からの転移対象である教師など権威的存在に対する両価性としても現れる。彼らは親や教師から一人の人間としてわかってもらい，彼らと情緒的な交流をもちたい，という強い欲求とともに，そうなることによって自立が脅かされてしまう惧れも感じている。とくに，思春期・青年期に重要性が増すテーマ（葛藤・傷つき・恐れの焦点）として性があるため，苦しみからは逃れたいが，親や教師に知られることにはいっそう強い恐怖を感じることが多い。

V 親からの無条件の愛

　次に，思春期・青年期を迎えるまでの子どもの情緒的発達に重要な影響をもつ，親子関係のあり方について考察する。それは，思春期・青年期の子どもの臨床心理アセスメントと援助に大切なことがらだからである。

　生まれた子どもは，親からの無条件の愛を強烈に求める。身体的な安全と，無条件の愛が高水準で安定して提供された子どもは，自分らしい人間へと育ってゆく重要な基盤を得たことになる。

　ところが，子どもが親の無条件の愛を実感できずに育った場合，その程度に応じて，彼らは深い孤独感を抱えて生きることになる。新聞やテレビなどで話題になる虐待や育児放棄はもちろんそんな親子関係の例である。しかしそこまで明確で極端ではない親子関係においても，子どもは深く傷つくことがしばしばあるし，臨床心理の援助者が出会う子どもたちのなかには，明確で極端ではないあり方で傷ついた子どもたちも多い。子どもを深く傷つけるそんなあり方の一つに，過保護な養育がある。つぎにそのことについて考察する。

Ⅵ　過保護な養育

　愛情飢餓感の強い親ほど，子どもから必要とされたいあまりに過保護になることがある。つまり，子どもが自分でできることを親が代わっておこなったり，「あれをしてはいけません，これをしてはいけません」と子どもを不安にして萎縮させてしまったり，子どもが自分で挑戦したいのにそのチャンスを取り上げてしまったりする。親は，それらの行動を「子どものため」だと思っておこなっている。しかし，子どもの能力や発達段階に応じた適切な挑戦の機会を取り上げてしまう本当の理由が，子どもを親に依存させるためであることも多い。

　そういう親から，子どもはつぎのようなメッセージを受けとる。

　「あなたは能力がないから，私が必要です」

　このメッセージは子どもの成長に重大な悪影響を及ぼす。自信がなく他人に依存せざるを得ない，不安の高い子どもになりかねない。

　親がそのような形で子どもを傷つけてしまうのは，親のもつ愛情飢餓感が一因である。彼らは子どもの関心を集めないと寂しくて仕方がないのだ。またそのような親は，自分のことを価値の低い人間だと感じてもおり，それゆえ，子どもから必要とされることによって自分の価値を感じようとせずにいられないことも多い。

Ⅶ　親への憎悪

　子どもは親の無条件の愛情を激しく求めるがゆえに，それが得られないときには恐怖と寂しさを感じ，何とか親から認められ，受け容れられ，愛されようとする。その同じパターンを，後の対人関係において繰り返し，生きることが窮屈になったり，不安，恐怖，落ち込みなどの原因になったりする。他人の目や評価が非常に気になる人たちがそうである。

　また，子どもが親の無条件の愛情を十分に感じられないとき，恐怖や寂しさ，悲しさとともに怒りも感じ，それが繰り返されるとき，憎しみになる。子どもは，親から安定した無条件の愛情を得られないと，ときに親を殺したいほどの憎悪を抱くものである。

Ⅷ　消極的な子ども

　子どもは親からの無条件の愛を感じることができずに育つとき，つぎのメッセージを受け取る。

「お父ちゃん，お母ちゃんは，私が期待に応えれば認めてくれるけど，そうでなければ私を拒絶する。私は，お父ちゃん，お母ちゃんの言うとおりにできない限り，愛される価値のないダメな子どもだ」

そう感じて育った子どもほど，完璧症になる。なぜなら，親から期待される結果を出せなければ，心の奥深くに感じている「私は根本的に，愛される価値のないダメな人間だ」という信念が証明されることになるからだ。

覇気がない，学校に行けない，自信がない，自分が何をしたいのかがわからない。そのような子どもの多くが，親の過保護な養育によって，自分の道を自分で開き，自分のしたいことに挑戦し，自分の人生を自分らしく生きる，という自己実現のチャンスを奪われてきた苦しみを抱えている。

IX　家族力動的理解

思春期・青年期の子どもの問題行動の理解と解決には，家族力動的な理解がしばしば有益である。本稿ではここまで，子どもの内的な問題について考察してきたが，そのような個人心理的な理解だけではなく，家族力動論における円環的な理解も問題解決に有益であることが多い。

円環的理解の枠組みから見ると，「子どもの問題」として援助者のもとに子どもが連れてこられたとき，その子の「問題」は，家族における問題を隠し続けたまま家族を維持してゆく目的で，生み出され利用されているととらえられる。

たとえば，夫婦仲が悪くて離婚や別居によって家庭が崩壊する危機にあるとき，子どもが不登校，非行，うつ病，摂食障害などの問題を起こすことによって家庭を守る機能を果たすことがある。子どもの問題のおかげで，夫婦は「子どもを心配する親」として団結することができるのだ。また，親は子どもの問題にかかずらわうことによって，自分自身の深い問題からは目をそらすことができる。

また，神経性食欲不振症の子どもは，家庭内の葛藤に満ちた人間関係において，自分が緩衝材になることによって問題を表面化させないように努めてきた子どもであることが多いのではないかと私は考えている。たとえば，不仲な両親のあいだに入って夫婦の葛藤を回避させる役割がその一例である。彼ら（彼女ら）は，「問題のない良い家族」像を維持する目的で自分の自然な欲求も感情も抑え込み，自分を消して生きてきたのかもしれない。

さらに，家族力動的に多くみられるパターンとして，親に未解決の愛情飢餓感が強い場合，子どもが親の心理的な（ときに身体的な）面倒をみる，という重荷を背負って育つことがある。そこでは，親子が逆転しているのだ。そんな子どもは，親が心理的に弱っていないか，機嫌良くいるかどうかをいつも気にしており，必要だと感じれば自分のことは後回しにして親を支えようとする。そんな彼らは，親から

安心して愛情を受けることができなかったことの深い寂しさを抱えて育つ。またしばしば，年齢に比して妙に大人びており，「自分には，楽しいはずの子ども時代がなかった」と感じている。彼らは完璧症で責任感が強く，自己評価がとても低い。このため，うつの予備軍にもなりうる。

X 親への心理的援助

　子どもが心理的・情緒的問題をもっている場合，子どもを援助するよりも親に心理的援助を提供するほうが，解決がより早くスムーズであることは頻繁にある。親はときに，自分自身に援助が欲しくて，子どもを理由に相談機関を訪れることがある。親の訴えによく耳を傾けることによって，そのことがわかる。そのときには，援助者が親と子に対して理解的で受容的な態度を保持し，親への援助を申し出れば，親は援助を求めるだろう。

　しかしより多いのは，親自身が心理的援助を受けることには拒否的で，あくまで「子どもが問題だ」と言い張る場合である。そんな親には，自分の内面を暴露しないで抑えておく必要性があり，そこには何らかの強烈な痛みと苦悩がある。彼らのそのあり方に共感的・受容的に思いをはせることなく，「あなたにはカウンセリングが必要です」というような伝え方をすれば，親は二度と来ないだろう。

　その場合には，親に対して理解的で受容的な態度を保持して対応することが大切である。

　そうして，援助者に対する親の信頼感が高まるのを待って，「お子さんの援助のために，ぜひお母さん（お父さん）の助けが必要です」という伝え方をして，親に援助を提供するのがもっとも良い方法であろう。

XI アセスメントにおいて大切なこと

1. 援助者の理解的で受容的な態度が重要

　ここまで，思春期・青年期の子どもへの臨床心理的アセスメントの前提となる理論的背景について述べてきた。ここからはアセスメントの実践において重要な事柄を3つ挙げる。

　効果的な援助をするためには，援助者が理解的・受容的であり，侵襲的ではないことが重要である。思春期・青年期の子ども（およびその親）が，「この人は親や教師と違って話を聴いてくれる」「ぼくのことを大切にしてくれる」と感じられることが大切なのだ。

　援助者はときに，「問題行動を起こした」として連れてこられた子どもに対して，

たとえ優しい話し方ではあったとしても，注意をしたり諭したりすることがある。しかしそれはしばしば子どもの心を閉ざしてしまい，援助のさまたげになる可能性があることに留意すべきである。たとえその注意や諭しが，客観的には「正しい」場合であっても。同じことは親に対する対応についても言える。

2. 発達上の問題が顕在化しやすい時期

　思春期・青年期は，統合失調症，双極性障害を代表とする精神病が顕在化することの多い時期である。また，発達障害が一因となって，いじめや不登校，ひきこもりなど，学校・社会生活上の問題が表面化しやすい時期でもある。

　精神病の疑いがあるときには，WISC・WAIS による認知機能の査定，および投映法を使った心理力動機能の査定が有益なことがある。

　また，発達障害・学習障害による認知面・対人面での発達の偏りを明らかにするためにも，WISC・WAIS などが有益である。また，それらのテストによって，本人の障害や弱さだけではなく，本人も周囲の大人も気づいていない長所を見つけられることもある。

　発達障害・学習障害をもつ子どもは，認知的偏りのため，親，教師，クラスメートから不当に批判されたり叱られたりした経験があるものである。そのことによって自己評価が極度に低下していたり，他者は攻撃的だという信念を発達させていることがある。そしてその苦しみに対処しようとして，対人関係で臆病になったり，または，他人に対して攻撃的になったりする。そのために良好な対人関係が困難になる。そんな対人認知や対人行動のパターンの存在を知るために，P-F スタディなどのテストが役立つことがある。

3. アセスメントが援助的であること

　心理検査や面接によるアセスメントは，それ自体が心理援助の役割を果たすことが大切である。アセスメントは，援助者が来談者を一方的に理解しようとするためのものではない。そうではなく，援助者と来談者（および来談者の親や教師など）がともに来談者理解を深め，これからどうすればいいかを一緒に考えてゆくためのものである。ゆえに，アセスメントの結果を伝えるときも，「専門家の所見」として一方的に伝えるのではなく，あくまでアセスメントは見方の一つにすぎないことを心に留め，来談者および親が，彼らの考えや気持ちがなるべく自由に話せるように留意することが大切である。

謝　辞

本論文の執筆に当たって，鵜飼奈津子氏（大阪経済大学），井戸りか氏（西宮心のケアセンター）の有益な助言をいただいた。ここに記して感謝する。

ケース
不登校事例をどう見立てるのか

岩宮 恵子 KEIKO IWAMIYA
島根大学

I　はじめに――今の学校の空気

　子どもは今の社会の空気を吸って成長しているので、その時その時の最先端の「何か」の影響を否応なく受けている。子どもが発達していくプロセス自体に昔と今とで大きな違いはなくても、その育つ環境全体の雰囲気が変われば、その影響は決して無視できない。そんな子どもたちに対応するためには、どのようなことを考えていく必要があるのだろう。

　学校現場に関わっていると、子どものストレスの様相が以前とは違ってきているのを感じる。いわゆる不良ではない子の問題行動が増加し、そしてその指導は時に考えられないほどの困難を極めるようになった。その一方で、突出した問題行動として出てこない、一見ふつうに適応している子どもたちの学校での人間関係維持のためのストレスが、明らかに高まってきているのを感じる。そんななかで起きてくる不登校に対して、私たちはどのような視点を加えることを迫られているのだろうか。

　不登校の背景にあるものが、個人としての成長のために必要なものなのか、それとも神経症的なものなのか、もっと重篤な精神障害があるのか、それともベースに発達障害があるのか、怠学なのか、知的な問題があるのか、友人関係のトラブルがあるのか、家庭要因が大きいのか、そのいくつかが重なっているのかといったことを査定するのは、とても重要なことである。本稿ではそのなかでもとくに、現代の学校のなかでの人間関係の問題を中心に考えてみたい。

II　「いい子」の不登校

　最近は、学校に行けないことに対して、何の葛藤も抱かない「悩みのない」不登校の子が増えてきている。その一方で、勉強にも部活にも意欲的に取り組み、友人関係にも問題がないように見える「いい子」が、突然不登校になることも、今までと変わらず起こっている。そういう「いい子」に対して生育歴や家族歴、そして不登校になるまでの経過を総合して考えた挙げ句、「優等生の息切れ」とか、「内的な成長のための内向」とか「家族全体の変容の原動力としての不登校」などという複数の見立てをもって面接に向かうことは今も昔も変わらない。

　ところが、「これくらい内的な仕事が終わり、本人も登校へ向かう気持ちが整っていたら登校し始めることが可能なのに」と思えるような事例であっても、最後の段階でつまずいて、再登校が失敗に終わる事例が増えている。もちろん、登校が可能になることだけが治療目標ではないが、どうにも腑に落ちない経過をとることがあるのだ。そのような事例の背景

から見えてきたものを紹介しよう。

III 再登校に揺れる事例

Aさん（中学2年女子）が学校に行けなくなったのは、ゴールデンウィーク明けのことだった。両親と兄の4人家族で、家族のなかに表面化しているような大きな問題は存在していなかった。休みの日に家に遊びに来る隣のクラスの友人（Bさん）がおり、吹奏楽部の練習や勉強にも熱心に取り組んでいた。ところがインフルエンザに罹患し、その回復後も体調不良を訴え続け、登校しても「すごく疲れる。だるい」と早退するようになり、やがてまったく登校しなくなってしまった。両親は身体疾患を疑って精密検査を受けさせたが、何も異常はなかった。その後、母親に連れられて、相談専門機関に来談してきたのである。

Aさんは進学校への進学を考えていたため、内申のことも気にしていたが、かといって勉強に取り組む気配はまったくなかった。それでいて「退屈だよ。暇だよ。何してたらいい？」と何度も口にする。ところがあれこれ提案してみてもすべて拒否するばかりなので両親はかなり疲れていた。

不登校の子で「退屈」を訴える子はけっこう多い。自分のなかの方向性をどこにも絞れず、エネルギーを焦点化してアウトプットするポイントがまったく見つからずに拡散していく不快感を、「退屈」という言葉でしか表現できないのである。

さてAさんは、両親が「2年生の間はゆっくり休めばいいよ」となだめても、「このまま行けなくなるのが不安」と泣くこともあった。夜には、明日こそ学校に行きたいと思って張り切って準備をしても、朝になるとどうしてもパジャマを着替えることができない。Aさんは先にあげたような、いわゆる「いい子」であり、最近めずらしいくらいの、葛藤をベースとする神経症的な、不登校の中核群といえるような子だったのである。

夏休みでちょっと息が抜けるようになったのを契機に、彼女は箱庭に取り組むようになった。彼女のなかのエネルギーが、やっと箱庭に焦点化してアウトプットできるようになったのだ。

箱庭では、森の奥に静かで厳かな聖地を作り、動物たちがその周囲を守るというような、思春期のインキュベーションを思わせるテーマが繰り返し表現された。このように「籠もること」の大切さが箱庭でしっかりと表現されているのを見ると、彼女のなかで今は現実的なもろもろから距離を置いて、不登校にならねばならない内的な必然性があるのだと捉えることができた。そして、本人は2学期からの登校を口にはしていたが、筆者は「籠もる」テーマが進行中のなかでは、とてもまだ無理であろうと考えていた。

箱庭からの印象通り、やはり2学期からの登校は困難で、そのまま家に居る日々が続いていった。しかし退屈を訴えることは減り、パソコンで動画を見て大声で笑うことも増えてきた。

その後も箱庭の制作は続いており、10月には、女の子が動物たちと大海原に船出をするという場面を制作した。それが船出のシーンであったことに治療者はこころを打たれ、自立や出立のテーマが彼女のなかで確実に動いているのを感じていた。しかしこれが現実とリンクした動きになるのには、もう少し時間が必要だろうと考えていた。

そして、年が明けて2月には、その女の子が、街で大勢の人たちと一緒にパレードに出ているという場面を作ったのである。このパレードの箱庭を見たとき、不登校という状態によって成さなければならない彼女の内的なプロセスは一段落ついたと判断していいだろうと思った。そうしたところ、「3年生からは完全復活して高校を目指したい」とAさんも落ち着いた様子で言葉にしたのである。受験という現実的な目標に、エネルギーを焦点化しやすい状況が整ったのだと感じた。

そこからは、どうしたら教室に入りやすいかという現実的な話題を担任と相談することに、Aさんは関心をもつようになった。そして3年生になるにあたって、いつも土日に家に遊びに来てくれているB

さんと同じクラスになれたら、クラスに入りやすいという彼女の希望を本人が担任に伝えたところ、そのような配慮がなされたのである。そして、中学3年の始業式からAさんは登校を始めた。ところがまた行ったり行けなかったりの日が続き、結局1ヵ月も経たないうちに、Aさんは「疲れる」とまた登校できなくなってしまったのである。

Ⅳ　イツメンとぼっち

さて、なぜ内的な仕事が一段落したと思われるAさんが、また登校できなくなったのだろうか。まだ取り組まねばならないテーマが、彼女のなかにも家族のなかにもあるのだろうか。まだ現実に着地していく準備が充分ではなかったのだろうか。考えられることはすべて考えたが、どうもそれだけではこの状況を理解する視点は足りないようなのだ。

担任によると、Aさんはクラスでははさんとは違うグループに居て、学校ではテンションも高く、元気そうにしていたらしい。しかし母親からの情報だと、4月当初、学校から帰ってくると「疲れた」と言って制服も着替えずに眠りこけるほど消耗しており、毎朝、家を出るまではいつも「行きたくない」と不機嫌をまき散らしていたのである。

Aさんに、何が疲れるのかと聞いたところ、最初は「よくわかんない」と繰り返していた。しかし、時間をかけて聞くうちに、少しずつ彼女のなかでその苦しさが言葉になってきた。「Bさんにはクラスに私以外のイツメン（いつものメンバー）がいた。同じクラスにしてもらわなきゃよかった」「教室でぼっち（ひとりぼっち）になってしまうから、部活が一緒の人たちとイツメンになった。部活が同じ人たちは目立つ人たちだから、テンションあげてないととても一緒にいられない」とAさんは言う。Bさんとは相変わらず土日は遊ぶ仲であるが、休みの日に遊ぶ友だちと、学校でのイツメンとは必ずしも一致しないのである。

Aさんに限らず、学校に来るとテンションが高くて、何も悩みがないように楽しく過ごしているのに、欠席が非常に多い子がいる。そのような子と話していても、「教室に入るときには、ぼっちにならないようにイツメンに合わせて思い切り無理してテンションあげるから、あんなの毎日は無理」という話題が出てくる。Aさんが不登校になったきっかけも、2年生のクラスで部活が一緒のイツメンのなかで、テンションをあげ続けるのに疲れ果てていたというのもあったようだ。

「イツメン」と「ぼっち」については他に詳しく述べたが（岩宮, 2012）、ここでも簡単に紹介しながら、今の学校の「空気」について考えていこう。

社会学者の土井隆義（土井, 2009）によると、最近は「人間関係の規制緩和」が進んでいるらしい。これはどういうことかというと、つきあいたい人とだけつきあえばいいという感覚が広まってきているということである。

たとえば休憩時間などに他のクラスに入ることを禁じていない学校が増えてきている。Aさんの学校でも、休憩時間には自由に他のクラスに出入りができていた。つまり、休憩時間でも原則として自分の教室に居なければならないという「規制」がないのである。だから、みんな休憩時間は会いたい人と会っているということになるので、ひとりでいるということは、誰からも会いたいと思ってもらえず、自分からも会いにいく相手がいない残念な人（ぼっち）として見られてしまうことになる。このような状況は見えない負荷となって生徒たちにのしかかる。

Ⅴ　定点の消滅と「キャラ」

以前は、休憩時間に他のクラスに勝手に入っていくことはどの学校でも禁止されており、廊下という中間領域で話すことが多かった。他のクラスに入るというのは、禁じられているという規制とも相まって、何だか人の家に勝手に入るような違和感や緊張感があったように思う。だからこそ、自分のクラスの自分の席に帰ると、ここは自分の場所だという感

ケース　不登校事例をどう見立てるのか | 岩宮 恵子

覚もあったのである。そのため誰かと常に一緒にいなくても，自分の席という場所は，学校での自分の「定点」として機能していたのである。

ところが，別のクラスに入ってはならないという規制もなく，荷物はロッカーに入れて机のなかはカラにするようになって，移動教室が増えてくると，自分のクラス，自分の席という感覚はぐっと希薄になる。そのため，他のクラスに入っても違和感や緊張感を感じることはなくなってきている一方で，自分の机という定点になる場所が存在しにくくなっている。そしてそのことが，そのまま自分自身の定点の定まりにくさにつながって，学校に行きにくくなっている子も増えてきているように思う。

自分の定点が「自分の教室」の「自分の机」に見出しにくくなっている状況だと，イツメンという他者との人間関係のなかに定点を求めるようになる。そして当然のことながら，思春期の不安定な心理状態のなかで，常に変動する可能性のある「関係」のなかに「定点」を見出そうとすること自体，大きなストレスである。だからただ学校に行くだけで，すごく，疲れるのである。

しかし，日常的に無意識にしていることだから，そのこと自体を客観視することは子ども自身にはなかなか難しい。そのため，どうして自分がこんなに疲れるのか，何を悩みとして語ればいいのかがはっきりしていないことも多い。そのためAさんもそのことについて話すのに，抵抗があったというよりも，どう話していいのかわかるまでに時間がかかったようだった。

イツメンが仲の良い友だちとイコールで，ナチュラルな自分のままでそのなかに居られたとしたら，そのときには最高に居心地が良く，楽しい学校生活を送ることができる。しかし，イツメンという，お互いを自由に選んで一緒にいるように見える関係でも，仕方なくそのメンバーのなかに入っている子も多い。イツメンは，ぼっちにならないための大事な結界なので，嫌なことがあってもお互いに言わず，差し障りのない話題を選んだり，空気を読み尽くした優しさによる社交が必要になるのである。その一方でイツメンのなかで，「やられキャラ」という立ち位置を割り振られたら，どんなにイツメンたちから嫌なことを言われたりされたりしても，へらへらと笑っていることが求められる。つまり，「KY」という言葉が流行ったように，空気が読めないというのは，イツメンというミニマムな共同体を維持していく努力をしない人ということで，歓迎されないのである。そのため「やられキャラ」の子が，もうそんなことを言われるのは嫌だと言い返そうものなら，「空気，読めよ」と批難されたりするのである。その挙げ句，もうイツメンと居るのは限界だと感じて不登校になる子もいる。

発達障害によるコミュニケーションの問題がこれほどクローズアップされてきている背景には，このような微細な配慮を必要とする人間関係が子どもたちの間に出来ていることと無関係ではないだろう。

Ⅵ　ひとりでいることの難しさ

最近の学級は，各イツメングループの寄せ集めという様相を呈してきている。クラス編成もイツメンをバラバラにしないよう，本人や保護者が希望することも多いし，学校側が前もってそのように配慮することも増えてきている。イツメンと離されると，それが不登校のきっかけになることも多いので，学校側もそうせざるを得なくなっているのである。授業中にふざけたり騒いだりしている子たちを別々のクラスに離したところ，教室を抜け出してイツメンのいる教室で授業を受けると言い張り，授業が成り立たなくなるという問題行動に発展することもある。教室で授業中にチャチャを入れ合う相手もいない「ぼっち」になることは，耐えられない屈辱なのである。そのため，ぼっちになるくらいならば，行動化に走るか，もう学校に来ないかという二極に走ってしまうのである。

Aさんの場合も，Bさんとイツメンになりたいと思って同じクラスを希望したのであるが，Bさんには，Aさんとは違う人間関係の広がりもあり，その

109

人たちとイツメンになっていたことが，同じクラスになってから発覚したのである。AさんはBさんとは一緒にいたいが，Bさんのイツメンはもうグループとして出来上がっていたので，そのなかに新規参入するのはかなりハードルの高いことだった。それよりも同じ部活の人たちとのほうがイツメンになりやすかったので，そちらを選択せざるを得なかったのである。しかしそれはAさんにとってかなり無理なテンションを必要とすることだったのである。

このような状況が重なって，Aさんは非常に疲れ，学校でのテンションを保てなくなってまた休むようになっていたのである。これはAさん本人の内的な問題がうんぬんというよりも，「場」との相性と巡り合わせの問題と考えたほうが，よほど今後のAさんのことを理解するうえでは適切なように考えられた。

イツメンと一緒が疲れるなら，ひとりで自分の席で本を読むなり何なりしていたらいいじゃないかと大人は思うのだが，それがふつうにできるのは，自分の席が学校での定点になりえている場合か，よほど「自分は自分である」という意識がはっきりしているか，まったく周囲のことを気にしないでいられる（ある意味，これはこれで他の問題を抱えることになるが）子である。

いくら他に仲の良い仲間がいたとしても，毎日の学校生活が「ぼっち」であるということは，かなりのエネルギーを消耗することである。一匹オオカミは，押しつけられた規制がキツイところからあえてはみ出すからカッコイイのであって，自分たちで自由に群れを作れる状況なのに一匹オオカミでいるのは，実は誰にも相手にされずどこの群れでもお呼びじゃない人という烙印を押されるプレッシャーとの闘いでもある。だから，今の学校で自分の意志でそれを選択した一匹オオカミは，絶滅危惧種なのである。

大人は自分たちの育ったときの規制の枠組みの感覚のままに「一匹オオカミでもいいじゃないか」「ひとりでいるのはカッコイイことだ」と口にすることがある。その一方で，学校の行き帰りもひとり，休憩時間もひとりでいる子をみると，その子の状態を必要以上に心配したりもする。つまり，いつでも誰か一緒にいてくれる人がいるということを，その子の社会性の指標とする視点を大人のほうも持っているのである。

自分自身は中・高校時代，クラスの友だちも好きだったけど，ひとりで行動するのも好きだったという感覚をもっている親でも，我が子がひとりで学校から帰ってくる姿を見ると，何だか不安になって「どうしたの？ いつもひとりなの？」と聞いてしまうこともある。仲の良い子はいるけれど，たまにはひとりでぼーっとしたくて，少し輪から離れているとすぐに「グループに入りなさい！」と先生から注意されることもある。実は，大人たちにとっても，子どもが「ぼっち」になっている状態をプラスに見ることはなかなかできなくなっているのである。

周囲から「ぼっちだと思われる」ことはクラスでの自分の座標軸を失うようなものである。テンション高く気持ち悪いくらいにほめあって社交に忙しいのに，「親友がいない」と嘆いている子も多い。いっそのこと不登校にでもならなければ，安心してひとりになることもできないし，自分にとって何が必要なのかがわからなくなっているAさんのような子も，不登校の生徒のなかにはいるのである。

VII 枠組みの違いからの見立ての必要性

以前は，「人間関係の規制」がきつすぎるために，不登校になった子も多かったように思う。一日中，同じ教室，同じクラスメイトと同じ授業を受け続けていなければならないという「規制」のなかで，「自分」がつぶされてしまいそうな苦しさから不登校になっているのではないかという見立てが可能な子がよくいた。そのような子は，したいことや，好きなことをしっかり持っており，それを面接のなかで自由に語ったり，表現することで，自分なりに道を見出していくことが可能だった。

今でもこのような規制のきつい学校は存在する。そんな学校での，ある意味トラッドな背景をもつ不登校の生徒についての読み筋と，規制緩和が進んで

いる学校での不登校生徒に対しての読み筋は，その発生機序が異なっている場合もあるという前提を加えた視点が必要になる。

　今は，教室がどうしてもダメならば，相談室登校へと場所を変えることができるし，適応指導教室など別の学習の場所を探していくこともできる。そしてたとえ中学校でほとんど勉強に取り組むことができなくても，選びさえしなければ籍を置くことのできる高校はいくらでも存在する。つまり，不登校をこころの問題として扱うよりも，子どもの個性にあわせて「居場所と進路を多岐にわたって考える」という現実的な支援として対応されることも増えてきている。

　それは，このAさんのような神経症ベースの子にとっては，非常にありがたいことである。Aさんもその後，適応指導教室に勉強の場を移し，休みの日はBさんと遊びながら，希望とは違う高校だが進学して，その後は順調に生活している。しかしAさんと同じような事例でも，「場所を変えたところで結局はぼっちにならないためにエネルギーを費やすことになる」と考えて，他の居場所の選択にも消極的になってしまう子もいる。

　また一方で，ただ不登校の問題を進路指導の問題に置き換えただけなのに，それでものごとが解決してしまったようになることも増えている。不登校になってもその先，そう困らないと考える親や子は，学校に行けないことに対してまったく悩まない。Aさんのような神経症的なベースがある子の場合ならば進路の選択肢が広がることがプラスに働く可能性が高いが，葛藤がないまま安易に捉えられて，中学校にほとんど登校せずに卒業して通信制の高校に籍を置いたのはいいけれど，そのまま通うこともなかったという事例も増えてきている。

　神経症ベースの子を対象にして考えられたさまざまな対応と規制緩和が，今，逆にまたそういう子たちの学校復帰の壁になることも生じてきている。そして，まったく葛藤をもたない生徒や保護者にとっては，より逃避しやすい環境も整ってきている。さまざまな規制が緩和されていることで起こる功罪についてしっかり意識してそれぞれの事例を見立てていくことも，現在の不登校の臨床には求められているのではないだろうか。

文　献

土井隆義（2009）キャラ化する／される子どもたち ── 排除型社会における新たな人間像．岩波ブックレット759．岩波書店．
岩宮恵子（2012）「ぼっち」恐怖症と「イツメン」希求．特集 現代思春期・青年期論2012．精神療法38-2；233-235．

ケース
自傷行為が疑われる事例

門本 泉 IZUMI KADOMOTO
川越少年刑務所分類審議室

I　はじめに

　以下に紹介する創作事例は、自傷をする少年たち（男女両方を含む）の心理アセスメントが、矯正施設の場でいかに進むかを例示したものである。

　そもそも、矯正施設というのは、自傷の治療を本来の目的とした場所ではない。例えば、本事例でアセスメントの場となる少年鑑別所とは、主として、家庭裁判所からの決定を受けて、非行少年たちを一定期間収容し、彼らの心身について精査し、今後の処遇決定のための資料を得る機能を担っている。つまり、ここでのアセスメントは、硬く言えば、少年たちの非行性の除去、矯正のためにある。

　しかし、入所する少年たちに、自傷等の自己破壊的行動がみられることは稀ではない。そして、彼らの自傷は、非行と密接に関係していることが多い。

II　事例──A子・15歳

1. 入所（出会い）

　夏休みの少し前、A子は少年鑑別所に入所してきた。街で夜遊びをしていた際、置引きをして捕まったという。その際、いわゆる脱法ドラッグを所持し

ていたこと、さらに本人が、家族の連絡先や学校名を頑なに言わなかったため、身元を引き受ける者が見つからなかったことからの決定であった（なお、家族との連絡はその後すぐについた）。

　入所時のA子は最小限しか話さないものの、入所に関する事務を進める間、職員の質問や指示に対する理解に問題はなかった。おどおどしてはいるが、振る舞いにぎこちなさはなく、荷物の片付けなども効率よく行い、不器用ではなかった。

　ところが、A子は、着替えの段になって身体検査をかなり渋った。恥ずかしがっているにしては、顔が引きつっている。しかし、ついに観念して脱ぎ始めると、手首より15センチほど上の左前腕部分に切り傷が数条、さらに、両腿の前側にも切創痕が認められた。「これは？」という職員の問いに、A子は「忘れた」と言ったり、「転んだ」と言ったり定まらず、それきり黙り込んでしまった。

2. 初回面接

　翌朝、担当となった心理技官（心理学の専門職）はA子と面接を行った。小声で、慎重に話すA子だったが、昨日ほど怯えている様子はない。質問に、ぽつりぽつりと答えていく。そうしてわかったことは、A子が、好きなバンドのコンサートに親に内緒

で出かけたこと，その資金を，写真を提供するという「アルバイト」（「両目にモザイクがかかるので絶対にばれない」と友人が誘ってきたという）で得たこと，コンサートの後，路上で他のファンたちといるときにふざけて「そこに置いてあった」バッグを盗ってしまったこと，そして補導されたこと，親に叱られるという怖さから身元について一切警察に話さなかったこと，さらに携行していた薬物は，その日に出会った「友達」からもらったもので，1回試したということであった。

家族は，両親と優秀だが病弱な兄。父親は休日も仕事のことが多く，母親は，手のかからないA子よりも，兄の世話をしていることが多いようであった。母や兄が居間にいるときも，A子は自室で好きなバンドのCDを聴いていることが多いという。A子には，親の手を煩わせるという事態への嫌悪感が強かった。

学校は，5月の連休後から休みがちになり，梅雨に入ったころから行っていないという。取り立てて将来の夢もなく，何か熱中するものがあるわけでもない毎日だったと述べた。

これまでの自殺念慮，企図はいずれも否定する。入所についてはショックを受けているが，いらいらした様子はみられず，重度の抑うつ状態にもない。面接でのやりとりから，病的な兆候はないと判断された。身体面でもこれまで大きな病気はないようである。また，体の傷の件については，腕の傷に関してのみ「だいぶ前のことで忘れたが，転んだときに何かで切ったと思う」とし，腿のほうについては言及しなかった。

3. 保護者面会

翌々日，母親の面会があった。母親は，泣き咽びながらもA子を強く叱る。しかし，そうかと思うと，「大丈夫よ」とあいまいな励ましの言葉をかける。立会職員の目には，親として「もっともなこと」を言っているものの，どこか子どもにすがっているような雰囲気に見えたという。その後，母親は面会に2回訪れたが，父と兄の面会はなかった。

4. 心理検査

入所して5日後，A子は，知能検査を始めとする各種心理検査を受検した。受検態度は良好で，教示もすんなり理解した。検査結果および本人の会話・書字能力からは，知的な問題や学習障害は疑えない。法務省式人格目録では，自我防衛，自信欠如，抑うつにおいて高いスコア，態度検査では目立つ特徴がない。SCT（文章完成法テスト）は文章が短く，語彙も少なく，関心の幅が狭いこと，身の回りの事象に対して自分で考えることを抑制する傾向がうかがえた。また，事実記載が目立ち，情緒の表出が少ないことも特徴で，使われた感情語は，「面白い」「いいことだと思う」「きれい」など肯定的なものが多く，否定的情緒は表現されていない。

心理技官は，さらなる精査のため，投映法を実施しようと考え，本人にロールシャッハ・テストの施行を提案した。A子は，しばらく考えて婉曲に拒否した。

5. 所内の生活や描画課題

所内でのA子は，目立たず従順であった。じっと座っていることもできるし，一通りの敬語も使える。しかし，入浴場面では，親と一緒に風呂に入るという経験が少なかったことがうかがえた。体の洗い方がおざなりなのである。前側半分しか洗わず，背中などはタオルでほんの少しなでる程度で終わってしまう。

また，あるときA子の部屋に，誤ったサイズのシーツ類が入ったことがあった。明らかに違うものを受け取ったとわかった後も，A子は職員に申し出ず，就寝時間になって気づいた職員が慌てて交換するというエピソードもあった。

休日は「課題」として，家族画に取り組んだ。画用紙を4分割し，それぞれの四角のなかに，肖像画のごとく両親と兄の顔をアップで描いている。画調

は明るく，なかなか上手であるが，家族のかかわりは表現されず，上段の両親像ほど下段にいる自分の顔は手が込んでいなかった。

6．2回目以降の面接

　生活に慣れ，職員とも少しずつ親和するようになると，面接でのA子の発話は増えていった。しかし，学校のことは比較的スムーズに話せる一方で，家族のことについては言葉に詰まることが多かった。最近，学校に行かなくなった理由を尋ねられると，着替えるのに時間がかかるという。朝のその時間帯に，階下では両親が言い争っていることが多く，気もそぞろになっている間に登校する気が失せると言いたいようである。

　家での居心地の悪さについて，担当技官と共有できるようになると，次第にA子の関心は，自分自身に移っていった。自分に甘い，面倒くさがり，勉強もしていない，こんなところに来てしまう，といったネガティブな表現ばかりだったが，同時にA子は，夜遊びや怪しいアルバイトが，自分にとって何だったのかについても考えるようになっていった。そして，自分は，本当はおとなしい子ではなく，活発で，感情的なタイプなのだと述べた。

7．自傷の告白

　最終面接で，A子は自らの自傷を認めた。自己評価の低さに加え，嫌なことがあっても我慢するという方略しか試せないことが話題に上ったときのことであった。A子によれば，最初の自傷は半年前で，腕をカッターナイフで切ったのだという。母親から叱責されいらいらしたとき，自室に戻ってふと思い付いたようである。その後しばらくは何もなかったが，年度末に進路のことで，今度は父に一喝された際に，自傷をしようと意図したらしい。新学期，友人との間でリストカットに関する携帯ブログが話題になり，ぎくりとしたことがあるとも述べていた。

　以後，毎日ではないが，何かがあると，「カステラを切るみたいに」，自分の腕を切るようになったが，傷が目立つようになることを恐れると，スカートで隠れる腿を切るようになっていった。好きなバンドのボーカリストが，同じ部位にタトゥーを入れていると知っていたことも，影響していたようである。タトゥーと同じ部位に傷をつけるのにカッターでは「役不足な気がして」，裁縫用のはさみを使ったらしいが，傷が思いのほか汚くなってしまったという。

　A子は，いけないことだとわかっているとしながらも，すっとする気がしたと述べる。他方，行為に及んだ後には罪悪感が生じ，以後しばらくはしないので，自分はそんなに自傷に「はまっている」わけではないと強調する。「いわゆる反復者も，あなたと同じ段階を経てきたのではないかな」という担当技官のコメントには，小さくうなずいているが，「先生は，私がこんな話をしてよく嫌がらないね」とにこにこしている。そして，「こんなこと（自傷）はもう恥ずかしい」とこぼしている。

8．社会調査

　家庭裁判所調査官（以下，調査官）は，少年鑑別所の心理技官と立場は違うものの，少年たちの今後について一緒に考える頼もしい協働相手である。少年審判では，本人の内面の資質に光を当てるアセスメントと，調査官による社会調査を通して本人と環境との関係を浮かび上がらせるアセスメントの両輪が準備されている。

　A子のケースでは，調査官により，彼女の家族が基本的に皆まじめな人柄であること，母親は仕事をもっていたために，幼少のA子とじっくりかかわってこなかったこと，それについて罪悪感がありながらも，「あの子はきっと私の思いをわかってくれているはず」と信じてきたこと，今回の件で夫婦の話し合いが建設的になされたこと，学校の協力体制も整えられつつあることなどが確認された。

表 A子のアセスメント結果（概要）

顕在化している問題
非行：夜遊び，脱法ドラッグへの接近，窃盗，怠学
自損行動：自傷の反復

身体面
著患なし，発育正常（第二次性徴含む）。現在，四肢に自傷痕（縫合なし）。

心理面
精神症状：病的体験なし。発達障害，気分障害を始めとした精神障害兆候なし。服薬不要。
能力：IQ正常域，学力，理解力年齢相応。ただし，自分を語る語彙は乏しい。
情動・感情：抑うつ的（入所時）。収容期間中気分は比較的安定。しかし，ストレス場面では情緒的な緊張が高まりやすく，否定的な感情が押し寄せる。自信欠如。
認知：おおむね自責的。内的帰属。自己イメージが悪く，他者には警戒心を抱きやすい。
行動：自己表現抑制。我慢するというコーピング中心。家庭では良い子。不良交友接近。

家庭環境
両親，兄。欠損，別離なし。経済状況普通，両親共働き。過干渉だが交流は少なく，親の関心は兄へ集中。母親の情緒的支配あり。被虐待歴なし。本人は自室で過ごす時間が長い。

学校適応
5月頃から不登校，成績下降気味，期末試験不受験。友人あり（家に呼ぶ仲ではない）。養護教諭には親和。

非行性
深化しておらず，法的な保護的措置は不要。薬物常用なし，窃盗も単発で，不良交友も本格化していない。

自傷
自傷手段は切創中心，四肢に限定，約半年で10数回（嗜癖化していない）。解離なし。
情動鎮静効果あり。メディアの影響あり。自殺念慮なし。自傷に羞恥心。

治療，教育のターゲットおよび予後
居場所を自室以外に広げること，家族との交流の量を増やすこと，自傷をなくす（少なくする）こと。これにより，生活の逸脱，非行の深化は防止可能。

利用し得る資源
本人：洞察力潜在。被害的認知は目立たない。絵画（美術部所属歴あり），音楽等，自分をある程度表現できる手段（領域）もある。
周囲・環境：家族間に絆あり，夫婦での子育て協力態勢見込みあり。期末試験の事後受験対応。養護教諭の協力。

9. アセスメントのまとめ

表は，A子のアセスメント結果についてまとめたものである。本人の面接における様子や会話の内容，各種行動観察，検査結果，社会調査結果をもとにしている。

10. 家庭裁判所での審判日

審判の結果，A子は家に帰る社会内処遇が選択された。

なお，審判前の待ち時間で，A子は，付き添いの職員に意外なことを聞いてきた。少年鑑別所には，外来の相談センター（正式には一般外来相談という）があるでしょうと言うのである。A子によれば，5月頃，養護教諭から，思春期相談窓口の一覧表が載ったパンフレットをもらったのだという。おぼろげながら記憶していた住所が，少年鑑別所の住所と同じであることに気づいたと自慢げに話し，職員からその概要について説明されると，「ふうん」とうなずいていた。

III 考察

1. 自傷の発見

自傷を隠さない者もいるが、隠す者もいる。自傷痕は、普段衣服で隠れている部位にあることが多く、思春期以降になれば、親と一緒に風呂に入る機会はおろか、家族の前で着替えるといった機会も減る。

A子の場合、少年鑑別所入所という事態を迎え、初めて自傷痕が確認された。当初A子自身は嫌がっていたとはいえ、非行性が深まったり自傷が嗜癖化したりする前に明るみになったのは幸いだったと言える。また、A子が夏服になる頃から登校しなくなっている点は見逃せない。A子の報告する「朝の着替え時の困難」には、親の口論以外にも、本人の葛藤があったと解される。

2. 秘密から共有へ

一度「気づかれた」後には、それはもう秘密でなくなり、対話のなかで共に扱える話題となる。この共有の瞬間は、「一方的に暴かれる」という形にならないことが肝要だろう。自傷のアセスメントのプロセスは、自傷に係る治療関係の構築でもあるから、相手に恥の感覚を与えることには益がない。

A子の場合も、自傷は入所時点から強く疑われたが、心理技官は、体の傷について本人に深く追及しなかった。また、面接者が、仕事柄、グロテスクで時に「血なまぐさい」話に耐性があったことは、自分とかかわる人を煩わせてはいけないと感じていたA子にとって都合よく、「愉快な」体験だったようである。

アセスメント過程で共有できる情報が増えることは、治療的な関係を構築する（少なくとも練習する）こととほとんど同義である。過去の自傷はもちろん、それまでのさまざまなエピソードについて触れることとなるが、「振り返ることのできる関係性を持てるようになること自体、それをいかに振り返るのかと共に、発達的課題」（BCPSG, 2010）だと言える。

また、Walsh（2006）は、自傷者とのかかわりにおいて、自殺類型に準じたカテゴライズを避ける、クライエントの使う行為そのものを表す言葉を活用する、過小視、超主観的な言語表現には穏やかに挑戦する、不注意から二次的強化をするリスクを認識する、穏やかで感情的にならない、敬意ある好奇心をもつ、決めつけず思いやりの心をもつといった点の重要性について言及している。

3. 意味や解釈よりも、まず態様を押さえる

「なぜ、どうして」という質問は、自傷の全体像がわかってからでも遅くない。まずは、自傷の手段と致死性の程度、自傷部位、回数・頻度、およびこれらの変遷の経過、自傷が起きやすい状況（出来事、本人の主観的体験、感情、認知も含む）、解離症状の有無、他の関連症状ないしは問題行動の併存といった情報（松本, 2008a）を押さえる。一通りこれらの情報が集まると、殊更に、「なぜ、どうして」と聞かずとも、専門家にはあらかたの見立てがつくことが多い。

また、自傷の機能で最も一般的なものは情動の制御であるが、背景事情について扱う際には、内的な動機のみでなく、外的（社会的）な影響も看過できない（Nock & Prinstein, 2004）。A子の場合も同様で、メディアの影響を無視しては、彼女の自傷の全体像について理解することは難しい。

4. 自傷の多面性

自傷は、複雑な現象である。環境的次元、生物学的次元、認知的次元、感情的次元、行動的次元といった輻輳的な理解が欠かせない（Walsh, 2006）。また、他の思春期の問題行動と同様に、自傷は、さまざまな身体的・精神的疾患、障害の一症状として現れることもある。したがって、心理学的な解釈に頼りすぎないようにすることが重要である。

A子の自傷は、少年鑑別所で、自傷に限定しない全般的な資質のアセスメントのなかで理解された。

発達障害，統合失調症，気分障害，被虐待経験を背景とする精神障害などについて除外鑑別をしていき，そうした情報の整理と本人の強みや弱み，家庭や学校における人間関係の質，そして彼女にとっての非行との関連において，自傷が扱われた。資質上，生活上のさまざまな要因がA子の自傷に影響しており，また自傷も，A子の生活上のさまざまな領域・人格特性に影響していた，あるいはする可能性があったといえる。

さらに，アセスメントは，多層的・多面的に進むが，時に自傷とは直接関係ないようにみえる情報も，重要な資料となり得る。生活に密着した情報はとりわけ重要で，生活習慣の習得度，家事の能力，一人の時間をどう構造化するか，他者とどのように関係を構築していくかなどから，自傷と関連の深い人格特徴が炙り出されることもある。

5. 自殺の危険性のアセスメント

自傷のアセスメントには，自殺のリスクに関するアセスメントも含まれる。自傷と自殺は同じものではないが，自傷歴は，将来の自殺の有力な危険因子である（松本，2008b）。

A子の場合，入所に際しては抑うつ的な様子であったものの，次第に彼女には多くの肯定的資質が存在することが明らかになった。好きなもの，大切なもの（人）がある（いる）こと，他者との関係を希求できること，支えがあれば内省できることなどである。家族や学校の協力も得られたことから，自殺の危険はある程度楽観視してよいと判断されたものの，仮に自傷が気づかれないまま放置されれば，孤立が深まり，自傷も嗜癖化の道をたどり，やがては深刻な事態を招くことになったかもしれない。

Ⅳ さいごに

自傷が疑われるケースは，思春期臨床ではもはや珍しくなくなった。自傷の理解の枠組みやアプローチ法に関しても，多くの書籍や論文が手に入るようになった。自傷のポピュラー化は必ずしも喜ぶべき現象ではないが，自傷者との出会いから，専門家は確実に多くのものを学べるというのが筆者の実感である。

文　献

BCPSG (The Boston Change Process Study Group) (2010) Change in Psychotherapy : Unifying Paradigm. W.W.Norton. (丸田俊彦 訳 (2011) 解釈を越えて ── サイコセラピーにおける治療的変化プロセス. 岩崎学術出版社.)
松本俊彦 (2008a) 自傷のアセスメント. 臨床心理学 8-4 ; 483-488.
松本俊彦 (2008b) 自傷行為の理解と対応. 現代のエスプリ 488 ; 55-67.
Nock MK & Prinstein MJ (2004) A functional approach to the assessment of self-mutilative behavior. J of Consulting and Clinical Psychology 72-5 ; 885-890.
Walsh BW (2006) Treating Self-injury : A Practical Guide. The Guilford Press. (松本俊彦ほか訳 (2007) 自傷行為治療ガイド. 金剛出版.)

ケース
非行を繰り返す事例

橋本 和明 KAZUAKI HASHIMOTO
花園大学

I　はじめに

　筆者は長く司法における非行臨床にたずさわってきたが，再犯を繰り返す少年にはひときわ思い出が深い。それだけ彼らに手こずったからだろうか。あるいは，当初のこちらの見立て違いがあり，再犯によって自分のアセスメント能力やかかわりの技量の至らなさを痛感したためだろうか。それとも再犯をするとそれだけかかわりの機会が必然的に多くなるという単純な理由だけなのだろうか。

　たしかに，再犯によって，今まで見えてこなかった少年の一面が垣間見られたり，逆にこちら側の盲点を思い知らされたりすることが少なからずある。その意味では，"非行を繰り返す事例"から学ぶべきことが多かったと今さらながらに思うのである。

　本論では，そんな筆者の経験をもとに，非行を繰り返す事例についてどのようなところにアセスメントをしていくことが大切かを述べてみたい。さらに，アセスメントがうまくいかずに再犯をしてしまった事例においては，どのようなところが盲点となっているのかについても取り上げたい。そこから一般の心理臨床とは違う非行臨床ならではの特徴が見えてくるはずである。

II　非行を繰り返す少年のタイプ

　ところで，非行を繰り返す少年といっても実にさまざまである。

　まず最初に，単純に同種非行を繰り返してやまない「単純再犯タイプ」がある。例えば，何度も万引きを繰り返し，見つかると一時的には反省はするものの，また盗んでしまうといった事案がその典型である。性非行も再犯性が高いと一般に言われているが，なかでも下着盗，痴漢（迷惑条例違反）などがこの範疇に入る。これらのタイプの特徴は，他の種類の非行には発展せず，同じ種類の非行，それも重大な事件ではなく比較的軽微な犯行ばかりを反復してしまう。

　次に挙げるのは，非行を繰り返すに従って悪質性を増し，非行性がどんどん進んでいく「エスカレート再犯タイプ」がある。このような少年は同種非行の反復にとどまらず，多方面での非行に手を染めていったり，手口がますます巧妙になっていくなどの特徴がみられる。そのような例として，シンナー吸入から覚せい剤の使用に発展していく薬物非行や，強制わいせつから強姦に手を染めてしまう性非行などがある。

　最後に，重大事件を起こし，さらに再び大きな事件を起こしたりする「重大再犯タイプ」がある。こ

のような少年は，先の事件で少年院で矯正教育を受けて仮退院してからも大きな事件や軽微な事件を何度も反復したり，成人になってからも更生ができずに刑務所と社会を行き来する場合もみられる。

　上記のように，非行を繰り返す少年にはこのように大きく3つのタイプがあるように思える。なかでも，「重大再犯タイプ」は非行性も高く，社会に甚大な被害を与えるという危険も大きいので，どうしても注目させられてしまう。また，「エスカレート再犯タイプ」も，当初はさほど問題性が高くないと感じたとしても，根深いものが隠されていることも少なくない。非行臨床家がそれに気づかずに見過ごしてしまうと，少年はどんどん問題行動を増幅させていくため，早期の対応が何よりも必要である。「単純再犯タイプ」は，一つひとつの事案をみるとそうでもないが，その連続性という視点から非行全体を捉えていくと，決して少年の抱えている問題は軽視できないことがわかる。いずれにせよ，一過性ではなく非行を繰り返す事例にはやはりそれなりの背景やメカニズムが存在するわけである。

Ⅲ　非行性とは何か

　われわれ非行臨床家の間では，非行を繰り返す少年について，「非行性が高い」などというタームで説明することがよくある。この非行性というのは，非行を反復する傾向を表す"累非行性"と重なる部分は大きいが，まったく同一ではない。

　この非行性についてはわが国ではかなり古くから研究が行われている。そのなかでも，水島恵一と安倍淳吉の理論が代表的であり，そこから非行臨床の潮流が現在まで続いていると考えてもよい。その2つの考えを少しここで紹介しておきたい。

　まず水島（1962）は，臨床心理学的立場から非行性を「非行の準備性」として捉え，その準備性が基礎となって非行的傾向が形成され，その上に偶然的な状況が作用して非行が発現すると考えた。つまり，「非行形成の心理機制は，急性機制を除けば，この慢性の継続状態を支えている心理機制として捉えられる」が，それには「適応能力の阻害に関する情動的不適応の機制」と，「適応内容の阻害に関する文化的感応の機制」の2つの機制が認められるとし，非行性をパーソナリティの関係として捉えることが重要だとしたのである。

　それに対して，安倍（1960）は，社会心理学的立場から，非行性とパーソナリティは一部重なるけれども，非行性をパーソナリティの外にある社会や文化と対比させて考える必要があるとした。そして，「その人格全体の中に，非行を定位するとともに，彼（引用者注：非行少年のこと）の生活空間が接触する範囲の社会構造の中に，彼の非行を定位する」ことによって非行性は初めて捉えられるとした。

　その後，この非行性をめぐって，遺伝や脳障害などの生物学的次元，知能や気質などの医学心理学的次元，生育環境や親子関係などの心理社会的次元，価値観，地域や学校などの文化社会的次元など，さまざまな角度から検討されてきた。やや誇張した言い方をすれば，これまでの非行心理学もしくは非行臨床はこの非行性をめぐって展開されてきたと言ってもいい。現在も統一した非行性の定義はないが，アセスメントと切っても切れない関係にあることはここからもわかるであろう。

Ⅳ　非行性へのアセスメント

　そこで，その非行性のアセスメントについて考えていきたい。具体的にどのようにアセスメントをして非行性を判断し，それを処遇につなげていくかを以下にまとめた。

1．非行そのものへの着眼

　まず何よりも非行臨床家の目の前に顕在する非行（非行にまでは至っていない場合においても，将来罪を犯すおそれのある虞犯も含める）そのものから非行性を見ていくことになる。その非行という行為の重大性

や悪質性，反復性，犯行動機や犯行後の反省の様子，被害の程度など，多岐にわたって情報を収集し，それらを詳細に分析して非行性を明らかにしていく。なかでも補導歴や前歴などがある場合は，本件とそれとの関連性も判断材料におおいに参考となる。ただ，近年の非行には，補導歴や前歴がないのに突如として重大事件を起こしたり，動機が不明確で釈然としない犯行もあって，機械的に因果律を当てはめるだけでは非行性を図ることが困難になってきている。

2. パーソナリティ形成過程との関連

次に，少年のパーソナリティから非行性を考えてみたい。攻撃性が強く，対人関係における不信感からトラブルが相次ぎ，暴力行為に及んだ，あるいはストレスや不満をうまく発散できずに内に閉じ込め，そんな自分にたえきれなくなって薬物に依存するといった例が典型として考えられる。ここではパーソナリティに対して知的な側面，情緒的な側面，対人関係的な側面からアプローチし，その3つの側面を力動的に理解していくとわかりやすい。例えば，情緒面では葛藤や不満が非常に強くあったとしても，知的面では能力が高いことからそれらをうまく処理して，対人関係面では人当たりがよい。要するに，情緒面の問題を知的面でカバーし不適応行動とはならずにすんでいるなどである。そのように考えると，自我防衛のあり方なども理解しやすく，非行性を考えるうえでも有効である。

パーソナリティを見ていく際，その形成にはどのようなことが作用してきたのかも当然考えていくことになる。それには大きく分けて環境的要因と生物学的要因が考えられる。

環境的要因の代表的なものとしては，家庭環境が挙げられる。例えば，保護者のしつけのあり方や関心の向け方といった養育状況，家族員のパーソナリティや親子間やきょうだい間の人間関係などが少年の人格形成にどのような影響を与えてきたのかを理解していくことになる。そのなかでも特に虐待との関係は見逃せない。少年がこれまで身体的もしくは性的，心理的な虐待などの不適切な養育状況に置かれたことがないか，あるいは無関心や放任など関係性の極度の希薄さといったネグレクト状態にあったかどうかということに，非行性と密接な関係が存在する。家庭環境以外の環境的要因としては，地域の雰囲気や人間関係，学校での就学状況，職場での就労状況なども重要な要因である。

生物学的要因としては，発達的な視点からのアプローチがパーソナリティを考えるうえでは欠かせない。生まれたときから脳の器質的な損傷などがあり，そのために発達的な偏りや遅れがみられる場合もある。てんかんがあることから，衝動的，爆発的な言動になってしまうこともあるかもしれない。現在世界的に注目を集めている発達障害もそのひとつで，それが非行と直接的には関係がないにしろ，障害特性があることで周囲とうまくいかずにストレスを溜めて非行に結びついてしまうことはある。いずれにせよ，生物学的要因と非行性との関連を頭に置き，関連があるとしたらどのようなメカニズムがそこに生じているのかを明らかにしていかなければならない。

上記のような環境的要因と生物学的要因とがパーソナリティ形成には重要となるが，両者は明確に区別されるわけではなく，複雑に絡み合っているのが実情である。例えば，発達障害と被虐待歴とがみられる場合，発達の遅れがあるために保護者の養育の困難さを招き，それが虐待に発展したと考えるのか，保護者の不適切な養育状況が子どもの心に傷を与え，発達の停滞となったのか，そして，そのような複雑な環境での歩みのなかで，少年がどのようなパーソナリティを形成し，非行とどう結びついていったのかを考えていくことになる。それを明らかにするためには，少年が出生から現在までどのような生い立ちをたどってきたのかを緻密に聴取する必要がある。その時々での発達のあり方がどうであったのか，そして，その当時の家庭環境はどうであったのかなどと，歩んできた道のりや流れを一つひとつ確認し理解していくわけである。そのどこかに発達の停滞がみられたり，本来この時期にはこんな流

れがあって当然なのに，それが見受けられなかったり，逆に流れがあまりにも急すぎる場合もある。その際はそこに立ち止まって流れのあり方を分析しなければならない。

また，非行そのものの捉え方は時代によって大きく違ってきていることも見逃せない。一昔前であれば，いたずら行為として許されていたことが今はそれではすまされずに事件化していることもある。同時に，家庭や学校などの環境も以前と大きく変わっており，当然，家族観，価値観が違ってきているし，体格などの身体的な面でも発達のスピードは加速している。そのため，以前に非行性の尺度として有効だったものが現在では使われなくなっていることも多い。例えば，両親がそろっているかどうかといった要因や，貧困かどうかの経済的な要因は，以前なら非行性とおおいに関係していた。しかし，近年離婚率の増加，景気の変動など諸事情も変わって，最近はそこに重きを置く見解は少ない。つまり，非行性を考えるに当たっては，社会変動に合致した新たな尺度が日々求められていることも忘れてはならない。

3. 促進要因と抑制要因

非行性へのアセスメントというと，非行を発生させる原因，非行を反復させてしまう事情といったネガティブなところに目が向いてしまいやすい。これらを非行の促進要因と呼ぶが，たしかにこれが大きければ大きいほど非行をしてしまう可能性は高くなる。しかし，いくら劣悪な家庭環境に置かれ，パーソナリティ面での心配が大きい少年であっても，非行には至らずに適応している場合もある。つまり，そこには非行性を引き下げる抑制要因が存在しており，アセスメントではそこにも必ず着目しなければならない。

抑制要因にはどのようなものがあるかというと，少年に親身になってくれる教師や友達がおり，彼（彼女）をサポートする体制が整っている，何かに熱中して前向きになれることがある，成績や活動の面で周囲から評価をされ，少年自身も望ましい自己イメージが保てているなどが，数あるなかの一例として考えられる。なかには，「周囲には誰も信用できる人はいなかったが，飼っているウサギがいたので悪いことはできないと思った」というケースもあった。たとえ一般的でなくても，その少年なりのポジティブになれるところがあり，それがどのように非行の抑制要因となっているのかを判断していくことになる。要するに，非行の促進要因と抑制要因の両方をしっかり見つめていくことがアセスメントには欠かせない。

V　アセスメントがうまくいかないときの問題点

これまでアセスメントをするための視点を中心に述べてきたが，それがうまくいかない，もしくはアセスメントとして機能しないという場合の問題点について取り上げたい。丹念に情報収集をし，非行性について分析検討したつもりであっても，予想に反して再犯をしてしまうということは実際にはよくある。人の行動は計り知れないと言ってしまえばそれまでだが，アセスメントをする際の盲点があることも事実である。

1. 事実にしっかりアプローチできていない

まず最初に挙げたい問題点は，事実へのアプローチが不十分であることである。極端に言うと，非行事実そのものから，そのときの少年の心情や背景が浮き彫りにされ，その場に居合わせていたかのように，リアルな情況をありのままに再現できなければならない。そこには客観的事実と主観的事実が適度にバランスよく織り合いながら，一つの事実として浮かび上がることが大切なのである。これは面接のあり方そのものの問題でもあるとも言える。事実を丹念にしっかり追っていく基本的な姿勢がなければならない。

例えば，家庭の様子を聞く際も，少年から「明るい家庭」と聴取するだけではなく，食卓を囲む場面では家族の誰がどこの位置にいつも座り，誰がどのような話をすることが多く，そのときにどんな盛り上がり方をするのか，少年はいつもどのように返答しながら口に食べ物を運ぶのかといったところまで，目に見えるように事実を聞いていく。そこまで事実に接近してこそ，家族の状況が初めて明らかになる。筆者はそのような非行臨床家の聞き方こそ，非行臨床における"共感"ではないかと考えている。

2. つながりが理解できていない

非行臨床では，目の前にある非行だけに目を向けていたのではうまくいかない。もちろん先にも述べたように，顕在している非行から目を背けて非行性のアセスメントをするのが望ましくないのは言うに及ばないが，非行以外のさまざまな事象との関連もしっかり捉え，そのメカニズムを理解していくことが重要である。

例えば，暴力ひとつ取り上げても，少年の攻撃的なパーソナリティの発現という理解だけではなく，被害者との相性などの関係性の問題，あるいは保護者からの虐待などの影響，少年の発達の遅れやそれに伴うストレスや衝動コントロールの関係など，さまざまなことが仮説として思い浮かぶ。また，それらが同時並行的もしくは原因－結果という関係となって暴力という形で出てきたのかもしれない。それゆえに，複雑に絡み合った糸を解きほぐすように一つひとつ丁寧に関係を見極めていくことが大切なのである。

筆者は必要な事実を的確な方法で聴取し，つながりを考えていくためには，仮説生成－仮説検証の面接技法が必要であると考えている（橋本, 2011）。クライエント任せの面接でもうまくいかないし，多くの情報をただ収集すれば，非行とのつながりが明らかになるかというとそうでもない。そこには鍛錬された仮説と検証の技術がなくてはならないのである。

3. 動機付けを高められない

非行臨床において一般の心理臨床と大きく違うのは，クライエントの動機付けという点である。非行少年の場合は渋々出頭してくる場合も少なくなく，面接の姿勢もどこか受け身的であったりする。そのため，面接をしていてもなかなか問題の核心にアプローチできず，面接の深まりにも欠けることがある。結果的にアセスメントが適切になされず，非行性の増大を招き再犯をしてしまうということもしばしば生じる。

このような動機付けの低い少年へのアプローチも非行臨床の面接技術が問われる。例えば，面接の目標をはっきりさせ，それが実現できた場合とできない場合の方向性を非行臨床家と少年との間で共有していく。少しでも少年の動機付けが高まれば，それは非行の抑制要因になってくる。また，少年が再犯をしたからといってすぐに悲観的にならず，再犯の意味を明らかにするなどアセスメントの観点からもう一度精査し，動機付けの立て直しの材料とするなど，ピンチをチャンスにしていくことも大切である。

いずれにせよ，動機付けという視点をひとつの大きな非行性のアセスメントとして考慮していくことが必要で，同時にそこには非行臨床家としてのかかわりのあり方を問う姿勢が常に意識化されていなくてはならない。

4. 終局を見失う

非行臨床を担当する機関は警察，家庭裁判所，保護観察所，児童相談所などの公的機関が多く，少年自らがかかわりを希望して行き着いた場所ではない。彼らの大きな関心事はいつ機関とのかかわりが終わり，そこから解放されるかという点に尽きると言っても過言ではない。それだけに，非行臨床ではいつ，どのような形で終局するのかが重要で，そこでのアセスメントを間違えると大きな失敗を招いてしまう。

少年はしばしば「警察（裁判所）とは縁が切れた」と言い，それを更生の証のようにしているが，逆に

非行臨床家からすると，うまく縁を切ってやることが大切なのである。それは早すぎてもいけないし，遅すぎてもよくない。なぜなら，早すぎると「なんだこんなものか」と考えて自分の非行を軽く受け止めてしまうし，遅すぎると少年は「自分を信用してくれていない」などと不満を抱き，いずれも再犯のきっかけとなったりもする。えてして，非行臨床家は少年とのかかわりがうまくいっているときに限って，もう少しかかわるとさらによくなるのではないかと期待しやすい。しかし，それが再犯の引き金になってしまうこともあると心し，終局を見失わないようにしたい。

5. 機関同士の連携のまずさ

最後に，アセスメントがうまくいかない問題点として，機関同士の連携不足が挙げられる。

これも一般の心理臨床と大きく違う点であるが，非行臨床は通常ひとつの機関では完結しない。例えば，万引きひとつを例にとっても，警察や学校，児童相談所，家庭裁判所などがその事件とかかわる。非行性が大きくなれば，保護観察所，少年鑑別所，少年院などの機関にも広がっていく。それだけに，機関同士の連携は欠かせないし，そこからの情報提供，協力のあり方が少年を非行から回復させる大きな要素にもなりうる。

そのための方法のひとつとして，記録や報告書をいかに記述し活用させるのかが大切である。せっかく適切なアセスメントをしているにもかかわらず，それがしっかり伝達できずに活かされないままでは，少年にとっても大きな損失である。

切れ目のない，一貫したかかわりが非行臨床には特に求められ，それが非行性を減じることにもつながる。

VI 最後に

従前は非行臨床といえば，家庭裁判所や少年鑑別所，少年院など特定の機関が行うものと思われてきた。しかし，近年は学校のスクールカウンセリングを始めとし，一般の相談機関においても非行相談が扱われることが多くなってきている。非行現象そのものが今までとは違った形で現れてきているためとも考えられる。妙な言い方になるかもしれないが，非行少年っぽくない非行少年が増えてきたわけである。例えば，反抗心あふれるエネルギッシュな非行少年は姿を消し，不登校やひきこもりを続ける，どちらかというと陰に隠れた目立たない生徒，あるいは被害者であるはずの虐待を受けた子ども，ハンディキャップを抱えた発達障害の子どもが，なぜか非行に近いところをさまよってしまう。そうであるからこそ，そのような子の支援をしてきた専門家が非行臨床をせざるを得なくなる。

いずれにせよ，非行臨床にたずさわる際の心得として，非行臨床そのものの特徴をしっかり把握し，少年への的確なアセスメントを行いたいものである。そのためには，少年のパーソナリティだけではなく，時代や文化，地域によっても非行そのものが大きく影響されることを理解し，従前のアセスメントの尺度に固執するのではなく，常に最新式のものを追求し使用していきたい。

文 献

安倍淳吉（1960）非行の社会心理学．In：戸川行男ほか編：性格の異常と指導．金子書房, pp.179-227.
橋本和明（2011）非行臨床の技術――実践としての面接，ケース理解，報告．金剛出版．
水島恵一（1962）非行臨床心理学．新書館．

ケース
性の悩みに直面した事例

花村 温子 ATSUKO HANAMURA
埼玉社会保険病院心理療法室

I　はじめに

　筆者は総合病院の心理相談部門に勤務しているが,「性」の悩みを主訴に相談に来られる方はほとんどいない。性機能的な問題ならば,産婦人科や泌尿器科で解決の糸口も見つけやすいが,心理的な困難さが含まれていると,問題は複雑になる。性は恥ずべきもの,秘するべきものとする文化が根付いている日本では,語りにくい問題のひとつであろうし,セラピスト自身が扱いにくさを感じる分野でもあるだろう。それゆえ問題が一層見えにくくなる。そのため,表面上,違う主訴で相談を継続していたクライエントの問題の裏側に性の問題が潜んでいた,ということにしばしば遭遇する。本稿では,そういったケースについて述べてみたい。

II　A子さんの例

　A子さんは,23歳の女性。「食欲がない」と内科にかかったが,検査の結果身体的な異常はなく,うつ状態ではないかということで,内科主治医より精神神経科の受診を勧められた。初診時問診票の主訴の欄には「うつではないかと言われました」と記入し,「何かきっかけと思われることはありましたか」という質問欄には「母の死」と記入していた。A子さんは短期大学を卒業後,商社に勤め堅実に仕事をこなしており,交際していた同じ会社の男性と結婚の話題も出ていた。しかし,半年前に母親が死去したあとから,気持ちの行き違いが増え,別れることになり,食事量が低下,気分も落ち込み仕事もできない,ということであった。初診担当医はA子さんに抗不安薬と少量の抗うつ薬を処方し,心理面接も勧めた。その提案にA子さんは同意し,筆者と対面することになった。

　A子さんが語る,不調に至るまでのストーリーは理解しやすく,母親の死に加えて,彼との別れからうつ状態になっているのだろうという仮説が成り立ちやすかった。さらに,母親の死に関しては,入院中の母親に「さみしいから帰らないで」と言われたある夜,友人と会う約束があったA子さんは,「また明日来るから」と言って病院を出たのだが,携帯電話の電波の届きにくい場所での会食だったため,その後の急変を知らせる電話に気がつくのが遅くなってしまった。「私が友人と楽しんでいたら母は亡くなってしまった」とA子さんは自分を責めている様子であったため,かなり罪悪感を抱えてうつになっているのだろうということも想像できた。どうして彼と別れることになったのだろう,とは思ったが,彼の話題はA子さんからはほとんど出てこな

かった。

その後何回か面接を重ねていくなかで，A子さんのご家族は現在父親とA子さんの2人であること，母親はA子さんが小学6年生の頃に乳がんと診断され手術，その後化学療法を続けていたが，肺に転移し，闘病の末，昨年亡くなったことが語られた。A子さんは，入退院を繰り返す母親を見て，自分は迷惑をかけないようにしようと思い，自分の気持ちを出さないようになったという。しかし亡くなった母親との関係も，父親との関係も特に悪くはないようだった。

今までのA子さんのことを対人関係なども含めて聞くと，仲の良い友人とは今も時々会っており，中学高校（女子校）では音楽部の部長として活躍していたという。母親の死と失恋を経験すれば落ち込むだろうが，以前のA子さんはかなり健康だったようだということも念頭におき面接を開始した。しかし，回数を重ねても抑うつ気分は不変で，にもかかわらず「元気になってきました」と笑って見せるA子さんの姿に，筆者は違和感を感じるようになった。

ある回，どんな気持ちで今の話をしてくれているのかと聞くと，A子さんは急に黙り，「私が悪いんです」と泣き出してしまった。そして彼とは実は別れてはいないという。筆者は「母親の死があり，彼ともうまくいかなくなってうつ状態」というストーリーが崩れ，ますますわからなくなり，A子さんに説明を求めた。すると，「今までお話ししていなかったことをお話しします」と，A子さんは意を決したように話し始めた。

彼は優しく，母親の死に際しても，とても心配してくれた。母親の死後しばらくたって，結婚しようと言われ，性的な関係を求められたが，うまくいかなかった。彼は「まだそういう気分になれないのならいい」と言ってくれたが，実は母親の初回入院の頃，近所の顔見知りの男子中学生から性被害を受けており，恐怖心があり，男性と性的関係を結べないので，「私と結婚しても幸せになれないと思うから別れましょう」と伝えた。しかし，別れたい理由は言わなかったので彼は納得できないと言っている。彼の誘いを断り続けているうちに，食欲もなくなり，うつ状態になっていった。親に心配をかけまいと思い，当時のことは誰にも言えずに現在に至っている。彼のことは好きだが，私が悪いので別れるしかないと思う……と一気に語り，激しく泣いた。今まで，親の死と失恋という，わかりやすい（と，セラピスト側が思ってしまいやすい）心因反応のストーリーに沿って話を聞いてしまっていたが，その奥には，さらにつらい事実が隠れていた。

面接では本質的な問題に触れたA子さんであったが，彼との関係はなかなか進展しなかった。心配して声をかけても，そっけなくするA子さんに対して，彼は「なぜそんなに拒絶するのかわからない，わけを聞かせてほしい」と真剣に向き合った。A子さんは，はぐらかしきれなくなり，カウンセリング以外の場面で，はじめて彼に過去のことを話した。彼とは別れる覚悟で話したが，彼は「話してくれてありがとう」と言い，A子さんは驚いた。この件でカウンセリングに行っていると告げると，「いつか，君の役に立つなら一緒に病院の先生の話を聴きに行きたい」とのことだった。そんなことがあって，ある日，A子さんは彼との同席面接を希望した。

一緒にやってきた彼は誠実そうな青年で，「これから結婚に向けて，彼女と良い関係を築けるよう，一緒に考えていきたい」とのことであった。A子さんは，彼のことは好きだが，どうしてもまだ性的な関係に進めないので彼に申し訳ないと思う，と話した。筆者は2人に対して〈2人の問題としてきちんと向き合おうとしていることはとても良いことで，この人とだったら大丈夫だなとA子さんが自然に思えるようになることが大事〉と伝えた。性的な触れ合いは想い合う2人のコミュニケーションであるから，手をつなぐ，身体に触れ合うなど，A子さんが大丈夫と思える範囲から少しずつ練習して段階を進めてみることを提案した。A子さんは彼の協力を得て，実際の行動面の練習を少しずつ進めていくことにした。

カウンセリングでは，A子さんはさまざまなことを話していった。性的被害のことを当時母親に聞いてほしかったが，つらそうな様子を見て，とても言

える状況ではないと思い，一人で泣きながら耐えたこと。それを今も引きずっているが，亡くなった母親について悪く言いたくなくて，その話をここでするのもためらっていたこと。帰らないでと言った母親を置いて帰り，遊んでいて急変の知らせにすぐに駆けつけることができなかったため，自分は幸せになってはいけないのではないかと思ってきたこと。父親に「結婚を考えている人がいる」と伝えたところ「お前は親に遠慮せず幸せになりなさい」と言われたことなどが語られた。墓参りに彼と行ったとき，彼が「彼女を育ててくれてありがとうございます」と墓前で言ったのを聴き，そうだ，母は病気でつらいながらも一生懸命私を育ててくれていたんだ，と思いなおしたという。そして，母親に対するイメージが罪悪感やさみしい気持ちを伴うものばかりでなくなって，楽しい思い出も思い出せるようになったことなどを語るようになった頃，A子さんは，彼と自然に結ばれることができたということだった。A子さんは，「安心していいんだ，幸せをめざしていいんだと思えるようになりました」と述べ，結婚を決意したことを報告した。面接はA子さんの結婚に伴う転居とともに，終結を迎えた。

III アセスメントのポイント

アセスメントは，援助の方向性を見定めるために必要であり，その基本はまずじっくりとその方のお話を伺うことである。時には心理検査などのツールも用いて，得られた情報から病態水準の把握を含む本人の全体像をとらえようと試みるが，その場合に普段筆者が心がけていることについて挙げ，特に，性に関する話題で気をつけるべき点も挙げる。

1. どうして今，来談したのだろうか

今クライエントが来談しているのは，相談したい内容があってのことではあろうが，ではどうして今なのか。きっかけとなった出来事は最近だったのかもしれないが，潜在していた問題がある契機から顕在化し，症状となって現れるというのはよくあることである。契機となった出来事が現在の症状の原因のすべて，として本人は語り，我々もそうとらえてしまいがちだが，真の主訴が隠されている場合があることに留意したい。

2. 精神的・心理的な問題として扱ってよいか

クライエントの語っている症状が本当に精神的な問題に由来するのか，カウンセリングで扱ってよいのか，つまり，身体疾患や器質性障害の可能性はないのかをチェックしなければならない。A子さんの場合，身体的精査は他科で「異常なし」と診断されてきたため，精神科医も心理的な問題が根深そうだ，ととらえて心理面接へと導入になっている。それでも臨床心理士としては，自分が扱える範囲の状態の方であるのかを常にチェックすることが必要である。心因反応と考えて面接を行っていても，途中の段階から精神症状が急に顕在化し，医師の関与がより必要となるケースも経験する。A子さんの場合は，男性とうまくいかない，という新たな（真の）主訴が，面接の後半に語られたが，その点も心理的なものに由来すると考えてよいのか検討する必要がある。婦人科の機能的な問題であれば，そちらの治療を優先，または婦人科と連携して治療と並行的に面接を続けることが望ましい。

3. 語っているトーンは内容と合っているか

つらい話を，妙にあっけらかんと語る方もある。その場合，本当に話したい内容はそこにはない可能性や，つらすぎて語りにくいのでそこに防衛が働いてしまい，一見平気そうに見える場合もある。A子さんの場合は，表面的な契機として語られた話題の内容が，現在の感情状態と合致していたため，当初はそれで良しとしてしばらく聞いていた。しかし，良くなっていないのに「良くなってきました」と笑顔をつくろうとする態度に疑問を感じ指摘したとこ

ろ，そこからさらに深く語るようになった。子どもの頃から抱いてきた母親に対する思い，過去の性的なトラウマ体験，性に絡んで彼との関係の問題が浮き上がってきて，よりA子さんの姿が立体的に見えるようになってきた。またそれぞれの問題が深く絡み合っているため単純に解決できるものではない，ということもより理解できるようになった。

4．自分が，今の機関で引き受けてよいのか

　性の問題に限らず，クライエントを引き受けるときに自分の力量を超えて引き受けてはいないか。理解してともに治療や支援にあたってくれる医師やスタッフはいるかなど，自分自身や自分の置かれている環境をアセスメントすることも大切である。性の問題に関していえば，挿入障害のクライエントに対して，実際に挿入練習の段階的指導を行うなど，セックスカウンセリング的に踏み込む場合はもちろんのこと，性の問題を扱う場合に，援助を行う側がどうしても苦手意識を持ってしまい，面接が良い方向に進まないようであれば，より専門的な機関や他セラピストに紹介する必要もあるだろう。

5．この問題に対処できる力を持ったクライエントだろうか

　つらすぎて見ないようにしていた問題に直面化した場合，クライエントはこの問題を自分のこととして引き受け，受け止めていけるだろうか，という視点は，病態水準や知的水準，パーソナリティを含めて，この方がどの程度の対処能力を持っているのか，という面についてのアセスメントを行うことでもある。そして，家族はこの人を支えていける力を持った家族だろうか，その他支援の資源を持っている人なのか，それらが期待できないならば援助者が面接という枠で支えていけるか，といった幅広い視点でのアセスメントが必要とされる。具体的には，人に頼ったりできるか，自分を支える得意分野や趣味など適切な発散経路を持っているか，といったクライエントの問題への対処能力，取り組み方の癖を確認したい。その結果，気持ちの「ふた」の開け閉めが上手にできる方でなさそうであれば，あえて深い部分に触れないような支援，「ふた」の閉め方を考えるというアプローチ方向が良い場合もあろう。

6．アセスメントは常に更新する

　津川（2009）がアセスメントを行う際の重要な視点の1つとして「here and now の視点」と述べているように面接では「今日のA子さん」にお会いするのである。私たちがパソコンのアップデートを日々行うように，アセスメントも日々更新されていかねばならない。新しい情報が入れば今までの情報が補強されるかもしれないが，逆に今までと違う情報が出てきたときには，それをどう組み込んで目の前におられる方の理解につなげるかが重要である。わからない部分は，ご本人に不明な点を聴いてさらに情報を収集して今までの情報と突き合わせ，お互い納得のできる仮説に基づいて支援を進めていかねばならないからである。日々，支援のなかでインフォームドコンセントを行っていくようなもの，と言ったら大げさであろうか。A子さんの場合，A子さんの語る話の断片をつなぎ合わせてストーリー理解を深めようとしていくと不思議な部分が残ったが，その部分を，早急に埋めようとしすぎず，ピースが出てくるのを待ち，一緒に探す手伝いをしていくことで，自然にパズルが完成した。こういったことは信頼関係を積んだ間柄のなかで少しずつ紡いでいくしかないのである。話をしている本人も問題を隠しているという自覚がないことが多いが，目の前の本人像と語っている内容が一致しないときは，なぜ一致しないのかを考え，仮説を検証していくような適切な質問をしていかねばならない。

Ⅳ 性に関する悩みを聴くということ

1. 自分のスタンスを知る

　性に関する悩みについて心理的援助を行うときには，私たち支援者が性に対してどのようなスタンスを持っているかが問われる。金子（2005）は，「カウンセラー自身が自分の性に対する考え方や男性観，女性観を検討して，その偏り（特徴）を把握しておくことが必要」と述べている。性はグラデーションと言われ，ジェンダーアイデンティティや，性指向のあり方なども多様である。性の問題にネガティブな印象を持って面接を行っていれば，それは態度に現れ，クライエントの口からそういった内容の悩みは語られないであろう。

2. 性の話題は語りにくい

　A子さんの場合，母の死をきっかけに，彼との関係に動きがあり，それまで避けていた結婚，性という問題に向き合わざるを得なくなったのだろうが，面接でも，性の悩みについては避けられており，語られるようになったのは面接を開始後だいぶ経ってからである。話題に挙げようとしても，直接的な表現を避けるため，最初A子さんは「彼との，あ・れ・が，どうしてもだめなんです」という言い方をした。話の展開上性のことかな，と予想ができたので〈セックスがうまくいかないということ？〉と聞くと，A子さんはうなずいた。このような場合，クライエントが話しやすいように，こちらからストレートに語りかけることもある。性の話題に関して，クライエント自身も偏見を持っているからこそ，語りにくくなっていることは多い。「話して良い話題なんだ」と気づくよう促すことが必要である。

3. セクシュアリティに関して正しい知識を持って対応する

　塚田（2005）は，「セックスカウンセリングを行うことは性に関する専門の技術を提供することでもある」とし，「性障害を含むセクシュアリティ全般に関する知識，技術，経験が要求される」と述べている。平田（2011）も「当事者自身が正確な知識を得ておらず混乱していることがあるので，心理教育を提供できるだけのセクシュアリティに関する知識を支援者側が整えていくことが望ましい」と述べている。例として「自分は性同一性障害ではないか」と悩んで来談するクライエントでは，同性愛と性同一性障害を混同している場合がある。このようなとき，知ったかぶりの間違った知識で関わり，クライエントを不幸にすることがあってはならない。知らないならば「知らない」ということを自覚しながら関わらねばならないし，前述したように，適切な相談先を紹介することも検討する。

4. 性は「関係性」の問題である

　渡辺（2005）が，「性とは関係性であり，乳幼児期，児童期からの親やそれに代わる身近な人との間で安全で暖かな交流の中で育つ」と述べているように，その年齢相応の発達課題をクリアしてきたかということも，性に関する問題の重要なポイントになる。対人関係の基盤である基本的信頼感が育っていないと，適切に人を頼ったり甘えたりもできず，愛する相手と上手にパートナーシップを結ぶことができない。性に関するカウンセリングは関係性の問題が絡むので，パートナーの協力を得て進めていくことが望ましい。またデリケートな話題を継続して扱うことで，セラピストに対する恋愛性の転移や退行なども起こる場合があり，細心の注意を払いたい。

5. 性の問題を特別視しない

　性欲，食欲，睡眠欲が人間の三大欲求であるのだから，性を人間のQOLを支える大事な側面として，面接の自然な流れのなかで触れていけると良いだろう。

　どんな問題を抱えているクライエントであっても，今後自分がどうしていくかについて静かな決意をし，気持ちに折り合いをつけていくのはその方自身である。そこに寄り添い支援するのが心理的援助であり，性の問題を特別視する必要はない。大川（2012）が述べるように，「性は人間の根源に，そして人生のさまざまな場面に関わるもの」である。性なくして新しい命の誕生はない。「性」を扱うことはその方の「生」，生き方を扱うことでもあるのだろう。

文　献

平田俊明（2011）思春期のセクシュアルマイノリティのメンタルヘルスと対応．日本性科学会第40回性治療研修会抄録集；2-4．

金子和子（2005）セックス・カウンセリングの基礎．In：日本性科学会 監修：セックス・カウンセリング入門改訂第2版．金原出版，pp.49-50．

日本性科学会 監修（2005）セックス・カウンセリング入門改訂第2版．金原出版．

大川玲子（2012）日本性科学会のご案内．日本性科学会HP．（http://www14.plala.or.jp/jsss/［2012年5月15日取得］）．

津川律子（2009）精神科臨床における心理アセスメント入門．金剛出版．

塚田攻（2005）セックス・カウンセラーの条件．In：日本性科学会 監修：セックス・カウンセリング入門改訂第2版．金原出版，pp.48-49．

渡辺景子（2005）乳・幼・児童期におけるセックス・カウンセリング．In：日本性科学会 監修：セックス・カウンセリング入門改訂第2版．金原出版，pp.163-167．

ケース
キャリア相談の背景に潜むものを見落としてはならない

高塚 雄介 Yusuke Takatsuka
明星大学教授・大学院人文学研究科長

I はじめに

　キャリア教育に対する関心が高まっている。小学生から大学生に至るまでの間に，働くことの意味や必要な知識を育むことが，重要な教育課題となりつつある。これまでも職業教育と呼ばれ，「職業に従事するために必要な知識，技能，能力や態度」を育成することを目的として行われていたのだが，キャリア教育という名称のもとに「一人ひとりの社会的・職業的自立に向け，必要な基盤となる能力や態度」を育成するという視点に置き換えられ，新たなる教育課題として展開されるようになった。

　こうした考え方が重視されるようになった背景としては，フリーターやニートと呼ばれる正規雇用に馴染まない若者の増加傾向がある。これを危惧する政府が，その対策の一環として「若者自立・挑戦プラン」を策定（2003年）したのをふまえて，文部科学省，厚生労働省，経済産業省，内閣府などが，それぞれ具体策を考案していくなかで，急速に広まってきた課題がキャリア教育である。ここでは，働くことに対するモチベーションを高め，そのための基礎的認識を育むことに主眼を置き，産業や職種の違いといったものを教える職業指導よりも，意識面における開発を重視するものとして意味づけられた。

II キャリア・コンサルテーションとは

　いち早くこの問題に対する具体策を提示したのは厚生労働省であった。「キャリア形成を支援する労働市場政策研究会」が，2002年にすでにキャリアという用語を用いて，その支援策としてのキャリア・コンサルティングの重要性を提起している。そして，キャリア・コンサルティングの具体的な流れとして，以下の6つの課題を設定し，具体策を講じることを説いている。

①自己理解
②仕事理解
③啓発的経験
④意思決定
⑤方策の実行
⑥新たな仕事への適応

　この研究会では，以上の6ステップをもってキャリア形成を図るという道筋を示している。
　「仕事理解」と「啓発的経験」というのは，働く経験を重視するインターンシップなどが重視され，より働くことの意味を理解させるものとなる。だが，「自己理解」であるとか「意思決定」，さらには「適応」というものは極めてサイコロジカルな課題であ

り，中途半端にそれがなされることの弊害を認識しておくことが重要であろう。

こうしたプロセスを担う専門的役割として「キャリア・コンサルタント」という資格が提示されており，まず民間による養成課程と認定資格が作られた。さらに2008年からは国の定める「技能検定資格」の一つとして試験も行われるようになり，合格すれば「キャリア・コンサルティング技能士」という称号が与えられることになった。ただ技能検定資格というのは，その資格がかなりの専門性を有していることを前提とするものであるのだが，この資格に関しては，いかなる専門性を評価の基準としているのか，いささか判然としない。実はこの資格が設立される経緯には，従来技能検定資格のなかに位置づけられていた「産業カウンセラー」が2001年度をもって，検定から除外されたことと関係しているのではないかという見方がある。

民間ではキャリア・コンサルタントのことをキャリアカウンセラーとも呼んでおり，多くの産業カウンセラーが，キャリア・コンサルタントとしての資格も有して活動するようになっているとも聞く。つまり，産業カウンセラーがその専門性としてアピールする，カウンセリングという行為における専門性を備えていることが，キャリア・コンサルタントの専門性の判断基準の一つと見なされているようにも思われる。もちろんそれだけではないだろう。公的機関で働く場合には国家検定資格としての「技能士」資格を有することを求めていることが多いようなので，労働に関するさまざまな法律的な知識などを有することが求められていると理解することはできそうである。

III　キャリア教育の展開

さて，厚生労働省を中心とするこうした動きからはかなり遅れたものの，文部科学省でも2006年に「小学校・中学校・高等学校キャリア教育推進の手引」を作成し，キャリア教育の展開を始めている。

そして，2011年からは，大学においても「キャリア教育」を実施することを大学設置基準のなかに盛り込み，各大学が実施することを義務づけた。目下，各大学においてその具体策が講じられ始めている。具体策の中身は大学によりまちまちではあるが，キャリアセンターの活動のなかにキャリア教育的な活動を盛り込んだり，新たな授業カリキュラムを作り，その担い手として先述のキャリアコンサルタントを教員として活用するといった試みを始めている大学もある。

近年，大学卒業者で就職した者の約3割が，3年以内に退職しているという事実も明らかになっており，そうしたことの予防としても，学生時代にしっかりとした「キャリア教育」が行われていることが求められるとされている。

確かに，最近の学生たちの話を聴いていると，卒業後の進路についてあまり明確なものを持っていないということを感じさせられることが少なくない。あるいは取得することが可能な資格をできるだけたくさん身につけておけば，どれかが就職先を決める際に役に立つと考えている学生も多い。教師や保育士，臨床心理士といった目的意識がかなりはっきりとしていないと，実際に資格を得ることも仕事を遂行することも難しいと考えられる資格でさえ，最近の学生たちからすると仕事に就きやすくなるための資格の一つになり始めている。これでは仮にその資格を前提とした職業に就いたとしても，何年かすると限界を感じてしまうであろう。最近，教師になってもすぐに出勤拒否になり，退職してしまう人のことが報告されるようになってきている。昔であれば考えられなかった現象であろう。こうなるとやはりキャリア教育を行うことで，働くことに対するしっかりとした目的意識を築くことが大切であろうと思われる。

IV このままのキャリア教育で良いのか

しかし，現在行われているキャリア教育が，本当に学生たちの意識を変え，より適切な職業意識を形成することに役立っているかというと，いささか疑念が生じてくる。まず，キャリア・コンサルタントとかキャリアカウンセラーと呼ばれる人たちがめざす職業人としての意識とはどのようなものであるかを見極めてみる必要がある。伝聞するところによると，キャリア・コンサルタントを志す人たちには，企業における人事や採用の仕事に携わっていた人たちが少なくないという。ということは，今日的な企業社会が求めている人材に合わせた意識改革や，必要とされる技能を身につけさせることをめざしている者が少なくないのではないだろうか。事実，筆者の知るキャリア教育の中身はまず，自己表現力を高めることから始め，アサーショントレーニングであるとか，ディベートの技法といったものを身につけさせようとする。自己理解というものも，まず自分の特質のなかで他者にあって自分にないものを自覚させ，その原因を探りつつ自己変革するための方策を見つけることを要求する。チーム作業が多い職場においては，人間関係を重視することから，対人関係づくりのプログラムを体験させ，対人関係能力を身につけさせようとする。こうしたことの方策として，これまでカウンセリングの世界で開発され，用いられてきた技法が活用されている。

先にも述べたように，旧労働省により技能検定資格の一つとして認められてきた「産業カウンセラー」資格が2001年度をもって除外され，以後は民間資格として継続されてはいるものの，かつてのような社会的評価からすると，関係者たちには落胆の色が隠せないとも聴く。そのこととこのキャリア・コンサルタントの拡大路線とは，実は繋がっているような気がしてならない。産業カウンセラー資格の技能士資格からの除外と同時期に，厚生労働省では「キャリア・コンサルタント5万人計画」を打ち出し，2008年からは厚生労働省による技能検定制度のなかに取り入れられることになった。旧労働省が重視した産業カウンセラーの育成が，新たにキャリア・コンサルタントの育成という形に変わったところで継続したといっては，偏った見方になるのであろうか。

筆者は，キャリア・コンサルタントのような役割はこれからの日本社会においては必要であると認識している。そのために必要な専門性を身につけることも大切であるとは思っている。しかし，それがキャリアカウンセラーと呼ばれて，表面的なカウンセリング技法を活用することで，あたかも専門的な役割を果たしているかのように喧伝されることには危惧を抱いている。今日的には，カウンセリングという行為は，相手の心的状況をしっかりと把握したうえで講じるべきものと考えられる。つまり，根拠に基づく心理学的な見立てが不可欠である。単に技術論的にカウンセリング的技法を用いることは危険この上もない。一部のカルト集団が技法論的なカウンセリングまがいの行為を行い，一種の催眠的世界に追い込んでいることを見ればそれは明らかである。専門的な心理学的認識においては，精神的健康度やパーソナリティなどもしっかりと把握することが必要である。そのうえでどのように対応するかが求められてくる。つまり，理論化された心理学的な知識と，少なくとも屈折した心の状態に関する専門的認識が必要とされる。そうでなければ，カウンセリングと呼ぶ行為はしてはならないものであろう。自己理解から意思決定，さらには仕事への適応を促すという一連の行為が，きちんとした心理学的な検証を受けなければならないであろう。

もちろん，一生懸命取り組んでおられるキャリア・コンサルタントも多くいることは知っている。だが，なぜこのようなことをあえて述べてきたかというと，それには理由がある。

V ニート・フリーター・ひきこもり

筆者は東京都や内閣府の依頼により，この数年間「ひきこもり」の実態を調べてきた。その結果，全国には約70万人のひきこもる若者（15歳〜39歳）が

おり，その周辺には155万人に及ぶひきこもり親和群が存在することが明らかになった。この親和群の多くはいわゆるフリーターやニートに属する人たちである。現在ひきこもり状態にある（6カ月以上にわたって学校に通うことも働くこともしていない）者たちも，必ずしも家に閉じこもり状態にあるわけではなく，仕事を求めて動いた者もいる。そのなかのおよそ3分の1の人たちは何らかの精神的疾患や障害を有しているということが推定される。しかし，全体の3分の2はそうではないと思われる。

問題は我が国においてニートやフリーターとなっていく人たちの多くが，このひきこもりないしはひきこもり親和群と重なっていると思われる点である。彼らが正規雇用者の道から外れるのにはいくつかの共通する理由がある。そして，彼らの多くは心理的に屈折した問題を抱え，そこから脱出できないでいるということがわかってきた。キャリア・コンサルタントであるとかキャリアカウンセラーと呼ばれる人たちの援助を必要とし，相談を持ちかけてくる人たちの多くは，実はそうした心のひずみを抱えていることが少なくないのである。だとすると就職先とのマッチングの良し悪しを考えたり，面接での受けを良くするための方策を身につけさせるといったことでは，正規雇用者を増やすとか，早期離職者を減らすといった課題に応えることにはならないように思える。

VI ある相談事例から

A君は大学4年生。卒業にあたり就職活動を始めるがなかなかうまくいかない。大学の就職部の勧めにより，大学の開設するキャリアセミナーに参加したが，そこでキャリア・コンサルタントから，自分を変える努力をしなければ駄目だと強く言われ，ますます自信をなくしてしまった。そのことに思い悩み，ゼミの指導教員に相談をもちかけた。

相談の内容は，自分がどういう仕事に向いているかわからない，適性検査でも受けてみたほうがいい

のだろうかというものであった。話を聴いていくうちに，A君のこれまでの歴史が明らかにされた。父親は某大企業の役員を務めている。母親は元ピアニスト。両親ともに社交的とのこと。本人は小・中学校と成績は良かったことから，高校は偏差値が高いとされる進学校に難なく進学できたそうである。しかし，高校の雰囲気になじめず2年の途中で退学。通信制高校を卒業し，大学へは一般入試で入学をした。

小学生の頃は遊び友だちもいたのだが，中学校に入った頃から人間関係が苦手になった。コミュニケーションを取ることが苦痛だった。授業のなかで「自分を語る」とか，小集団による課題研究においてディスカッションをさせられるのが嫌でたまらなかった。そのようなとき先生からいつも注意され，その先生が嫌いになった。そんな自分をいつしかクラスメートはうとましく思い，いじめのような目にも遭わされた。それ以外の授業では試験結果も良かったことから，めざす高校には進学できた。しかし，高校ではますます人と話をするのが苦痛となり，女子生徒からも馬鹿にされるようになった。次第に不登校となり，そのまま中退。通信制の高校に籍を置いた。母親からは私たちの子なのにどうしてそんなふうになるのかしらと怪訝な顔をされたし，父親からはそんな状態では絶対に会社には採用されないと叱られたとうつむきながら語った。

中学校では不登校にはならなかったのかとの問いには，「休むと負けたようでみじめな思いをするし，もっと馬鹿にされそうで怖かった。多くの勉強は嫌いではなかったし，成績も悪くはなかったので，必死になって登校を続けた。高校でも最初はそういう思いで通ったが，ほかの生徒の成績が良くて，自分が勝てる場が見当たらなかった。それでずるずると不登校になり，復帰するのが面倒臭くなってしまった」と，ポツリポツリと語ってくれた。

今度就職活動を始めたが，就職面接で尋ねられたことにきちんと応えることができず，焦りばかりが強くなってしまった。大学が主催するセミナーに参加したところ，そこでは自己アピールの練習や，グループ討論のようなことをやらされ，中学時代の嫌

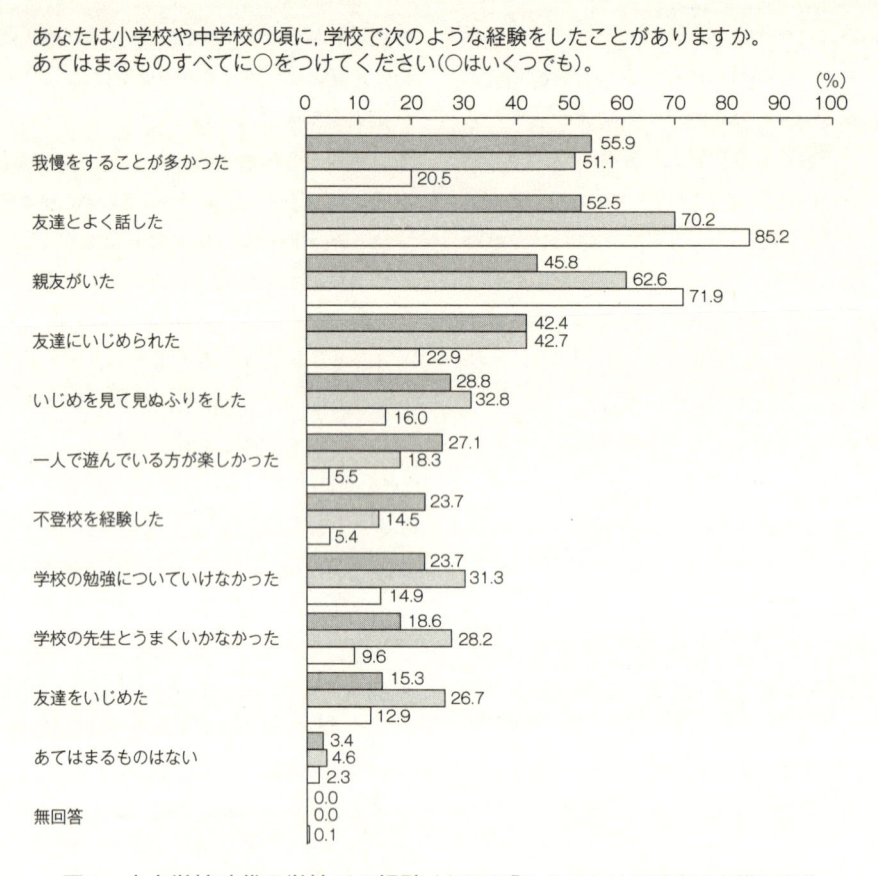

あなたは小学校や中学校の頃に,学校で次のような経験をしたことがありますか。
あてはまるものすべてに○をつけてください(○はいくつでも)。

項目	値1	値2	値3
我慢をすることが多かった	55.9	51.1	20.5
友達とよく話した	52.5	70.2	85.2
親友がいた	45.8	62.6	71.9
友達にいじめられた	42.4	42.7	22.9
いじめを見て見ぬふりをした	28.8	32.8	16.0
一人で遊んでいる方が楽しかった	27.1	18.3	5.5
不登校を経験した	23.7	14.5	5.4
学校の勉強についていけなかった	23.7	31.3	14.9
学校の先生とうまくいかなかった	18.6	28.2	9.6
友達をいじめた	15.3	26.7	12.9
あてはまるものはない	3.4	4.6	2.3
無回答	0.0	0.0	0.1

図1 小中学校時代の学校での経験(内閣府「ひきこもりに関する実態調査」)

な思い出がよみがえり苦痛だった。終わってから指導者にいろいろ講評を受けたが,家で父親が言っているのと同じことを言われた。こんな自分ではこれからどこを受けても駄目だろうし,生きている価値さえもないのではないかと思い始めているとのことだった。

こうしたA君の話から浮かびあがってきたのは,筆者の「ひきこもり」調査により明らかになった,ひきこもる若者たちと重なる姿であった。少なくとも現時点までは学業を継続し,就職活動も行っているのだから,ひきこもりではない。しかし,このままの状態でいるとやがてはひきこもりになっていく可能性が極めて高いと見なさざるをえない。実は,ひきこもり親和群でフリーターのような生活をしている者たちも似たような傾向を持っている。

VII ひきこもりが増加する背景

事例から,ひきこもりをもたらしやすい現代の教育状況と,就職状況の実態が浮かび上がってくる。キャリア教育という言葉が登場する以前から,今の子どもたちには多くの課題が突きつけられている。それは,主体性を持ち,自己決定ができ,最終的には自己責任をとれる人間になること,すなわち自立した人間にならなければならないということである。それをさらに具体化するためには,自己表現力を持ち,他者との関係づくりを積極的に為すことができ,自分の目の前に存在する課題を一つひとつ乗り越えていく積極性を身につけることが必要である。まさに「自立と挑戦」をすることを,小学校のときから身につけることが求められてきた。そしてキャリア

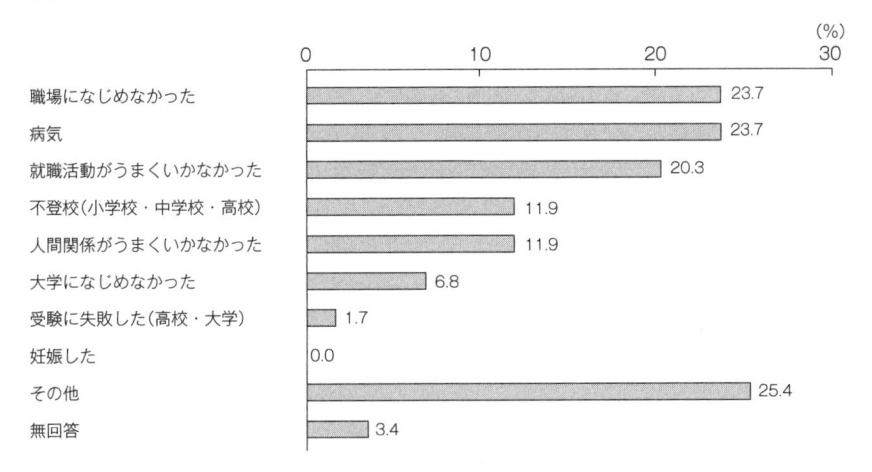

現在の状態になったきっかけは何ですか（○はいくつでも）。

きっかけ	（％）
職場になじめなかった	23.7
病気	23.7
就職活動がうまくいかなかった	20.3
不登校（小学校・中学校・高校）	11.9
人間関係がうまくいかなかった	11.9
大学になじめなかった	6.8
受験に失敗した（高校・大学）	1.7
妊娠した	0.0
その他	25.4
無回答	3.4

図2　現在の状況になったきっかけ（内閣府「ひきこもりに関する実態調査」）

教育という課題が提示されたことにより，さらに強化されようとしている。

大多数の子どもたち，おそらく8割から9割の子どもたちは，そうした課題を突き付けられたとしても，必死になって乗り越えようとするであろう。何％かは，そもそも学業の世界から脱落していく可能性はある。しかし，およそ1割くらいの子どもたちはそうした課題を突き付けられたとしても，そう簡単には取りかかれない可能性を持っていると考えられる。そうした授業を拒否し，脱落していくわけではない。しかしだからといって，どんなにそれを実現させるためのカリキュラムを用意したとしても，積極的に関わろうとはしないからほとんど効果を見せない。言語的コミュニケーション力を高めるといった課題などがそれにあたる。このような課題をやらせようとすればするほど本人の心には苦痛が高まり，脅えが強まっていく。先生たちはそうした子どもに対する評価を低くせざるを得ないし，周囲の子どもたちもそんな子どもの様子にいら立ちを覚え，いじめの対象となりやすくなる。

近年，自殺した女子中学生のノートに書かれていた「国語の授業にスピーチをやらされるのが嫌だ」という文言がそれを彷彿とさせる。彼女もまたいじめが原因での自殺と報じられた。筆者は，最近のいじめの背景には教師や学校の指導方針が影響している場合があり，かつて森田洋司が提示した「いじめの四層構造」（高塚，2011）から，「いじめの五層構造」へと変化してきたと思っている。今，ひきこもり状態にある人たちに子ども時代の経験を尋ねると，いじめ体験が驚くほど多いということがわかる。その一方，彼らの自尊心は高く，自分をみじめな立場に追いやるようなことはしない。彼らの子ども時代を尋ねた質問では「我慢した」と答えたものが多い。それだけに不登校にはなっていない。学校時代に不登校になるこどもたちと，長じてひきこもりになる者たちとは，どうやら違う層であることが浮かび上がっている。事例で紹介したA君はまさにそのタイプであることがわかる。

就職の不安を訴え，将来を悩んで相談に来る若者たちのなかには，こうした人たちが少なくないということを，キャリア教育の担い手や，キャリアカウンセリングを担当している人たちはよく知っておくことが必要である。彼らを企業社会に適応できるように作り変えようとしても難しいし，とりあえずの就職先を確保したとしてもおそらく長続きはしない。やはり，彼らの持っている資質を生かせる仕事を見

つけたり，彼らが生きがいを燃やせる新しい職域を開発することに力を注ぐべきかと思われる。

文　献

内閣府 (2010) 若者の意識に関する調査 (ひきこもりに関する実態調査).
高塚雄介 (2002) ひきこもる心理とじこもる理由 —— 自立社会の落とし穴. 学陽書房.
高塚雄介 編 (2011) いじめの構造 —— いじめに見る現代社会と心のひずみ. 現代のエスプリ 525.
東京都青少年・治安対策本部 (2008) 実態調査からみるひきこもる若者のこころ —— 平成19年度若年者自立支援調査研究報告書.

V

事例で学ぶ臨床心理アセスメント③
成人期・老年期

I ライフステージに特有のライフイベント

第5部では,成人期と老年期の臨床ケースを通じた臨床心理アセスメントについて概説する。表1は,成人期から老年期のクライアントの主訴と関連しやすい代表的なライフイベントを示している。

表1 ライフステージ別に見た主訴の背景となりうるライフイベントの例

ライフステージ	ライフイベント
成人期	就職活動,学業,進路決定,就労,職場の人間関係,経済問題,友人・恋人との関係,家族関係(親子,夫婦,きょうだいなど),結婚,離婚,妊娠,出産,育児・子育て,家族介護,転職,離職,リストラ,住宅問題(転居,住宅購入,住宅ローン,老親との同居など)など
老年期	加齢や老化による心身機能の衰え,老後の心配,退職・引退,子どもの問題(独立,結婚,離婚,就職),近隣トラブル,自らの健康問題や闘病(入院,手術,長期通院など),死別,退職,老後の生活設計,要介護状態に至る,家族の介護,喪失体験など

概論

成人期から老年期のクライアントを理解するための臨床心理アセスメント
「多因子性」と「連続性」の視点から

松田 修 Osamu Matsuda
東京学芸大学総合教育科学系

I. 成人期に特有のライフイベントと心理的問題

成人期は社会的に独立する時期の年齢に相当する。就職,結婚,出産,育児など,社会で一定の基盤を確立し,さらにその発展が期待される時期である。しかしながら,すべての人がこうした期待に応えられるとは限らない。むしろ周囲の期待の大きさが重圧となり,苦しむ人もいる。その前段階として成人期は,自己決定が尊重される一方で,負わねばならない責任の重い時期でもある。自分一人の問題だけでなく,家族や職場や地域など,周囲のさまざまな人を巻き込むような複雑多様化した問題に直面することも多い。問題によっては,自らの努力ではどうにも解決できないという現実に直面し,挫折し,葛藤する時期でもある。

成人期初期は,大学生活,進路決定,就職活動など,大人としての期待に応える時期である。同時に,この時期は,青年期後期と成人期前期の心理発達の特徴が共

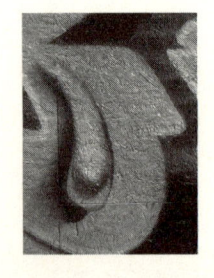

存しやすい時期でもある。暦年齢は成人相当でも，精神的な発達は未熟なままの若者もいる。自らのアイデンティティを確立することができず，モラトリアム状態が継続し，人生目標が見えないまま，将来を悲観し，絶望する若者すらいる。この時期のクライアントの主訴のなかには，成人期以前に発生した問題やライフイベントが密接に関わっていることがある。例えば，児童期に体験した心的外傷（トラウマ）（例：虐待），思春期を機に顕在化した性同一性障害，青年期に発症した摂食障害や妄想症，さらには，不登校，非行，ひきこもりなどである。さらには，発達障害（例：学習障害（LD），自閉症スペクトラム障害（ASD），注意欠陥／多動性障害（ADHD）など）のある成人のなかには，抑うつや強迫観念などの二次障害や，認知発達の偏りや歪みに起因する生きづらさに苦悩する人も少なくない。

成人期中期は，生活基盤の確立と維持が要求される時期である。親から独立し，結婚して新しい家族を築くことを期待される一方で，結婚生活や子育て・育児に関連したさまざま苦悩や葛藤に出会う時期でもある。思春期や第二次反抗期を迎えた子どもへの対応や，子どもの進路決定や受験，そして就職などの問題に直面することもしばしばある。さらには，子どもの学費，住宅ローン，老親介護など，経済的な負担もストレスとなりやすい。

成人期後期は，加齢に伴う生理的老化への適応が求められる時期である。この時期には，退職や引退といった地位や役割の変化への適応も求められる。健康上の問題も起こりやすく，病とどう付き合うかもこの時期の重要な課題となっている。さらには，仕事の引退や引退後の生活設計，老親の扶養問題や介護，そして親や配偶者との死別といったライフイベントにも対処しなければならない時期である。

2. 老年期に特有のライフイベントと心理的問題

『平成23年版高齢社会白書』（内閣府，2011）によると，わが国の高齢化率は，23.1%（前年22.7%）となり，国民の5人に1人が高齢者となった。高齢化率は今後も上昇し，2055年には40.5%に達するとの推計がある。高齢化率の増加に加えて，世帯構造も大きく変化しつつある。高齢核家族化が進展し，高齢者の単身世帯または高齢者のみの世帯が増えている。高齢核家族化の進展は，高齢者の社会的孤立の一因となることも予想される。

老年期は，加齢に心身機能の衰え，職業的役割からの引退・退職，親や家族との死別など，乗り越えなくてはならない出来事が増す時期である。特に，次第に衰退する心身機能の変化や，社会的役割の変化や身近な人との死別といった喪失体験は，老年期に集中して起こるライフイベントである。老後の暮らしを支えるための収入や住宅事情といった経済環境的な問題にも直面することがある。さらにこの時期は，すべてのライフステージのなかで最も健康問題が多く起こる時期でもある。自らそして，家族の闘病や介護にまつわる問題は，この時期の人々の心の健康と大きく関わる問題である。

II 成人期から老年期のクライアントの主訴理解の視点

1. 多因子性――多彩な要因を視野に入れた主訴理解の視点

　成人期から老年期のクライアントの主訴は多彩である。心理面や行動面の問題が主訴となる場合もあれば，身体面の問題が主訴になる場合もある。主訴は身体面の問題であるにもかかわらず，実際にはその背後に精神医学的な病態が存在するケースも少なくない。一方，心理面や行動面の問題を主訴とするケースのなかには，その背後に未診断の発達障害，アルツハイマー病などの脳器質性疾患，そして，心の不調を生じさせる身体疾患が関与している場合がある。さらにこの時期のクライアントの主訴や経過には家計状況や世帯構造といった経済環境的な要因も影響することが多い。このように，この時期のクライアントの主訴の背景は複雑で，複数の要因が同時に存在し，それぞれが相互に関連している場合が多い。

　図1は，成人期から老年期のクライアントの主訴とその背景を表している。ここでは，主訴の背景を医学的要因，心理社会的要因，経済環境的要因の3つに大別した。医学的要因とは，医学的理解や関与を必要とする問題を含む。このなかには，身体疾患や精神疾患，およびそれらに関連した障害が含まれる（例：脳血管障害，認知症，物質関連障害，気分障害，統合失調症，発達障害など）。心理社会的要因とは，主訴に影響するクライアントの心理発達的な特性やライフイベントを含む概念である。このなかには，虐待・トラウマ，心理発達の特性，対人関係（例：友人，親子，恋人，夫婦），育児・子育て，家族関係，進路決定，就職活動，職場適応，引退・

```
                    ライフヒストリー

  ┌──────────┐  ┌──────────┐  ┌──────────┐
  │ 医学的要因 │  │心理社会的要因│  │経済環境的要因│
  │健康問題，疾患，│  │人格や認知の特性，│  │家計，世帯構造，住宅状│
  │障害など，医学的│  │ライフイベントなど，│  │況など，クライアントを│
  │理解や関与を必要│  │クライアントの心理│  │取り巻く環境の理解や関│
  │とする問題   │  │発達やストレスの理│  │与を必要とする問題など│
  │        │  │解や関与を必要とす│  │           │
  │        │  │る問題など    │  │           │
  └─────┬────┘  └─────┬────┘  └─────┬────┘
        ↓             ↓             ↓
  ┌─────────────────────────────────┐
  │              主　訴               │
  │【身体面】不眠，易疲労性，食欲不振，胃痛，吐気，下痢，肩こり，頭痛など│
  │【心理面】物忘れ，意欲減退，気分の落ち込み，不安，焦燥感など   │
  │【行動面】電車に乗れない，人前に出られない，忘れ物が多い，仕事のミスが多いなど│
  └─────────────────────────────────┘
```

図1　主訴の例とその背景

退職，死別，喪失・挫折，老親介護，闘病，孤立や孤独などが含まれる。経済環境的要因とは，クライアントの経済状況やクライアントを取り巻く環境の理解や，これらに対する支援や関与を必要するとする問題が含まれる。このなかには，収入減，債務超過などの経済的問題や不安定な雇用形態，さらには，世帯構造や住宅事情といった環境要因が含まれる。成人期から老年期のクライアントのアセスメントでは，主訴の背後にある多彩な要因に目を向けながら，クライアントの理解に努める必要がある。

2. 連続性——生涯発達的視点からの主訴理解の視点

　誰にでもその人固有の歴史がある。成人期のクライアントは，乳児期，児童期，そして青年期の発達や経験を経て現在に至っている。老年期のクライアントは，加齢の影響に加えて，成人期という最も長い経験を経て現在に至っている。すなわち，成人期および老年期のクライアントの「今」は，個人のライフヒストリーの延長線上に存在する。しかしながら，多くの場合，私たちはクライアントの今しか直に見ることはできない。そのため，私たちはつい今の現実ばかりに目を奪われ，そこに至るクライアントの長い人生の歴史をなおざりにしてしまいがちである。たしかにこの時期は，その人らしさ（例：価値観や行動様式など）を失わせるほどの病的変化（例：認知症など）が起こりやすい。しかしながら，たとえ病的変化によって「その人らしさ」は失われても，その人の過去の歴史は存在し続ける。その人のライフヒストリーを知ることは，今の本人の価値観や行動様式がどう変化したのかを理解するのに有益である。同時に，その人のライフヒストリーを知ることは，今の本人の苦悩や家族の戸惑いを理解するうえでも有益である。

III　成人期から老年期の臨床心理アセスメント

　臨床心理アセスメントの目的は，クライアント，患者，および相談者（クライアントの家族，ケアスタッフなども含む）の主訴解決に必要な情報を収集し，その情報に基づいて必要な支援（治療や対応を含む）の指針を得ることである。言い換えると，クライアントの「主訴」とその解決に必要な「支援」との間の橋渡しをするプロセスが臨床心理アセスメントである。筆者は，このプロセスは以下の4段階から構成されると考える（図2）。
　第1段階は，アセスメントの「方針決定」から開始される。ここでは，クライアントの主訴の理解とその解決指針を得るためには，どのような情報をどうやって収集することが必要かを検討する手続きが求められる。心理検査や構造化面接法といった定式的な手続きに則った情報収集を行うのか，それとも，面接や行動観察を重ねながらクライアントの理解に必要な情報を収集するほうがよいのかを判断する。

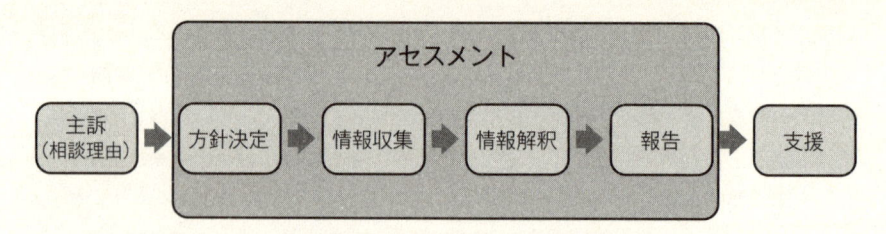

図2　臨床心理アセスメントの位置づけ

主訴(相談理由) → [アセスメント: 方針決定 → 情報収集 → 情報解釈 → 報告] → 支援

　なお，表2には，成人期・老年期の臨床心理アセスメントで使用されることの多い心理検査を列挙した。検査の目的に応じて，どの検査を実施すべきかを選択することも，臨床心理アセスメントの重要なポイントである。

　第2段階は，「情報収集」である。ここでは，第1段階で決定した方針に則って，実際に情報収集が行われる。先述のように，情報収集の手段にはさまざまな手法があるものの，その代表的な手法は心理検査を用いたアセスメントである。表2には成人期から老年期のクライアントに使われることの多い主な心理検査を列挙した。テストバッテリーを組む際には，検査によって測定される内容と検査の目的が合致しているか，使用する検査の信頼性や妥当性は十分か，検査に要する時間は適切な長さかなどを総合的に検討する必要がある。特に，高齢者の場合，長時間に及ぶ検査や，教示や操作が複雑な検査では，正確な測定ができない場合がある。能力検査を用いた情報収集では，標準的な手続きは遵守しつつも，高齢者が自らの力を最大限に発揮できるような支援も求められる。

　第3段階は，「情報解釈」である。ここでは，得られた情報を整理・統合し，クライアントの状態像の評価や必要な支援の指針を検討する（見立て）。検査の目的に応じて，解釈のポイントは異なる。例えば，医療場面では医師による医学的診断に必要な情報を収集する目的で，症状の有無やその程度の評価のために臨床心理アセスメントが行われることが多い。このときには，医師の医学的診断に必要な情報の解釈が必要である。一方，医療現場以外の心理臨床実践では，臨床心理士自身が，クライアントをよりよく理解する目的で臨床心理アセスメントが行われる場合がある。この場合には，得られた情報を総合的に解釈し，どのような臨床心理学的支援が必要かを判断ないしは見立てるための解釈が行われる。

　第4段階は，「報告」である。ここでは解釈した情報を必要とする人に向けて，書面ないしは口頭によるアセスメントの結果の伝達が行われる。医師の医学的診断に必要な情報を得ることがアセスメントの目的である場合には，臨床心理学の専門家でない医師にアセスメントの結果が正確に伝わるように留意する必要がある。クライアントやその家族または介護者など，非専門家にアセスメントの結果を報告する際には，これらの人々が理解可能な形式に情報を変換して伝えることも必要である。

表2　成人期から老年期のアセスメントで使用する主な検査

知能や認知機能に関する検査	人格特性に関する検査	気分・情動・健康に関する検査
Mini-Mental State Examination（MMSE） 改訂版長谷川式簡易知能評価スケール（HDS-R） 日本語版コグニスタット認知機能検査（COGNISTAT） Alzheimer's Disease Assessment Scale（ADAS） ウェクスラー成人知能検査第3版（WAIS-III） ウェクスラー記憶検査改訂版（WMS-R） 三宅式記銘力検査 ベンダー・ゲシュタルト・テスト（BGT） リバーミード行動記憶検査（RBMT） レーヴン色彩マトリックス検査（RPMT） 知的機能の簡易評価（JART） ベントン視覚記銘検査（BVMT） コース立方体組み合わせテスト ウイスコンシン・カード分類検査（WCST） 遂行機能障害症候群の行動評価（BADS） 標準失語症検査（SLTA） WAB失語症検査 MEDE多面的初期認知症判定検査	モーズレイ性格検査（MPI） 矢田部ギルフォード性格検査 東大式エゴグラム（TEG） 精研式文章完成法テスト（SCT） P-Fスタディ（絵画欲求不満テスト） MMPI人格検査 主要5因子性格検査（BIG5） ロールシャッハ・テスト 絵画統覚検査（TAT）	CAS不安測定検査 SDSうつ性自己評価尺度 CES-D抑うつ症状自己評価尺度 STAI状態・特性不安検査 CMI健康調査票 GHQ精神健康調査票 MAS不安尺度 WHO QOL26

Ⅳ　超高齢社会における臨床心理アセスメント

　表3には，成人期から老年期の臨床心理アセスメントの主たる目的とその活用例を示した。その主な目的は，クライアントの理解（見立て），治療経過の判断，公的制度の申請手続きおよび権利擁護のための能力評価である。

　超高齢社会を迎えた今，臨床心理アセスメントの活用範囲は広がっている。特に，認知症高齢者のアセスメントの重要性は増加している。ここではその重要性を3つの視点から述べる。

　第1は，認知症の早期発見を目的とした活用である。ここ10年間の認知症治療は目覚ましい発展を遂げている。しかし新たに開発された治療法の多くは，認知症の初期または軽度の時期に効果のある治療法である。言うまでもなく，認知症の中核症状は，認知機能の障害である。したがって，認知症の早期診断には，病初期の軽微な認知機能低下のアセスメントが重要な役割を担っている（Matsuda & Saito,

表3　超高齢社会における臨床心理アセスメントの活用例

目　的	活用例
見立て ・主訴およびその背景の理解 ・症状の有無や程度の把握 ・医学的診断心理学的判断 ・予後や経過の予測 ・治療および支援指針の検討	・認知症の前駆段階（MCI）および初期のスクリーニング ・脳器質性障害のスクリーニング ・認知症の認知プロフィールの理解 ・BPSD（認知症による行動心理症状）に対する対応指針の検討など
経過観察 ・病状の経過や治療効果を検討に活用 ・治験における効果評価のために活用	・認知症の経過観察 ・認知症治療薬の臨床治験における効果評価など
その他 ・公的制度の利用申請 ・権利擁護	・介護保険制度, 成年後見制度など, 各種公的制度利用申請に伴う手続き ・精神鑑定における意思能力や責任能力の評価など

2009）。

　第2は，臨床治験における効果評価への活用である。ここ数年，世界中で認知症治療薬の開発研究が盛んに行われ，それに関連した臨床治験も試みられている。臨床治験においても，早期発見の場合と同じく，中核症状である認知機能評価が必要とされる。しかしながら，どんなに信頼性や妥当性の高い心理尺度を用いても，検査者の臨床的技能が乏しければ，被験者を正しく評価することができない。優れた心理尺度の開発と同時に，高齢者に対する臨床的技能をもつ専門職の輩出は，臨床心理学に課せられた今世紀の重要課題のひとつである。

　第3は，成年後見制度や介護保険制度など，公的制度の利用申請手続きや権利擁護に関わる能力評価への活用である。認知機能が低下し，本来は単独での意思決定が困難となっているにもかかわらず，それらの行為を続けていたがために，不当契約や詐欺などのトラブルに巻き込まれる高齢者が後を絶たない。意思能力の低下が疑われる高齢者の遺言書の有効性をめぐる民事裁判もある。加齢や認知症によって意思決定能力が低下した高齢者の権利擁護における能力評価は，少子高齢化と高齢核家族化の更なる進展が予想されるわが国において，今後さらにその重要性を増すに違いない。

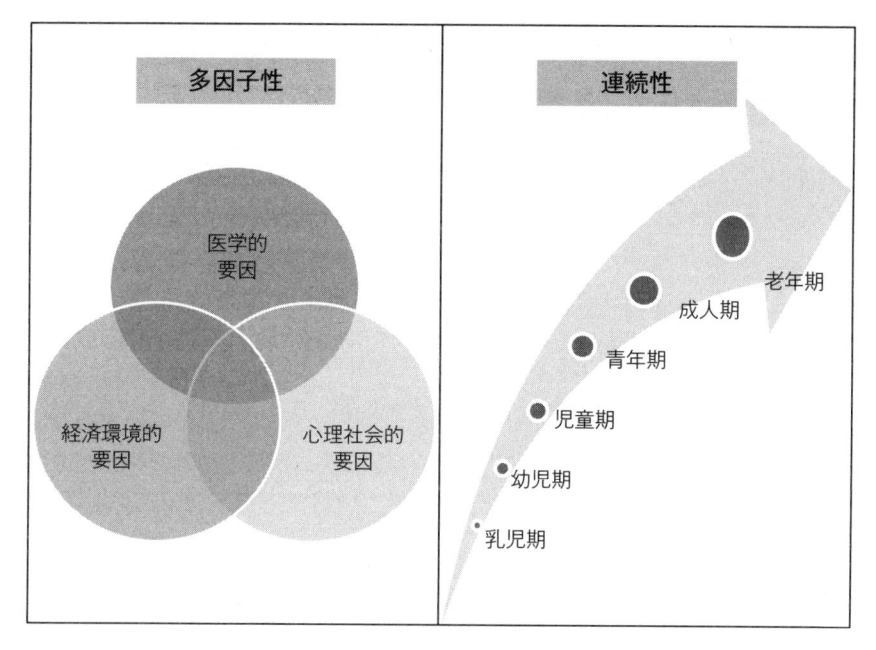

図3　成人期から老年期のクライアントを理解するための2つの視点

V　終わりに

　成人期から老年期のクライアントのアセスメントでは,「多因子性」と「連続性」の2つに視点をもつことが必要である（図3）。こうした視点をもちながら,常に,「クライアントの支援のため」というアセスメントのゴールを見失わないように日々努力する姿勢が必要である。

文　献

Matsuda O & Saito M (2009) Multiple cognitive deficits in patients during the mild cognitive impairment stage of Alzheimer's disease : How are cognitive domains other than episodic memory impaired? International Psychogeriatrics 21 ; 970-976.
松田修, 斎藤正彦 (2011) 認知症高齢者の権利擁護と能力評価 —— 知能検査および認知機能検査の成績と財産行為を含む生活行為の遂行状況との一致度の検討. 老年精神医学雑誌 22 ; 723-733.
内閣府 (2011) 平成23年版高齢社会白書.

ケース
夫婦間不和が認められる事例

中釜 洋子 HIROKO NAKAGAMA
東京大学

I 事例から
―― アセスメント開始のひとコマより

1. 〈事例1〉長期化した不登校の娘（高校生）を持つ母親Aさんとの初回面接から

　娘が通うクリニックの心理士から，「母親Aさんの不安も高く，相談したいことがいろいろあるようなので」ということで，Aさん（40代主婦）が紹介されてきた。娘の心身の状態と暮らしぶりを聴き取った後，取り巻く人々の対応を尋ねたところからの引用である。

　　カウンセラー（Coと略）――それでお嬢さんの様子を，ご主人はどんなふうにご覧になっているんですか？
　　母親――心配しているとは思います。ただ，あまりよくはわからないみたいです。単身赴任が長かったですから。月に一度は自宅に帰るようにしていたみたいですけれど，何しろ5年間離れていたので，家の中のことはすっかり浦島太郎みたいで……。
　　Co――5年間というと，お嬢さんがちょうど中学に入ったくらいからですかね。それじゃあ，お嬢さんの思春期以降は，まるまる別の土地がお父さんの本拠地ということで？
　　母親――そうですね。あの子の状態は近くで見ていてもわかりにくいと思うんです。表に出している部分は普通だし，家族とも全く話さないわけではなく話すときは穏やかですから，私も最初は全然理解できなくて。とにかくずっとそばにいて，いろいろな状態をようやく隠さず私に見せるようになって。だからやっと私も，ああ，これは怠けなんじゃなくて一番苦しいのは本人なんだってわかったわけですから。
　　Co――お母さんに頑張っていただいて，で，ようやくお母さんにいろいろ見せるようになって，お母さんが理解者になってくださったんですよね。それがとてもよかったし，せっかくだからお父さんにも少しでもわかっていただくようになるといいと思うんですが。どうですか，可能性はどのくらいありますかね？
　　母親――まず無理だと思います。
　　Co――そうかあ。まず無理，ですかあ。それじゃあ，ゆっくり長期戦でやってゆく必要がありますね。近くにいる時間がずうっと少なかったお父さんには，難しいんですね，お母さんのようにお嬢さんの状態を理解す

るのが。
母親——娘が父親のことを拒絶してますから。私以外には，決してはっきりそうとは言わないでしょうけれど。それと父親の側にも，わかりたいとか，そういう繊細な気持ちはまずないと思います。家にいるときもずっと仕事のことだけ考えている人ですから。
Co——そうですか。ご主人の目が仕事以外に向かうことは，これまであまり多く起こらなかったというのが奥様の実感なんですね。（母親からの応答はなし。短い沈黙の後）それでですね，お母さんがこの日にカウンセリングに行くというのは，ご家族にお知らせするんでしたっけ。（母親からの答え部分を省略）お嬢さんは知っていて，ご主人にはいちいち細かいことは言わないということですね，例えば今日がカウンセリングの日だといったことは。それじゃあまずはそこから，変えてみませんか。毎回ご主人にもお伝えになってから来てくださいますか？お母さんのご負担をかえって増やしてしまうかもしれないですけれど。やがては，数回に一度でよいのでご都合が付くときにはお父さんにもいらしていただくようにぜひしたいし，まずはそのための準備から始めたいと思います。

　配偶者について語る母親の淡々とした口ぶりに夫婦関係の問題があるだろうと推測するが，どの程度かはわからない。協力関係を作る努力のなかで詳細を見てゆきたいと方針を立てる。

2.〈事例2〉ひきこもりの息子の相談に両親で来談した事例の初回面接から

　某機関から紹介されて，母親が相談申込の電話をかけてきた。ひきこもり状態の息子に親としてどう対応したらよいかアドヴァイスがほしいとのこと。父親の同行を促して両親で来談いただいた。初回時，息子とのやりとりを具体的に尋ねたところからの抜粋である。

父親——（母親の話に割って入るように）そうじゃないでしょ。先生は親のしたことを知りたいんじゃなくて，息子がどんな返事をしたのかを聞きたいって。そういう質問なんだよ。
母親——わかってますよ，だからいま，それにお答えしようとして……
Co——いえいえ，いいんですよ。お話しになりやすいところから聞かせてくださったら，周辺事情も含めてかえってよくわかりますから。
母親——いえ，この人はいい加減ね，私のやり方が息子をおかしくしたって言いたいんです。
Co——そうなんですか？
母親——そうなんです。この人が「あいつの性根を鍛え直す」と言って追い詰めるから，私，いつも止めに入るんですね。あんまり可哀想で見ていられなくて口を挟むんです。でも，それで最後まで言えなかった，私が邪魔をしたっていうことに一番腹を立ててるんです。
父親——私から見ると，そちら（母親のこと）の口出しが余計問題を拗らせていると思えて仕方ないんですよ。細かいことをだらだら言ってもどうせ何も聞く耳持たないんだから，そういうのはいちいち言うな，どうせ言うならガツンと一言言えって繰り返し教えるんですが。そちらの話はいつも何を言っているか要領を得ず，まだるっこしいし。
Co——ああ。お二人の間で息子さんと向き合う仕方が違っているんですね。お父様は一言はっきり伝えたいし，お母様は……。そうですよね，息子さんが追い詰められる姿を見るのは，お母様には一番苦しいところですよね。息子さんがさらに自信を失いかねない大事なところ。だからどうしても口出ししないわけにゆかない？

基本姿勢として，表現される家族関係の問題は否認せずしっかり聴き取りたい。同時に，ぶつかり合いが"息子のためによいことを"という理由から生じていることを夫婦に伝え返そうと試みている。

II　夫婦関係をアセスメントすることの難しさ

本稿では，夫婦間不和の臨床心理学的アセスメントについて，具体例を示すことから始めたいと考えた。具体例といっても創作事例であり，いささか感覚的な書き出しとなったことをご容赦いただきたい。客観的データに基づいて仕事をする姿勢を，臨床心理士としてますます磨いてゆきたいのが現代である。夫婦関係のアセスメントも，勘や臨床経験に落とし込まず，多くの人が追随できる議論を展開する必要があるだろう。例えば客観的方法として，インテーク前の受付シート記入の段階で，夫婦関係に関する尺度やチェックリストをアセスメントに使うなどの方法が考えられる。初対面のカウンセラー相手に話し始めの段階から，夫婦関係についての情報を隠さず正確に伝えることが必要だが，そうしたいと夫婦が口をそろえる文脈は何かと考えると，関係そのものを主訴とする例，つまり夫婦療法やカップルカウンセリング事例にそんなアセスメント法が適用できる。しかしわが国において夫婦カウンセリングやカップル・セラピーは，需要が増した（平木ほか，2010；中釜，2008）とはいえ，まだまだ特殊な実践活動である。ごく一般的な臨床例では，夫婦関係は直接の主訴にならない。それにもかかわらずどうして夫婦関係を検討するのか，心理士がアセスメントの一つに加えるのはなぜかに答えられなければならない。

アセスメントが当事者である夫婦に気づかれず，密やかに進むこともある。主訴との関係で言うと，夫婦関係がいかに主訴と結びつくか明確な像が結べないまま，しばらく平行状態で進む事例もある。そのためか，関係の問題を捉えたところでどんな利があるかわからず，直接の成果に結びつかないならその問題には立ち入らないほうが得策ではという疑問が，心理士の側に浮かぶことも珍しくないようだ。夫婦関係のアセスメントの難しさのひとつは，関係が悪いとわかっても，どのような傷つきがあるのか，いかなる変遷を辿っての今かをひもとく文脈づくりに手がかかる点にある。それゆえ，どんな立ち位置でこの問題と向き合うとよいかという問いを心理士のなかに喚起することだろう。

アセスメントの難しさはまた，クライエント夫婦や家族の体験のされ方に大きく左右される。「恥」や「否認」という言葉が真っ先に浮かぶが，アセスメントの眼差しが当事者である夫婦の「恥」意識を揺さぶることが多く，長く続いた夫婦間不和（家族間不和）では，傷つきはしばしば深く沈潜し，表面から見えづらくわかりにくいものへと姿を変えてしまっている。配偶者への失望感や，そんな状況に甘んじて居続けた自分に対する苛立ちも，時間とともに諦めの気持ちを取り込み，不注意や無関心，投げやりな態度となったり，相応しい感情をしっかり体験する力の弱さに変貌している。悲しみが深く希望がもてないほど慣れっこになって，もはや問題でないと傍目に写ることがある。そんな外見を超えて体験を辿るには，わずかに表明されるサインに立ち止まらなければならず，そのような感受性を備えたカウンセラーとのやりとりのなかでだけ，ゆっくりと姿を見せ始める。全貌が明らかになり見直してみると，以前はわからなかったこと，不思議だとだけ思い立ち入らずにきたことに，合点がゆくようになる。それまで関係のアセスメントは実施不能のまま，ないし仮説に留めたまま進んでゆく。この過程は，若いカウンセラーからは"暗闇を手探りで進むかのよう"という感想を聴くことも珍しくない。

さらにもうひとつ，カウンセラーは立ち止まる感受性を備えると同時に，関係の問題を病理と捉えないほうがよい。個性の異なる男女がひとつ関係に長く留まること自体が難題で，誰でも多少の問題と無縁でいられないこと，それは個々人の機能レベルや能力の高低と一線を画した問題であるとまずは認識

したい。そして，大切なのは目を逸らさないことだと知り，好奇心や蔑視から離れていられればいられるほど，クライエント夫婦や家族が自分たちの問題をひもとく可能性が高まるようだ。とりわけ関係のアセスメントにとって治療同盟の形成は欠かせず，事例1，2に示したように，質問を矢継ぎ早に重ねるより，安心感・安全感の醸成に配慮し，カウンセラーの捉え方も折に触れて伝えながら進むことが，詳細なアセスメント，すなわち使えるアセスメントを実施するための基本となる。

Ⅲ　夫婦関係のアセスメントはなぜ必要なのか

　ここまで述べてきた難しさにもかかわらず，夫婦関係のアセスメントはなぜ必要か，どんなときにもする必要があるか，という問題を考えてみよう。

　既婚者の夫婦関係を尋ねるのは，成人の精神的健康に対して，夫婦関係が大きな影響を与える要因であることがわかっているからである。幸福な結婚生活を送っている人は，そうでない人より長生きし，病気にかかる率が低く，不幸な結婚生活を送っている人たちは，身体的・心理的なストレスを抱えながら生きていることになる。例えばうつという障害を取り上げると，夫婦関係の問題があるとうつは10倍生じやすくなり，不幸な結婚生活を送っている場合，大うつ病のリスクは25倍上昇する（O'Leary et al., 1994）。うつの人は配偶者からの批判にとりわけ傷つきやすく，夫から暴力を受けた経験があると答えた人は，一般女性の30％に対して，うつ得点の高い女性では52％と割合がはね上がる（Mead, 2002）。このようなデータから，大人の適応や精神的健康向上のために，夫婦関係に働きかけない手はないだろうという考えが浮かび上がる。

　子どもの場合はどうかというと，子どもの行動上の問題は，二人の親が揃っているか否か，離婚経験の有無によらず，家庭内にあった争いの雰囲気から影響を受けること，家庭内の争いを多く経験してきた子どもたちは，他者の情動に非常に敏感に反応することが，研究上も十分確かめられている（Shaffer, 1998ほか）。子どもが臨床的問題を抱えた際，夫婦の問題が先行していたと認められる例は少なくない。その場合，両親の協力体制づくりが難しいという意味で子どもの問題への手当ての充実度にも必ず影響が及ぶ。関係の生き物である私たちが，家族内の主要な関係から影響を受けるのは極めて自然であり，子どもの回復プロセスを想定するときもこの要因を軽視するのは現実的でない。

　夫婦関係の修復が容易に見込めないとき，臨床上の分岐点が生じるようである。生物・心理・社会モデルに則ったアセスメントという観点からは，関係の要因を割愛しないトータルなアセスメントを目の前のクライエントと共有する道が推奨される。ただし脅かすためや恥をかかせるためでなく，事態を公平に捉えるためにアセスメントの結果を伝えることが肝要である。既婚者には配偶者の理解と協力が大いに役立つこと，子どもがIP（Identified Patient：患者とみなされた人）の場合は関係する大人たち（二人の親）の協力的関与が大変ありがたく肯定的効果をもたらすことを伝えて，どちらの場合も実現可能な具体的言動レベルで協力の仕方を話し合うことが欠かせない。何をして，何はしない，どんな言葉で伝えるかについて話し合うことで，協力しやすさが格段に増すと感じる人は多いものである。子どもへの対応をめぐり力を貸し合う経験を積んでようやく，関係の問題に取り組む勇気を得る夫婦は少なくない。表面に顕れずにきた関係の問題がすぐに変化しないのは承知の上で，他者とともに振り返ることができると，抱えてきた生きづらさや損傷感を確認する（Validateされる）機会となり，それによって孤立感が和らぐという内的変化がクライエントその人に起こることがある。

事例で学ぶ
臨床心理アセスメント入門

Ⅳ　家族心理学・家族システミック療法諸理論が呈示する夫婦関係理解の枠組み

最後に，関係に焦点をあてた心理学を発展させた家族心理学／家族システミック療法に目を向けて，夫婦関係を捉えるために役立つ2種類の知見を記しておこう。1つ目は夫婦やカップルを対象に行われた基礎研究（実証研究）からの知見であり，2つ目がマスターセラピストと呼ばれる人々が提唱するようになった臨床知見である。

1. 基礎研究からの知見

夫婦やカップルを対象にした基礎研究は，ゴットマン（Gottman, 2002 ほか）によって精力的に展開された。ゴットマンは夫婦を短時間観察すれば，関係が長続きするカップルと長く続かないカップルを見分けることが可能であり，前者の関係には友情という要素が見て取れるが後者には少ないこと，衝突やケンカは両者に同じように起こるが，関係修復のプロセスに違いが認められることを発見した。前者のカップルは時間の経過とともに自然に肯定的な感情交流が始まるのに対して，後者のカップルでは関係修復の動きは二人のなかからは生じず，隣人に働きかけたり子どもの問題を話し合う必要が生じるなど，外部の刺激や要請に促されてやりとりが再開するという違いが認められた。また関係の良さは個人のタイプや特性に起因せず，マッチングによって説明されるというシステミックな理解を実証的に確認したのも，ゴットマンである。肯定的感情と否定的感情を迷わず表現する人は，同じ激昂型のパートナーとの関係は良く，感情表出を回避する相手と結びつくと途端にストレスを抱えることなどを見出した。夫婦関係というと，つい大上段に構え，誰にとっても良い理想の関係を取り沙汰したり，それが叶わない途端に俎上に乗せても仕方ないという極端な理解に専門家も陥りやすい。しかしゴットマンの研究成果によれば，そのどちらも効果的援助に繋がらない。

よって，当該の夫婦にとっての安定的むすびつきを取り戻すこと，そのために夫婦関係の変遷を辿り直す必要性と意義がよく理解できる。

2. マスターセラピストたちの臨床知見

かたや家族システミック療法の創始者たちは，マッチングを主軸とする捉え方をシステミックな認識論という言葉で説明してきた。関係を捉える臨床概念を提唱し，夫婦や家族関係への感度を磨くことにも貢献した。例えばわが国でも広く知られる構造的家族療法の創始者であるミニューチン（Minuchin, 1974 ; Minuchin et al., 2007）は，二人組は関係として不安定で，葛藤を抱えるとすぐ三人目を巻き込んで葛藤を迂回させると述べ，これを三角関係化と命名した。三角関係化はある程度は健康な対処法だが，巻き込まれる人が固定され頻繁に繰り返されると，容易に関係の病理に発展する。三人目には婚姻外関係の浮気相手や親，子どもが選ばれることが多く，時に趣味や仕事など，人間でない活動も同様の役割を果たすとミニューチンは述べている。迂回連合は最も極端な例で，二人だけでは肯定的に繋がれなくなった二人組が，第三者を挟んではじめて関係が保てるという状況を捉えている。関係の維持には足並み揃えて向かい合う三人目の存在が欠かせず，何度も繰り返される非行や心身症の子どもの横によく迂回連合の夫婦がいると説いた。また，世代間境界を超えた連合は不健康に繋がると指摘し，夫婦の二人組が自分たちだけで決定できる程度に民主的なヒエラルキーを構成した状態を機能的健康と捉えた。

潜伏して見えなくなった関係の問題に光をあてた人としては，文脈療法（中釜, 2001）のナージを挙げよう。他者のことを考え，他者のために投入したケアと同程度のケアが他者から返されると思えるとき，私たちはその関係や集団を信頼に足ると捉える。ナージは，家族の臨床実践に関係倫理の次元があることを，1970年代という早期に提唱した。彼が創始した文脈療法の中心概念が忠誠心だが，自他共に認めるわかりやすい忠誠心が自尊心を育むのに対して，自分

では拒んでいるのに拒み切れなかったり，つい利用されるなどの形で相手に恩義を感じてしまう状態を「見えない忠誠心」と呼んだ。見えない忠誠心は，葛藤的な関係に挟まれた引き裂かれた忠誠心と並んで，心理的問題や症状に結びつきやすいと想定される。子どもは不仲な両親の間では，一方に近づくと他方が傷つくからくりによってどちらの親にも近づくことができない。子ども時代を母親の味方として過ごした末に，父親への罪悪感を強めて，母親を敵視する関係に180度態度を変える子どもがいることも臨床上よく知られる事実である（Boszormenyi-Nagy & Krasner, 1986 ; Boszormenyi-Nagy & Spark, 1973）。時にドグマと批判されることもある臨床概念だが，鵜呑みにせず事態を見る虫眼鏡として生かすことができれば，私たちの感受性を高めるために一役を買ってくれるだろう。

さて，夫婦関係のアセスメントは難しいと再三にわたり繰り返してきた。難しさを超えて夫婦関係をひもとく用意が整うと，その瞬間は，前向きに取り組む一歩を踏み出す瞬間になる。時間がかかる事例もあるが，心理士らしいやりがいのある仕事だと記して，まとめに代えたい。

文献

Boszormenyi-Nagy I & Krasner B (1986) Between Give and Take : A Clinical Guide to Contextual Therapy. New York : Harper & Raw.
Boszormenyi-Nagy I & Spark GM (1973) Invisible Loyalties. New York : Harper & Raw.
Gottman J (2002) The Relationship Cure : A 5 Step Guide to Strengthening Your Marriage, Family, and Friendships. Three Rivers Press.
平木典子, 中釜洋子, 友田尋子 (2010) 親密な人間関係のための臨床心理学. 金子書房.
Mead DE (2002) Marital Distress, Co-occurring depression, and marital therapy : A review. Journal of Marital and Family Therapy 28-3 ; 299-314.
Minuchin S (1974) Families and Family Therapy. Boston : Harvard University Press. (山根常男 監訳 (1983) 家族と家族療法. 誠信書房.)
Minuchin S, Nichols M & Lee W (2007) Assessing Families and Couples. (中村伸一, 中釜洋子 監訳 (2008) 家族・夫婦面接のための4ステップ. 金剛出版.)
中釜洋子 (2001) いま家族援助が求められるとき. 垣内出版.
中釜洋子 (2008) 家族のための心理援助. 金剛出版.
中釜洋子 (2011) 統合的家族療法. In：平木典子, 福島哲夫, 岩壁茂 編：新世紀うつ病治療・支援論――うつに対する統合的アプローチ. 金剛出版, pp.180-198.
O'Leary KD, Christian JL & Mendell NR (1994) A closer look at the link between marital discord and depressive symptomatology. Journal of Social and Clinical Psychology 13 ; 33-41.
Shaffer HR (1998) Making Decisions about Children 2nd Eds. Wiley-Blackwell. (佐藤恵理子, 無藤隆 訳 (2001) 子どもの養育に心理学がいえること. 新曜社.)

ケース
高次脳機能障害が疑われる事例

風間 雅江 MASAE KAZAMA
北翔大学人間福祉学部

I 高次脳機能障害への臨床心理的アプローチの必要性

　脳血管障害や脳外傷などによって生じた脳損傷が原因となり，失語，失行，失認や，記憶障害，注意障害，人格変化などの多様な神経心理学的症状を呈する状態を総称して，高次脳機能障害という。高次脳機能障害の症状の現れ方は一人ひとりにおいて異なり，会話，記憶，注意集中，感情コントロールといった，人間が生活していくうえで極めて重要な精神活動のいずれか，多くは複数の領域にわたって障害が生じる。脳損傷の部位によっては身体麻痺，および身体機能上の問題がなく，一見してどこにも異常がなく健常であるように見える場合がある。

　日本高次脳機能障害学会が全国の医療機関を対象に実施した2005年の実態調査では，高次脳機能障害者に対してどのような医療サービスが行われているかが調査された（種村ほか，2006）。その結果，ADL（日常生活動作）訓練が最も多く，次いで歩行訓練，言語療法，医学的管理，医学的診断，神経心理学的評価，社会資源の利用施設の順であり，以上の医療サービスは過半数の施設で実施されていた。一方，認知リハビリテーション，精神医学的診断，心理療法を行っている施設は半数以下であった。さらに高次脳機能障害者の医療サービスに関与する職種として，医師，作業療法士（OT），言語聴覚士（ST），理学療法士（PT）が関与している施設が70％を越えているのに比べ，臨床心理士が関与している施設は16.0％と，最も低い数値を示した（種村ほか，2006）。同様の内容で追跡調査が2009年に行われ，その集計結果では，実施された医療サービスの種類において神経心理学的評価と言語訓練の比率が低下し，職種については言語聴覚士の関与が相対的に低下していた。しかし，この点を除けば，高次脳機能障害者への医療サービスの種類と関与する職種について前回とおおむね同様の結果が得られており，臨床心理士の関与は15.7％に留まっていた（種村ほか，2011）。以上の調査結果から，高次脳機能障害者が医療機関において心理的側面の支援を十分に受けることができず，臨床心理士の関与が他職種に比べ極端に少ないという実態がうかがえる。

　わが国において高次脳機能障害をもつ人々が，この障害によって就労や就学がままならない状況に陥り，社会生活に困難をきたすことは次第に周知されるようになってきている。しかし，当事者や家族において生じる心理的問題については，十分に理解されているとは言いがたい。

　長年築き上げてきた人生の中途で，脳損傷に起因する高次脳機能障害を負った人の心理的問題は広範囲に及び，人間関係ひいては生活全般に影響を及ぼ

すものであり，それは極めて深刻である。高次脳機能障害に限らず，心理的支援を要するすべてのケースについてあてはまることであるが，生物－心理－社会モデル（bio-psycho-social model）の各側面からクライエントを理解したうえで臨床心理学的アプローチを行う必要がある（下山，2010）。

II　高次脳機能障害における生物学的要因と社会的要因

　高次脳機能障害の原因が脳損傷であるゆえに，クライエントの生物学的側面を理解するうえで，脳画像診断による，脳損傷の部位や大きさ，機能に関する情報が必要である。近年の脳画像診断技術のめざましい発展により，非常に明確で鮮明な脳の機能や形態の情報を得ることができるようになった。しかし，あとの「IV　事例」でふれるが，現代の脳科学の最新の技術によって示された脳損傷の情報と，クライエントにおいて生じる神経心理学的症状の対応が通説に反することも少なくない。臨床心理アセスメントでは，客観的情報を確認しつつ，クライエントの主観的体験や生活場面での困りごとを，クライエントだけではなく家族からの訴えも含めて，丁寧にききとることによって，「生活」に起こっている問題とその背景を詳細に把握することが重要である。

　社会的側面については，クライエント一人ひとりを取り巻く環境要因，家庭，学校，職場などの状況の把握が必要となる。ここ十数年の間で，日本では高次脳機能障害をめぐって行政上の動きがあり，社会的にも注目されるようになった。先崎（2009）はその経緯について以下のようにまとめている。元来「学術的に」高次脳機能障害（higher brain dysfunction）といえば，比較的局在の明確な大脳の巣症状である失語，失行，失認などを指す概念であったが，事故や疾病の後遺症で，記憶障害，注意障害，遂行機能障害，社会的行動障害などを抱え，その後の人生を送らなければならない人が若年者も含めて増加してきた。交通事故による脳外傷の場合は従来型の福祉サービスを受けることができず，家族の負担は深刻であったが，1996年に当事者・家族会が発足して国への要望が提出され，2001年には厚生労働省により高次脳機能障害支援モデル事業が展開された。支援モデル事業の調査結果をうけて，高次脳機能障害をもつ人への支援を推進する観点から，この障害を「行政的に」広くとらえ，記憶障害，注意障害，遂行機能障害，社会的行動障害なども含め支援することとされた。2005年には支援コーディネーターを都道府県単位で配置し，2006年から自立支援法下で支援の普及を図ることになった。脳外傷に起因する認知の障害であるが，行政上では，高次脳機能障害は精神障害の範疇として対応されることになっており，精神障害者保健福祉手帳をもって諸制度を利用することになっている（先崎，2009）。

III　高次脳機能障害への神経心理学的検査

　生物－心理－社会モデルにたって臨床心理士が行うアプローチのうち，要となるのは心理学的アセスメントおよび介入であるが，面接，観察，検査によって収集した情報から多角的な分析をする必要がある。高次脳機能障害の有無や，認知や行動のどの部分に障害があるのかを把握するためのアセスメントツールとして，種々の神経心理学的検査が開発されている。

　前頭葉機能のなかでも，遂行機能については，BADS（Behavioural Assessment of the Dysexecutive Syndrome：遂行機能障害症候群の行動評価）がWilsonら（1996）による原版の日本語版として2003年に刊行され，脳損傷者の高次脳機能評価に広く用いられている（鹿島ほか，2003）。遂行機能（executive function：実行機能）とは，一般に，自ら目標を設定し，計画を立て，実際の行動を効果的に行う能力とされており，日常生活で何らかの問題に遭遇した際，それを解決していくために動員される一連の複雑な認知・行動機能の総称である（鹿島ほか，2003）。BADSは，適切なルールの適用，時間配分による課題解決

ストラテジーや推論の力を要する6種類の下位検査と遂行機能に関する質問表から成る。遂行機能にかかわる他の検査として，概念形成，注意機能，課題解決における適用ルールの転換，反応の柔軟性が問われるウィスコンシンカード分類検査（WCST）がある。短時間で遂行機能を把握することができるトレイルメーキングテスト（TMT）やストループテスト（Stroop test）もよく用いられている。

言語能力の把握を目的とした検査としては，日本高次脳機能障害学会によって開発された標準失語症検査（SLTA）が長年にわたって用いられている。さらに近年，同学会により，視覚的な認知能力を測る検査として標準高次視知覚検査（VPTA）が，失行の検査として標準高次動作性検査（SPTA）が，注意および意欲を測る検査として標準注意検査法・標準意欲検査法（CATS）が開発された。2010年の診療報酬改定において，従来認められていたSLTAに加えて，上記の3つの検査に新たに診療報酬の付与が認められるようになった。

また脳損傷は巣症状として特定の心理機能に障害を与えるに留まらず，知的側面への影響を及ぼすことがある。知能検査としてWAIS-IIIを用いることにより，言語性と動作性それぞれの知的側面の能力の把握，および，「言語理解」「知覚統合」「作動記憶」「処理速度」の各群指数の解釈，下位検査の評価点分布による分析を通して多面的に詳細な情報を得ることができる。脳損傷を負うクライエントは易疲労性を呈することが多いため，下位検査の量が多く試行時間が長いWAISの適用が困難な場合がある。そのときは，見当識を含めたスクリーニングテストとして改訂長谷川式簡易知能評価スケール（HDS-R）やMMSE（Mini Mental State Examination）を用いる。言語に障害があるクライエントには，コース立方体組み合せテスト（Kohs Block Design Test），レーヴン色彩マトリックス検査（Raven's Coloured Progressive Matrices）を用いることができる。

高次脳機能障害の影響が及びやすい記憶能力を把握するためには，ウェクスラー記憶検査（WMS-R），三宅式記銘力検査，ベントン視覚記銘検査などがあり，クライエントの言語機能の状態に応じて，言語性あるいは非言語性の記憶検査を選択して用いる。

IV 事例

以上，高次脳機能障害について，医療の領域での支援の現状と，生物－心理－社会モデルの観点にたつ理解の方法について述べた。次に，実際の事例を通して検討する。本稿では，脳出血を原因疾患として高次脳機能障害が生じたAさん，脳梗塞により失語症が生じたBさん，乳児期に事故に遭い硬膜下血腫の脳外科的施術を経験し，通常教育課程で大学を卒業した後，就労に支障をきたし高次脳機能障害が疑われたCさんの3事例を通して，高次脳機能障害をもつ人への心理アセスメントについて考えたい。本稿の事例公開については筆者所属機関の倫理委員会で審査され承認を得ており，また，当事者に公開の許諾を得ている。プライバシーへの配慮のため，ご本人が特定できないように情報の一部を割愛，あるいは改変している。また事例によっては20年以上前に発症され当初のデータが入手できないものもあったため，筆者の記憶による仮想情報を付記したところがあることを了承いただきたい。

1. 事例1
——脳出血後，高次脳機能障害が疑われたAさん

Aさんは発症時60歳代前半の男性で，妻，3人の娘，孫と同居していた。病前は，職人として仕事一筋の生活を送っていた。60歳で脳出血を発症し，脳画像診断の結果，両側小脳（右側の方が損傷大），および中脳の一部に脳損傷が認められた。保存的治療がなされたが，水頭症となりシャント術施行を受けた。脳神経外科，回復期病院での入院加療の後，自宅での療養生活へ移った。しかし，自宅生活に入りまもなくして転倒し，再び入院となった。右動眼神経麻痺，小脳失調性歩行があり，リハビリテーションの内容は歩行訓練や作業療法のADL訓練が中心

であった。

　再入院時のリハビリテーションの経過において，コミュニケーションや注意などの高次脳機能障害が疑われ精査がなされた。神経心理学的検査の結果は，HDS-R 得点が 27 点/30 点，MMSE 29 点/30 点，三宅式記銘力検査では，有関係対語 8-8-10，無関係対語 1-4-3 であった。WMS-R では，言語性記憶 76，数唱では順唱 5 桁，逆唱 4 桁。これらの検査結果では，記銘力において軽度の低下があることが示された。

　知的側面について，WAIS-R の結果は，言語性 IQ 81，動作性 IQ 100，全検査 IQ 89 であった。言語性下位検査では，算数，理解，類似の評価点が特に低く，動作性下位検査では，符号の評価点が低かったがこれ以外は高かった。

　言語機能については，会話では全般的に多弁であるが，時に喚語困難が生じ，その際に吃様発話がみられた。SLTA を実施した結果，聴く，話す，読む，の各側面でほぼ全問正答であったが，書く側面で漢字の表出において若干の誤答があった。検査上では失語症は認められなかった。

　BADS では，特に「時間判断検査」（やかんの湯が沸騰する時間など，明確な正答が存在しない時間の長さを推定する課題）と「動物園地図検査」（いくつかのルールに従って，所定の場所を通る経路を計画する課題）の得点が極端に低く，計画性や推論の能力の低下が顕著に認められた。TMT では，数字のみランダムに配列されている課題 A が 1 分 36 秒，数字とかな文字が混在する課題 B が 3 分 23 秒，誤りは 2 個で，心の構え（セット）の維持・転換の障害，注意分配の能力の低下があることが示された。

　以上，事例の概要と神経心理学的検査の結果について述べた。ただし，クライエントの心理的支援においては，上記に示された検査結果上では見えにくい「生活」における困りごとや，障害についてクライエントの受け止め方について把握し，退院後の生活の質の向上を目指す介入方針をたてることが極めて重要である。

　本事例では，身体面では失調性の歩行，心理面では記銘力低下および遂行機能障害が認められた。検査上では失語症は検出されなかったが，退院後の自宅療養生活において，本人と家族の間のコミュニケーションで，お互いの意思が伝わらず，トラブルになることが多かった。そして，本人のイライラはつのり，「死にたい」「どうせ俺は厄介者だ」と家族に対して頻繁に言うようになった。また，家人が仕事で日中不在となり一人留守番する時間が長く，不安が強いときには，被害妄想的に隣人が何か言ってくる，と訴えるときもあった。遂行障害のために家人の不在の間，家事を行うこともままならなかった。

　本事例では，前頭葉の損傷がないにもかかわらず遂行機能障害が生じ，言語野損傷がなく失語症を呈してはいなかったが，日常生活上の意思疎通に支障をきたし，家族間の人間関係に影響を及ぼしていた。高次脳機能障害の場合，脳損傷が明確に存在し，損傷の局在や大きさから予測される巣症状があるが，本事例のように生物学的実態と心理的症状が対応しないことが，少なからずあることに注意しなければならない。神経心理学的側面の症状のみならず，不安や抑うつ，パーソナリティのアセスメントを丁寧に行う必要がある。

　A さんは，職人として高い技能をもち，精魂をこめて物を作る仕事に熱意を燃やした生活を送っていた。その人生の途上で歩行や認知の障害を負い，職業生活を断念せざるを得なかった A さんは，現実を認識するに足る知的能力が維持されていただけに，将来への失望感は想像を絶するものであっただろう。また，家族がその思いをどのように受け止めるのかも非常に重い課題である。最近の報告では，脳卒中後のうつ（post stroke depression）は初老期患者において発症 20 カ月後の時点で 34％にみられたという（先崎，2011）。A さんの場合，病院ではリハビリテーション医をはじめとしたチームアプローチにおいて，本人のみならず家族に対してもカウンセリングなどの心理学的介入がなされた。そして，退院後は三世代同居の家族形態のなかで役割分担を模索しつつ，家族によるサポートが篤くなされ，家族間での意思疎通もスムーズになり，精神面の安定が取り戻された。

2. 事例2――脳梗塞後，失語症を呈したBさん

Bさんは，炭鉱に勤務していた51歳のとき，坑内作業中に脳梗塞を発症し，一命をとりとめるも，後遺症として右半身麻痺と失語症が生じた。急性期医療を経て，リハビリテーション病院に入院した。その後，杖使用にて独歩可能となり自宅療養生活へと移った。大脳損傷は左前頭葉の広範に及んでいた。

リハビリテーション病院にて，神経心理学的検査として，SLTA，失行検査，失認検査などが実施された。知能検査としてコース立方体組み合せテスト，性格検査としてYG性格検査が実施された。SLTAでは，聴く側面については，単語・短文の理解は良好だが，複雑な口頭命令に従う課題では正答困難，話す面では単語レベルでの発語がやや可能であるが文レベルの表出は困難，読むレベルでは漢字単語の読みがやや可能であるが，仮名および文の読みに障害があり，書く面については，漢字単語を若干書くことができるという状況であった。失語症のタイプは運動性失語症であった。日常会話で短い言い回しの表現理解はできるが，自ら発するときには言いたい言葉がなかなか出てこず，言えたとしても単語レベルのたどたどしい表現となり，発話面の障害が重度に認められた。知的側面は低下していなかったが読み書きに困難がみられたため，YG性格検査を項目をセラピストが読み上げ，「Yes／No／どちらでもない」の3択での反応を代筆する形で実施したところB型（不安定積極型）という結果であった。失行，失認検査ではとりたてて異常は認められなかった。

BさんはPT，OT，STによるどのリハビリテーションプログラムについても，極めて意欲的に取り組んでいた。しかしリハビリテーションスタッフの前で見せる前向きな姿勢とはうらはらに，妻に対しては抑うつ，希死念慮に満ちた言葉を放つ日々が続いた。家族による情報では，病前は明朗快活，努力家で人の面倒見がよく，家族や職場の同僚からの人望が厚かったとのことであった。YG性格検査に表れた不安定要素は，脳卒中発症後に生じた言語障害をはじめとした，さまざまな後遺症をかかえた不安や精神的混乱によると推測された。

脳損傷によって失語症を負った人のなかには，「腕を切りとられてもいいから，話せるようになりたい」と訴える人がいる。その苦しさは，その人の社会的存在そのものを脅かすものであろう。思いを伝えたくても伝えられないもどかしさは，当事者同士でのみわかりあえるところが大きい。Bさんと妻はその後，発足したばかりの失語症患者会に入り，同じ障害をもつ人々との出会いを通して，新しい生活の再建をめざした。失語症状は改善したものの，まだ後遺症として言語機能の障害が残っている。それでも，「だいぶ話せるようになった」と努力の成果を肯定的に認めつつ，言語を用いなくてもできるさまざまな活動へと関心の方向が次第に広がっていった。

3. 事例3
――乳児期の事故による硬膜下血腫後，成人期に就労の問題が生じたCさん

Cさんは，20歳代半ばで，両親および兄弟と同居している。Cさんの両親が教育機関心理相談室に，「息子が社会的適応力に乏しい。それが何らかの疾患や障害によるものなのかを知りたい」と来訪した。以下は両親からの情報による。

Cさんは生後8カ月時に家族同乗の自家用車内で他車に追突され，頭部外傷はなかったが大きな衝撃を受け，救急にて脳神経外科に入院した。特に治療を受けることなく経過したが，1歳児健診で発達に遅れが認められ，脳神経外科を受診したところ，硬膜下血腫がみつかり施術を受けた。その後の言語発達は良好で，幼少時は多弁であった。発音にやや不明瞭な部分があったが，内容伝達に支障をきたすほどではなかった。

小学校就学前健診で知能面の問題を一度指摘されたが，検査の結果，普通学級に入学することになった。以降，普通教育課程を進み，大学に進学，4年間で卒業した。学業の成績は一貫して低かった。

両親からの情報を整理すると，以下のような認

知・行動面の特徴があると考えられた。具体的な指示内容であれば理解できるが、抽象的な指示の理解や機転をきかせた対応、応用的思考が困難。状況判断力が低く、反応スピードが遅い。また、一度に複数のことを実行できない、処理能力を超えた要求がなされると頭が真っ白になるようで、通常できることもできなくなる。

極めて温厚な性格で情緒は安定しているが、人間関係において状況や他者の感情を察する能力、いわゆる空気を読む力に欠け、会話の内容を字義通りにしか解釈できない。友だちがいないわけではないが、学齢期から周りの友だちが面倒をみるという役割関係のなかで、周りのフォローを受けながらすごしてきた。母親が友人関係に細やかな配慮をし、学校の先生との連絡を密にとるなどの努力を続けてきた。

Cさんは大学を卒業後、就職するも長く続かず、職を転々としていた。勤務先では、上司から指示された職務を順序だてて行うことができない、2種類の作業を並行してできないなどの問題があり、仕事ができないとのことであった。本人は職が続かない事実を深刻に考える様子はなく、解雇通告を受けても落ち込むこともなかった。

高次脳機能障害としての遂行障害などが疑われたため、医療機関を紹介し、神経心理学的検査などの精査が行われた。HDS-R、MMSE、WAIS-R、WMS-R、BADS、TMT、WCSTを実施。WAIS-RによるIQは、全検査IQ 76、言語性IQ 92、動作性IQ 60で、言語性IQと動作性IQにディスクレパンシーが認められた。下位検査のうち、特に算数、絵画完成、組合せ問題の評定値が低く、課題遂行に時間がかかる様子が観察された。BADSでは6課題全てにおいて得点が低く、目標の設定、計画の立案・実行、効果的な課題の遂行において、問題が認められた。WMS-Rにおいて記憶の問題、TMTおよびWCSTにおいて注意の転換、抽象的な概念形成などの問題が指摘された。

本事例は、遂行機能障害に加え知的低下も併せ持つことが検査結果から示された。知的機能に問題がある場合、生活環境を構造化し、日々の生活上の習慣を確立させていくことが必要となる（種村, 2012）。本事例では、精神障害者保健福祉手帳を取得した後、障害者自立支援の公的サービスを利用し地域の障害者共同作業所での就労に至った。Cさんは、乳児期の脳損傷がありながらも、学齢期、青年期にはある程度適応的に学校生活を送ることができたが、就労によって遂行機能障害による支障が浮き彫りにされた。その後、高次脳機能障害の診断を受け、障害者自立支援の制度によって就労可能となった。精神障害者としての認定を受け入れることには、本人も家族も大きな葛藤がある。その葛藤の時期を乗り越えて、障害を受け入れ、新たな生活を構築しようとする本人と家族の勇気に尊敬の念を抱かずにはいられない。

以上、3人の事例を通して、高次脳機能障害の心理アセスメントについて考察した。冒頭で述べたように、高次脳機能障害への臨床心理士の関与は全国的には十分ではないのが現況である。脳損傷に伴う神経心理学的症状の把握とあわせて、不安や抑うつについての心理査定を的確に行い、生活を見据えた支援に有効な情報を収集し、チームアプローチのなかで有効に活かされる臨床心理アセスメントが求められる。

付　記

事例の掲載を快く了解くださった当事者ご家族の皆様に深く感謝申し上げます。なお本稿の作成にあたり、平成24年度科学研究費（基盤研究C課題番号24500904）の助成を受けた。

文　献

鹿島晴雄, 三村將, 田渕肇ほか (2003) BADS 遂行機能障害症候群の行動評価・日本版. 新興医学出版社.

村松太郎, 鹿島晴雄 (2008) 注意・記憶・遂行機能の症候学——最近の進歩. In：鹿島晴雄, 大東祥孝, 種村純 編：よくわかる失語症セラピーと認知リハビリテーション. 永井書店, pp.25-33.

先崎章 (2009) 高次脳機能障害 精神医学・心理学的対応ポケットマニュアル. 医歯薬出版.

先崎章 (2011) 精神医学・心理学的対応リハビリテーショ

ン.医歯薬出版.
下山晴彦(2010)今,日本の心理職に求められていること. In:下山晴彦,村瀬嘉代子 編:今,心理職に求められていること ── 医療と福祉の現場から.誠信書房,pp.1-10.
種村純(2012)遂行機能障害のみかた.Journal of Clinical Rehabilitation 21-1;58-62. 種村純ほか(2006)高次脳機能障害全国実態調査報告.高次脳機能研究 26-2;89-98.
種村純ほか(2011)高次脳機能障害全国実態調査報告.高次脳機能研究 31-1;19-31.
Wilson BA, Alderman N, Burgess PW, Emslie H & Evans JJ (1996) Behavioural Assessment of the Dysexecutive Syndrome. Bury St Edmunds : Thames Valley Test Company.

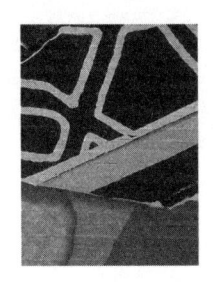

ケース
認知症の徴候がみられる事例

元永 拓郎 TAKURO MOTONAGA
帝京大学

尾中 航介 KOSUKE ONAKA
大誠会内田病院

I 臨床心理アセスメントの目的
―― パーソンセンタードケアの視点

　認知症におけるアセスメントとはどうあるべきなのか？　診断を確定させるためのアセスメントが重要との意見は多い。しかし，診断が仮に確定したとして，本人や家族は満足するのだろうか。答えは否であろう。本人や家族は診断のみでなく，認知症という状態を前にして生じる不安や混乱に寄り添ってくれる存在を求めているのだと思う。そして認知症を持ちながらも人生を歩んでいくための知恵を得たいのではないか。そのような知恵について，心理アセスメントは何をもたらしてくれるのか？

　認知症を持つ人の生に寄り添うかかわりとしてパーソンセンタードケアが提案されている。これは「人を中心としたケア」のことであり，人らしさ（personhood）を回復し，よい状態（well-being）をめざすための営みである（キットウッド，2005）。心理臨床家であれば，この考えに疑いをはさむ人はいないであろう。しかし認知症のアセスメントは，あまりにも記憶障害（脳神経の障害）の検査に集中しすぎていないであろうか。

　キットウッド（2005）は，認知症の人の状態（D：manifestation of dementia）は，脳神経の障害（NI：neurological impairment）のみから生じているのではなく，人格（P：personality）と人生の歴史（B：biography），身体的健康（H：physical health），社会心理（SP：social psychology）が複合的に組み合わさって生み出されていることを指摘した。それは以下のような式で示される。

$$D = P + B + H + NI + SP$$

　この式は，認知症の人の状態を，脳神経の障害の症状（NI）のみで捉えず，多次元の要因から影響を受けることを示している。よって心理アセスメントも，認知症の人の状態（D）を考えるうえで，神経心理学的要因（NI）のみならず，本人の人格（P）や身体的な健康状態（H），周囲との関係やケア文化（SP）の視点を持ち，それらが人生ストーリー（B）のなかでどう展開するか検討したい。なおここでいう人格（P）には，不安やうつなどの情緒面も含むと考える。

　このように多次元の視点からのアセスメントにより，認知症の人がよい状態で生きること（well-being）を促進する見立てが可能となる。なおここでいうよい状態では，「くつろぎ」「自分らしさ」「結びつき」「共にあること」「たずさわること」などが大切にされる。

　認知症に関する心理検査バッテリーには，さまざ

まなものがあるが，ここではHDS-R（改訂長谷川式簡易知能評価スケール；加藤ほか，1991），GDS（高齢者用うつ尺度；杉下・朝田，2009），BEHAVE-AD（朝田ほか，1999）の3つを用いた簡便なアセスメントの取り組みを紹介する。これらの検査はその人らしさの回復に貢献するのだろうか。

II　心理アセスメントと心理査定

1. 認知症スクリーニング検査
（HDS-R を中心に）

　認知機能のアセスメントは，前述の式のNIを評価するうえで重要となる。一般に，認知症スクリーニング検査のように認知機能を測定する検査では，本人の認知機能をできる限り正確に測定，評価する必要がある。よって本人の持っている能力を最大限に発揮してもらうための接し方（接遇）を模索することになる。これは本人が力を発揮するためにはどのような周囲のかかわり（SP）が効果的かをアセスメントする営みともなる。

　検査開始にあたっては，検査目的の説明のみならず，本人が検査の説明を聞いてどう感じているか，不安や困惑も含めて聞き，できうる限り安心して検査に取り組めるような声かけが必要である。その際，この検査の不快性を検査者が深く理解しながらも治療のために検査が必要であり協力をお願いしていることなどを真剣に伝えたい。これは，本人の不安のあり方（P）をアセスメントするプロセスでもある。

　またこれと同時に，検査前の会話のなかから，本人の応答性や認知機能のあり様を大まかに予測することも重要である。「ここに来られたのは初めてですか？」「家からここまではどのぐらいですか？」などを自然な形で質問し会話することで，実施する検査の得意または苦手分野をある程度予測できる。そうすると，苦手そうな項目を問う場合には，「少し難しい質問ですが」と前置きし，失敗した場合の落ち込み（P）を減じる工夫が可能となろう。

2. 高齢者用うつ尺度（GDS）

　認知症のアセスメントにおいて，うつや失望，悲しみ（P）の把握は特に重要となる。高齢者を対象にしたうつ尺度として，GDS（Geriatric Depression Scale）が用いられる。この検査は身体的症状を除外した項目から構成されているが，高齢者のうつには身体的不調が伴うことも多いため，身体的症状については別に把握することが求められる。この検査は15点満点で，5～10点で軽度のうつ状態，11点以上で重度のうつ状態とされる。

　GDSにおいて該当する項目があった場合や回答にためらいがみられた項目について，その回答の内容を心理士が詳しく聞くことで，本人の内的世界や本人の視点からみた家族との関係（SP）など，パーソンセンタードケアを進めるうえで，非常に重要な情報を得ることができる。

3. BPSD評価尺度

　BPSD（Behavioral and Psychological Symptoms of Dementia：認知症の行動心理症状）はその対応が難しい。BPSDの背景に周囲の不適切なかかわり（SP）があったり，BPSDが不適切な対応を誘発する場合もある（松田，2010；小澤，1998）。ここではBPSD評価尺度としてBEHAVE-AD（Behavioral Pathology in Alzheimer's Disease）に着目する。

　この検査は各項目の問いにその有無と程度を家族やケアスタッフなどの介護者が回答する。得点が高いほどBPSDが重度であることを意味する。この検査も，得点算出のみではなく，該当した症状をより細かく質問することで，BPSDの背景をより深く理解できる機会となる。またこの検査の実施そのものが，家族やケアスタッフが本人との関係に少し距離をおいて見直す機会となったり，ケアの負担を語れる場となる（SP）。またこの検査を通して家族やケアスタッフと検査者とのチームが形成されれば，その後のよいケアにつなげていくことができよう。

Ⅲ 認知症の心理アセスメントの実例

1. Aさん, 80歳代前半, 女性, アルツハイマー型認知症

　Aさんは義娘に付き添われ, もの忘れ外来を受診した。その主治医から認知症の確定診断補助の目的で, 心理士に心理検査依頼があった。Aさんが主治医の診察を受けているあいだに, 義娘に対してBEHAVE-ADを行った。その結果,「妄想観念（だれかが物を盗んでいるという妄想）」「行動障害（徘徊）」「攻撃性（不穏）」などが該当し, 計8点であった。該当した症状に対して義娘により詳しい聴き取りを行ったところ, 以下の語りが得られた。

　Aさんは現在長男夫婦と3人暮らしである。Aさんが膝を悪くしたことをきっかけに, 畑仕事を長男夫婦に譲り, 家にいることが多くなった。その頃からもの忘れがひどくなり, 日用道具をどこにしまったかを忘れ, 家族が処分したと疑うようになった。また長男夫婦が外出中に家からいなくなり, 道に迷って警察に保護されるようになった。事故を心配し家族が一度強く叱ってしまった後は, 外出は減ったものの, 家族をなじったり, 食欲低下やひどく落ち込んだ様子などがみられたため, 長男夫婦が受診を決めた。なお外出に関して, Aさんはどこに行こうとしていたのか語られなかった。

　義娘へのBEHAVE-AD施行後, Aさんへの検査を行った。検査前にいくつか質問すると, 診察があったことは覚えていたが, 来院歴はあいまいであった。HDS-R検査実施時, 態度は礼容で終始協力的であった。点数は19点であり認知症の疑いが示された。3単語の遅延再生課題では, 自発・ヒントありいずれも回答できず, 3単語の即時再生課題のエピソードも覚えていないことから, 重度の記憶障害が推測された。また, 正確な日付は出てこなかったものの, 月と季節は正答できた。その他の項目では大きな失点はなく, 記憶や時間見当識を除く認知機能は比較的保たれているようであった。

　言語機能も正常に保たれていたことから, 続いてGDSを行った。該当項目は「むなしい」「元気がない」「まるでだめになった」「役に立っていない」などであり, 計8点で軽度のうつ状態が認められた。これらの項目について問うたところ, Aさんは,「私はね, 40のときに主人を亡くしたんですよ。それで, 今日まで女手一つで子ども3人を育ててきたんですよ。家計を切り盛りして本当に厳しかったですよ」と話し出した。Aさんの手は節の太い指をしており, その生活ぶりを物語っていた。

　「私はずっと畑を耕し家族を養ってきたから, 土と一緒に生きてきた, 土に生かされてきたと言ってもいい。だから土をいじらない生活なんて考えられないんだよ。今は見ての通り足がすっかり悪くなって, 息子たちに畑は譲ることにしたんだよ。でも土いじりができないのがすごくつらい。私は根っからの負けず嫌いだから, 弱音は吐けないよ。ただ庭の草むしりぐらいはしたいよ」と感情を込めてAさんは話した。

　心理士はBEHAVE-ADの結果をふまえ, 外出についてたずねると, Aさんは「出かけることはないですよ。足も悪いですからね。せいぜいその辺を散歩するぐらいで」と語った。また「私みたいのはもう足は動かないし, 隠居だってわかっているんだけどね。でも近くで畑見ていると気になるんだよね。やっぱり土いじりたいって」と力を込めて語った。

　Aさんの検査が終わり, 待合室で待つ義娘と少し話をした。具体的な検査結果は後日主治医から説明されることを伝えたうえで, Aさんは畑を耕したい, 土に触れていたい, そして家族の一員である充実感を持ちたいとの強い思いがあることを伝えた。そして, 庭の草むしりでもいいし, 小さな畑でもいいが, 少しでも土に触れていられる機会があればよいのではという意見をこれまでの家族の大変さをねぎらいつつ伝えた。同様の内容は主治医への検査報告書でも強調した。

　その後主治医のフォローアップでは, Aさんが家庭菜園を始め, 出歩きや怒り, 落ち込みなどは少なくなったことが観察された。

2. Bさん，80歳代前半，女性，レビー小体型認知症

主治医から，病院関連の認知症グループホームに入居しているBさんに対して，心理検査を実施しケアに役立つアドバイスがほしいとの依頼があった。検査実施前に，グループホーム主任の看護師からBEHAVE-ADを用いて，Bさんの日頃の様子を確認した。BEHAVE-ADの該当項目は「幻覚（幻視）」「感情障害（悲哀）（抑うつ）」「日内リズム障害（睡眠・覚醒の障害）」などの計8点であった。その内容は，Bさんは昼間ときどき元気がないときがあり，夜になると突然泣き出して施設内を歩き回り，他人の部屋に入ってしまうこともあった。また夜中に何か見えているような会話をし，時にスタッフに布団を自分の隣にも敷くよう訴えることもあるが，幻視の内容は不明であった。夜の施設内への歩き回り時の対応や幻視をみているときの対応について，スタッフが迷っているとのことであった。

検査室に来たBさんは少し不安そうな顔をしており，こちらの挨拶に対してぼそっと返事をされた。最初にHDS-Rを実施したが，検査時も少しぼんやりした感じで，心理士が注意を喚起するような教示を何度か繰り返す必要があった。得点は14点で認知症の疑いが示された。計算や逆唱，野菜の名前の想起課題では，少し考える素振りはするものの，すぐにあきらめることも多かった。3単語の遅延再生では，自発的に1つ，ヒントありで1つ回答し，3単語の即時再生の課題を行ったことも覚えていたことから，記憶は保たれている部分もあると推測された。またMMSE（Mini Mental State Examination）を今回実施したが，図形模写の課題においては，2つの五角形のうち1つが四角形となっており，軽度の視空間認知障害が示された。

言語機能はおおむね保たれているのでGDSを実施した。「むなしい」「元気がない」「幸せだと感じられない」「自分はまるでだめだと感じる」などの項目が該当し得点は8点で，軽度のうつ状態が認められた。Bさんにもこれらの項目の理由を尋ねた。しかしBさんは「こうして皆さんにお世話になっているだけで十分ですから……」と最初は話そうとしなかったが，雑談して時間をおくと，少しためらいながら語りだした。

「おかげさまで体調はいいんですけど……ただ，3カ月ほど前に主人が亡くなりましてね，亡くなってみるとありがたみがよくわかるんです。直後は葬式とか忙しくてあんまり感じなかったんですけど，今はいつも支えてくれたんだと思うと，寂しくて寂しくて……何もやる気が起きないんです」と語られ，Bさんの目からは涙があふれ出した。「でも，ときどき主人が私のところに来てくれるんですよ。寝ようとしたときに隣にいてくれる。でもしばらくすると急にいなくなることもあって，とても切なくなります」。

その後スタッフに検査結果を簡潔に伝え，幻視内容は亡くなった夫であり，亡くなった悲しみを夫の幻視をみることで癒していると思われることを伝えた。そのうえで，幻視内容を否定せず，幻視をみているBさんの心情に寄り添い，共感的に接することを提言した。また夫の写真を用意してもらうことや，ひどく落ち込んだときや夜の施設内の歩き回りがあった場合は，少しの時間でもよいので声をかけ，夫との思い出話を聞くことを勧めた。

それから半年後，施設内を訪問し，Bさんの部屋をみると，タンスの上にラケットを持ったBさん夫婦の写真が立てられていた。Bさんの落ち込みは改善され，施設内の歩き回りも減り，リハビリテーション活動や音楽療法にも積極的に参加しているという。

3. Cさん，70歳代後半，男性，認知症（タイプは不明）

介護老人保健施設の主任看護師より，午後に行われるCさん家族も含めたケースカンファレンスにて，心理士の意見もほしいと当日午前中に依頼があった。Cさんは3日前に入所し，その後一日中不安そうな顔で歩き回り，戸棚や引き出しなどの開け閉めを繰り返しているという。このため，物品紛失

を看護師は心配していた。また生活に慣れない不安のために落ち着かないとするならば、不安軽減のためのかかわりについて意見がほしいとのことだった。認知症のタイプは不明だが、認知症診断から5年が経過し意思疎通は難しいとのことであった。

棟内に入りCさんの様子を観察する。情報通りCさんは施設内の引き出しを開けて中をのぞきこみ、眉をひそめ、ひとり言を言っていた。心理士が近寄り声をかけると、ちらりと視線をむけることもあった。本人なりのストーリーをもって行動しているようだが、話はあまり通じない様子であった。心理検査施行は難しいが、そばにいることを嫌がる様子はなかったため、そのまま行動観察を続けた。すると、引き出しや戸棚の開け閉めは、不安そうにも見えるが、真剣に生き生きとしていると心理士には感じられるようになった。

ケース会議では、多職種のスタッフが集いCさんの状態について意見を共有した。まず主任から「落ち着かない様子で動き回っておられます」と伝えられた。娘は「昔からそうなんです。特に仕事を辞めてからは家の押入れやら整理ばかり一日中やっています」と話した。

心理士からは、1時間ほど観察したところ、Cさんの行動は真剣に生き生きとしているようにも感じられることを伝えた。そして危険なものは別の場所に保管し、Cさんがこのまま自由に歩き回れる環境を作ることを提案し、それがケース会議の結論となった。

それから、戸棚や引き出しにある危険な物や書類関連は鍵のかかった引き出しに移し、Cさんが自由に動ける環境を整えた。そして、それから1年経った今でも、Cさんは特に大きな変化もなく、棟内の戸棚や引き出しの開け閉めをして過ごしている。

Ⅳ パーソンセンタードアセスメントと各事例における考察

事例1は、アルツハイマー型認知症の特徴である重度の記憶障害（NI）が把握されたが、心理士はGDSを手がかりにAさんの喪失の深い心情を聞くことができた。記憶障害のみでも本人にとっては大きな喪失であるが、土いじりがうばわれることがAさんにとっていかに大きな喪失であるかを、心理士はHDS-Rに次いでGDSを実施するなかで気づいたのだろう。負けず嫌いの性格（P）、膝の不調（H）、直前のできごとを忘れる（NI）、役割の喪失（SP）が、土に生かされてきた（B）本人にとって大きな意味を持つ。Aさんの徘徊（BPSD）は、散歩のため外出したもののその目的を忘れたため迷ってしまった結果である。Aさんの家族の大変さを充分にねぎらったうえで、AさんのBPSDは押さえこみ治療する対象ではなく、そこにAさんの願いがあり訴えがあると見立てることで、Aさんへの周囲の適切なかかわりにつながったと考えてよいであろう。

事例2のBさんの検査時に集中が途切れる様子は、意識が激しく変動するレビー小体型認知症の特徴をよくあらわしている。またこの意識障害の割には記憶障害が目立たない、日内リズム障害などもこの疾患によくある所見である。MMSEにあった視空間認知障害も時にこの疾患にみられる。心理士はHDS-R実施によって、Bさんから尊重してかかわってもらえるという信頼を得たのであろう。その後のGDSにおいてBさんの悲しみやさみしさ（P）、そして幻視（NI）の内容まで聞くことができた。Bさんのこうした悲しみも、施設スタッフへの感謝の気持ちから語られないでいた。悲しいことがあってもそれを表に出さずがんばってこられたBさんの生き方（B）が推察される。幻視はそのがんばったBさんへのご褒美として現れるようにもみえる。しかしその幻視がいなくなって悲しみを深めるBさんの心情を思うとせつない。心理士はBさんの亡き夫との"喪の作業"をスタッフに提案し、スタッフもその提案の深い意味を理解したことが、Bさんによい

影響を与えたのであろう。ケアスタッフ内の本人への理解の深まりが，本人へのかかわり（SP）の変化につながり，本人の状態を劇的に好転させることもある。心理アセスメントの重要性がここにも示されよう。

事例3は，タイプ不明の認知症のCさんである。意思疎通が困難で，認知機能全般に重度の障害（NI）が推測され，心理検査は実施できなかった。対話による内面の把握も難しい事例であるが，多次元での心理アセスメントが可能であった。そばに寄り添う存在は拒否しない（SP）ということは重要な所見である。また不安にかられた行動ではなく，生き生きとやっているようにみえたという観察も重要であった。その観察はCさんの性格（P）であり生き方そのもの（B）であることも家族の語りにより確認された。Cさんの繰り返し行動は常同行動に近いものであり，診断はされていないが前頭側頭型認知症の特徴に似た部分があると推察される。常同行動によって脳にリズミカルな刺激を与えることで，Cさんは自分らしさ（personhood）を見出していたのかもしれない。もちろんCさんが本当に求めていることを理解するには，もっと時間が必要であろうが，心理検査を用いずとも心理アセスメントがある程度可能であることを示す事例である。

このように，本稿では心理検査やその考え方をもとに多次元の視点で認知症の人のあり方を包括的に見立てるアセスメントを紹介した。これはパーソンセンタードケアを推進するという意味で「パーソンセンタードアセスメント」と言えるかもしれない。しかし心理アセスメントはそもそも人の存在を深く理解する営みであるから，ことさらそのように表現する必要はないのかもしれない。しかし認知症ケアの現場において，記憶障害（NI）の査定のみに焦点をあてることが強く求められる現状がある。そして認知症の人への「できるのにさせない」「できていることをやめさせる」かかわり（それを「悪性のSP」という）を，心理士は知らず知らずのうちに促進してはいないであろうか？

もちろんこの多次元のアセスメントは，ここに示した5つの要素のみに限定されることはない。しかしアセスメントの入り口としてこれらの5要素の視点を持つことは有益であろう。またアセスメントは心理士のみが行うものでもなく，支援チーム全員で時間をかけて行うことが好ましい。特に事例3のように自ら語らない人のアセスメントはとても難しいため，本人や家族も含めて全面的に協力してもらう多職種チームでの話し合いのなかでアセスメントすることが好ましい。事例3ではたまたま時間をかけて本人に寄り添った心理士が仮説を提示できて，その仮説が当面好ましかったということであろう。

また本論で示した事例は，ワンポイントで心理アセスメントを行った例であり，継続的かかわりのなかでアセスメントを続けたケースではない。どの事例も当面の危機は回避できたが，長期経過とくにターミナル期（元永，2012）におけるパーソンセンタードケアのためのアセスメントにはふれていない。そのような限界はあるが，各事例とも，心理アセスメントが，家族やスタッフ内の本人への認識の変化を生むきっかけとなったことは指摘できよう。また家族やケアスタッフとチームを作るうえで，心理アセスメントの共有が有益であると強調できると考える。

文　献

朝田隆，本間昭，木村通宏ほか（1999）日本語版 BEHAVE-AD の信頼性について．老年精神医学雑誌 10；825-834．

加藤伸司，長谷川和夫ほか（1991）改訂長谷川式簡易知能評価スケール（HDS-R）の作成．老年精神医学雑誌 2；1339-1347．

トム・キットウッド［高橋誠一訳］（2005）認知症のパーソンセンタードケア――新しいケアへの文化．筒井書房．

松田実（2010）症候から認知症の人の思いを読む．In：本間昭，木之下徹 監修：認知症 BPSD――新しい理解と対応の考え方．日本医事新報社，pp.19-39．

元永拓郎（2012）認知症の人へのサイコセラピー的接近．精神科 20；27-32．

小澤勲（1998）痴呆老人からみた世界――老年期痴呆の精神病理．岩崎学術出版社．

杉下守弘，朝田隆（2009）高齢者用うつ尺度短縮版――日本版（Geriatric Depression Scale-Short Version-Japanese, GDS-S-J）の作成について．認知神経科学 11；87-90．

ケース
病とともに生きる人の事例

小池 眞規子 MAKIKO KOIKE
目白大学

I がんの統計

 がんは，1981年以降日本人の死因の第1位で，総死亡者の約3割を占める。しかし，治療技術の進展により，その生存率は大きく伸びている。「がんの統計」によると，6つの府県（宮城，山形，新潟，福井，大阪，長崎）の地域がん登録による全がんの5年生存率は，1993年～1996年では49%，1997年～1999年では54%，2000～2002年では56.9%（「がんの統計」編集委員会，2007, 2009, 2011）である。がんを経験した人のその後の生き方は，がん治療を終えて医師から完治したと言われている人，治療後も再発の可能性を抱えながら定期的に受診を続ける人，再発後の治療を行っている人などさまざまである。がんは「死に直結する病」から「長くつきあう慢性の病」に変化してきているが，病とともに生きることは，身体的な問題だけでなく，病に伴うさまざまな心理・社会的問題を経験することになる。

II 事 例

1. クライエント

 Aさん──49歳　女性　会社員。独身でひとり暮らし。両親はすでに亡く，妹（45歳・未婚）が近県に在住。

2. 病気の概要

 X-6年，腹部に腫瘍ができ手術を受けた。このときは良性腫瘍との診断であった。2年後他臓器に転移し，この時点で特殊な悪性腫瘍と診断された。手術，放射線治療，化学療法を行い，その後も腫瘍が増えると治療を行うことを繰り返していたが，X年5月に治療の効果よりも副作用のほうが強くなり，治療を打ち切った。その後は月に1回通院し，経過をみている。来談時は消化器症状があるものの体調は比較的よいが，病気は緩やかに進行している状態であった。

3. 来談に到る経緯

Aさんによれば、「次々と治療を行っている間は、治療を受けること、病気を治すことが目標であったが、これ以上の治療はもう無理で、病気は治らないということを自覚したあと、今後どのように生きていったらよいかわからなくなった。気持ちが落ち込んでいたところ、主治医にカウンセリングを勧められた」とのことであった。病院の外でのカウンセリングを希望し、大学のカウンセリング・センターを紹介された。

4. クライエント像

体型はやせ型。服装は毎回落ち着いた色合いのパンツ・スタイル（腹部の腫瘍のため、スカートははかなくなったとのこと）。気づいたことをメモしている手帳を見ながら話す。口調は比較的ゆっくりと、考えながら、穏やかな表情で話す。「カウンセリングを受けるのは初めてなので、どのようなことを話したらよいかわからないが、与えられた時間をよい方向にもっていくようにしたい。気持ちを吐き出したい」と初回にカウンセリングへの期待を述べた。

5. 面接時期・回数

X年9月よりX+1年12月まで、計20回の面接を行った。隔週の面接を予定していたが、体調により3～4週間の間隔となることがあった。

6. 面接の経過

面接ではクライエントの語りに耳を傾け、そのときどきのクライエントのもつテーマに対してともに考え、支持的に関わる姿勢を示した。また、クライエントが必要とする情報の提供を行った。

[1] X年9月～X年12月

面接の初期では、これまでの病気の経緯、家族のことが中心に語られた。

①病気をどのようにとらえるか：「最初は良性だと言われていたのに、2年後に転移をして、もしかして最初から悪性だったのではないか、そのときにそれなりの治療をしていれば、転移は防げたのではないかなど、恨みがましいことを考えてしまう」と最初の診断への疑問を述べつつ、「ただ、自分のがんはとても珍しいものとのことで、やはり難しかったのかもしれないとも思う。また、珍しいものであるために、進行が遅く、こうしてとりあえずの生活ができるのはありがたいと思わないといけないのかもしれない」と病気を受け入れようとする姿勢を示す。「病気はできればなくなってほしい。でも、なくならないなら、一緒に生きていく（お腹をさすりながら）。まだ病気に負けたくない。勝ち負けを言うのはまだ一緒に生きているのではないですね。はやくお友だちにならないと」と「病気と仲良く」を繰り返し述べる。

また、医師との関係は悪くなく、「特殊な病気なのでお互いわからないなりにできることをやっていこうと共に生きていくという感じ」と医師への信頼を述べた。

②家族について：転移後の入院治療中に母が亡くなった。母も入院をしており、「ときどき電話でお互い励まし合っていた」とのことであるが、「突然の知らせ」だった。クライエントは葬儀にだけ参列した。母は「娘が病気のときに、自分が看病できずに申し訳ない」と泣いていたという。クライエントも「親の最期を看取れなかったことを申し訳なく思う」と母の臨終に立ち会えなかったことを悔いる発言が幾度かあった。「母はほんとうに支えてくれて……」と、その後の面接でも何度か涙することがあった。

妹には母を看てくれるよう頼んだが、母と自分と両方の看護で「負担をかけてしまった」と述べていた。

母が亡くなってから、よけいに妹はクライエントのことを「気遣ってくれる」とのことである。妹は、治療についても、少しでも長く生きてほしいと、積

極的な治療を望んでいた。しかし，クライエントは「もうできるところまでやったと思うし，これ以上は身体がきつくなるばかりで，妹の期待には応えられない」と，治療を打ち切る決断をした。妹が見舞いに来るとどうしても治療の話になるため，「お互いが今は少し距離を置くようにしている」と語っていた。

[2] X＋1年1月～4月

病状が落ち着いていたこの時期には，これまでのクライエントの生き方，これからの生き方について語られた。

①これまでの生き方：「これまでひとりで生きてきた。仕事は小さな会社の事務で，長く勤めてきたからこそ，病気のときも支えてもらった。患者の仲間には，病気になったことで仕事を辞めなくてはいけなくなった人もいるが，自分は入院のときも，その後の通院のときも，体調が悪いときも配慮をしてもらえた。それに甘えてはいけないと思いつつ，でも，ありがたかった。女性がひとりで生きていくとき，病気で仕事がなくなったり，そのために住むところもなくなったり（仕事のない女性がひとりで部屋を借りることはまずできない），そういう話を仲間から聞くので，自分は恵まれていると思う」と，長年勤めてきた職場では理解された環境にあることがうかがわれた。

また，好きなことについて，「絵を描いたり，音楽を聴いたり，友だちや家族と旅行に行ったり，仕事以外にもそこそこやっていたけれど，やはり仕事が中心にあった人生だったと思う。今ここで学生さんをみていると，もう少し冒険をしておけばよかった，若いときにたくさんやっておけばよかったとつくづく思う」と語られた。

②これからの生き方：病気の子どものことを取り上げたテレビ番組を見て，「その前向きなところに感動し，反省した。私ももっと前向きに生きたい」と語る。「Aさんも十分に前向きでは？」とのカウンセラーのことばに，「前は違った。こもっていて。段階を踏んで少しずつほぐれてきた。生まれ変わりとか輪廻とか人と人のつながりということについて考える。人のつながりって不思議，出会いって大事。今ここでこのようにお話ができることも。閉ざしてはいけないなと。周囲の人にも家族にも。ここまで来るのには時間がかかったけれど，今自分がやりたいことを，そしてそれができることであるならばやっていきたい」と述べる。具体的なこととして，妹が情報を持ってきた民間療法を受けてみようかとの考えを示した。そのことを主治医には伝えていないとのことであったので，「これまでの治療やお薬との関係があるかもしれないので，先生には伝えておいたほうがよいと思う」とカウンセラーより述べた。思い切って主治医に話したことで，今後の自分の生き方について主治医と話ができ，お互いの気持ちがわかってよかったと後日述べていた。

[3] X＋1年5月～8月

面接開始8カ月後頃から病状に変化が出てきた。

①病状の進行：「むくみが出てきた。そのうちまた他の症状が出てくるかと思うとぞっとする。症状が出るのが早くないようにできたら」と症状の出現に不安を述べ，「最終的な欲望じゃないけど，やはり何か治療がないかなと考えてしまう。でも，病気がなくなるのはもう奇跡だから。よい時間を維持したい」と語る一方，「これからどうなっていくのかいつも不安は消えない。死が頭の片隅には必ずある」と病状の変化に伴う死の不安について述べる。そして「今後進んだら，ここにも来られなくなるかもしれない。気持ちを出せる場所がなくなってしまうのは困る」と来談することの意味についてあらためて述べている。

②退職を考える：会社をやめようかと考え始める。通勤に身体的負担を感じるようになり，「身体を休めてあげたい」ということであった。長年勤めてきたところだけに「どこで切り上げたらよいか」と苦慮している様子であった。

[4] X＋1年9月～11月

病状はさらに進み，面接間隔があくようになってきた。

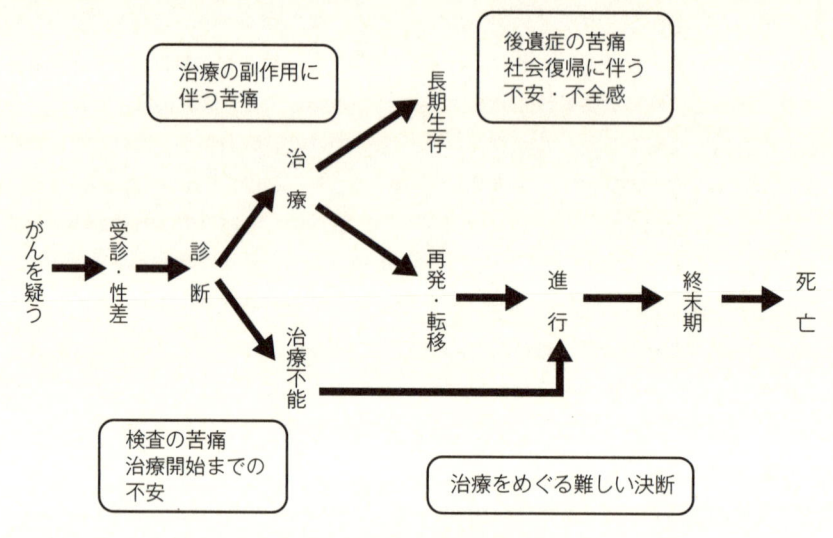

事例で学ぶ
臨床心理アセスメント入門

```
                    治療の副作用に         後遺症の苦痛
                    伴う苦痛              社会復帰に伴う
                                          不安・不全感
                            ↓                  ↑
                                          長期生存
                           治              ↗
                           療
         受        診   ↗       ↘
 がんを   診    →        →             再発・転移 → 進行 → 終末期 → 死亡
 疑う    ・     断   ↘                                ↑
         性               治療不能     →     →     →
         差                     
              ↑                        ↑
       検査の苦痛                 治療をめぐる難しい決断
       治療開始までの
       不安
```

図　がんの臨床経過

①退職：会社を退職した。「肩の荷がおりた。やはり楽になった。あらためて20年以上働いてきたことはすごいと自分でも思う」と述べる一方，「開放感はあったけれどやはり淋しい。そして経済的なことも心配になる。この先がそれほど長くないことを想定しているわけだけれど，もし長引いたら……」と複雑な思いもある。

②ホスピスについて：病状が進行するなか，「最期はホスピスに入院しようかと思う」とホスピスについての質問があった。概略と東京都内・近郊の緩和ケア病棟一覧を伝え，主治医や家族ともよく相談し，ホスピスはすぐに入院したくてもできないことが多いので，早めに問い合わせをすることを勧めた。その後主治医，妹と話し合い，他院の緩和ケア病棟への入院を申し込んだ。

③死について：死後について「死んで自分の何かが残るように思う。終わってしまうのではなく何かが。でも死んでみなければわからない」と語り「母が向こうにいて私を待っていてくれているという感じがしている。その時期が来たらまた会える」と語る。

また「妹に死後のことなど託したいと思っているのだが……妹はその話題をいやがる。以前献体について話したら大反対された」と自身の思いと妹の思いのギャップを感じていた。

［5］X＋1年12月──最後の面接
「動かないと体力がなくなると思い，なるべく歩こうと思っている。でも，少し長く歩くと，翌日にぐったりしてしまってだらだらと過ごしている」と体力がなくなってきている実感を述べる。

「あと3日で誕生日。1年大丈夫だった。また誕生日を迎えられる。次は……」とことばには出さずほほえむ。「朝起きると感謝。自分の身体に感謝，周りに感謝」とさまざまに感謝の気持ちを表現されていた。

次回面接の予約を翌月に入れ帰宅したが，月末に電話があり，ホスピスに入院したとのことであった。おそらく最後の入院となると思うと終結を希望され，これまでの面接に感謝のことばを述べた。少しでも苦痛なく，穏やかな日々を過ごされることを願って終結とした。

Ⅲ　まとめ

　がん患者は，図のような臨床経過を辿るなかで，さまざまな問題に直面し，そのつど精神的な動揺を経験する。がんをめぐる多くの問題は，不確実性を伴う。このことが患者に不安と期待の不安定な状態を作り出す。

　Aさんは長期にわたる治療経過ののち，これ以上の治療継続は困難であり，病気は治らないということを自覚したあと，今後の生き方を考えるためにカウンセリングを希望した。

　「他では病気の話をすることができない。話しても，わかってもらえないし，話されたほうもどう応えてよいか困ると思う」「こういうふうに人前で泣いたり，なかなか出せない」と気持ちを表出できる場としてカウンセリングを位置づけていた。

　2007年にがん対策基本法が施行されて以降，病院内でカウンセリングを行う心理士の配置が少しずつ進んでいるが，心理士と出会えない患者もまだ多くいる。また，本事例のAさんのように，あえて院外の機関を利用する人もいる。外部機関の場合には，最後まで患者に寄り添うことはできないが，病をもった人が生きる過程において，求められる支援を行っていくことが必要であると考える。

文　献

「がんの統計」編集委員会 編（2007）がんの統計2007年版. 財団法人がん研究振興財団.

「がんの統計」編集委員会 編（2009）がんの統計2009年版. 財団法人がん研究振興財団.

「がんの統計」編集委員会 編（2011）がんの統計2011年版. 財団法人がん研究振興財団.

http://kongoshuppan.co.jp/

終末期と言葉
ナラティヴ／当事者
高橋規子，小森康永著

2011年11月，食道がんでこの世を去った気鋭の心理臨床家・高橋規子と，精神腫瘍医小森康永のメール往復書簡を中心にまとめられた本書は，刻々進行するがんと「終末期」の時間を縦糸に，「当事者」が語ることの可能性を横糸に織り上げられた一つのナラティヴ実践である。セラピスト・高橋規子の支援から協同（コラボレーション）へのラディカルな転換は，本書に収められた遺稿「友人Dの研究」にひとまずの結実をみるが，しかし自らの「終末期」の構築を通してその先へと読者を誘う。「言葉の力」への信頼が駆動するナラティヴというプロジェクトにおいて，死にゆく人に／は何ができるのか。本書はその試みである。

定価 3,150円

リカバリー
カタナ・ブラウン編／坂本明子監訳

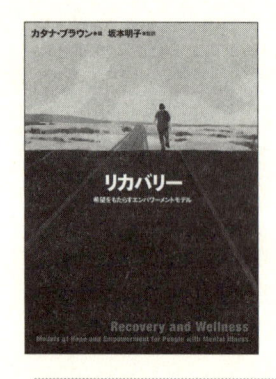

本書は，精神障害者の当事者運動のなかで発生し，今や世界中の精神医療福祉政策にインパクトをあたえ続けている「リカバリー」の概念について，パトリシア・ディーガン，メアリー・エレン・コープランドら先駆者の議論や，ストレングスモデルで名高いカンザス大学の作業療法士（OT）たちの実践を集めた論集である。
「第1部　リカバリー・ストーリー」では，リカバリーにおいて特に重要な位置を占める「当事者自身の経験」が紹介され，「第2部　リカバリーへの哲学的視点」ではリカバリーの理念を思想史的な文脈から再考する。そして「第3部　リカバリー原則に基づいた実践と研究」では，当事者自身のリカバリーに伴走するための支援・研究技術が紹介される。

定価 3,150円

ディグニティセラピーのすすめ
小森康永，H・M・チョチノフ著　終末期がん患者のQOL維持には「尊厳：dignity」の維持が有効である。創始者による研究論文と，その日本でのはじめての実践例。　　　2,940円

緩和ケアと時間
小森康永著　近年，緩和ケア医療は急速に普及しつつある。本書は，がんによる痛みや辛さをやわらげるための「緩和ケア」の正しい知識を多くの人に知ってもらうための格好の手引きである。　2,940円

ストレングスモデル
C・A・ラップ，R・J・ゴスチャ著／田中英樹監訳　地域精神保健福祉に新たな地平を切り開いた『精神障害者のためのケースマネジメント』に大幅な増補がなされた改訂版。　　　　4,620円

精神科デイケア必携マニュアル
長谷川直実監修　症状への専門治療と生活サポートを掲げる地域密着系・都市型デイケア「ほっとステーション」＠札幌による，サバイバルを賭けた10年の軌跡!!　　　　　　　　　　2,940円

金剛出版　〒112-0005　東京都文京区水道1-5-16　URL http://kongoshuppan.co.jp/
Tel. 03-3815-6661　Fax. 03-3818-6848　e-mail　kongo@kongoshuppan.co.jp

（価格は税込（5％）です）

VI

臨床心理アセスメントと新たな課題

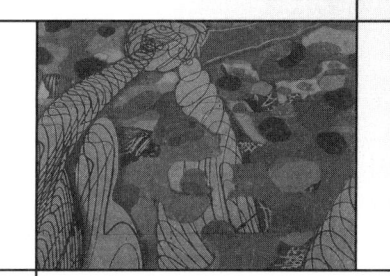

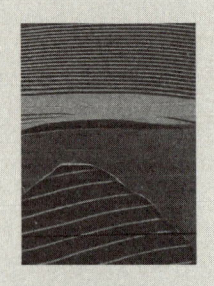

論説

存在の意味を問いはじめた事例
——自殺念慮のアセスメント

早川 東作 TOSAKU HAYAKAWA
東京農工大学

I　はじめに

　重いテーマである。手元の自殺をめぐる精神病理や疫学研究，自殺防止／予防の成書やパンフレットを読むと，自殺に至ったいくつかの自験例のパターンとよく符合することがあらためて確認される。自殺念慮のアセスメントには，自殺の危険度と可能な最善の対応，それぞれの評価が伴わなければ意味がないだろう。

　自殺防止のマニュアルには，それら評価のポイントがあげられており，初心者には具体性やリアリティに欠けていると思われるだろうが，確かな臨床と統計分析に裏打ちされており，クールな分析のなかに熱いメッセージが込められている。そしてその態度は，自殺念慮を抱くクライエントとの関わりや自殺防止対応の臨床態度につながる。

　未遂，既遂を問わず自殺された衝撃を経験した臨床家なら，自殺念慮のアセスメント（と対応）のどこが足りなかったかに気づかされるだろう。冒頭に「重いテーマ」と書いた理由はそこにある。

　ところで心理職の国家資格化が実現すると（そう期待する），自殺対策基本法の公布・施行（2006年）を背景に，自殺防止／予防の観点と学校や事業所の危機管理の観点からますます自殺念慮のアセスメント（と適切な対応）が心理臨床家に要請されてくるだろう。医師だけでなく心理職も遺族から説明を求められ，時に訴えられるかもしれない。

　人の苦しみを和らげたいという志，自らの悩み，苦しみの克服過程で，また人の心や人間関係を学びたい，高度な専門職としての資格取得，精神疾患を抱える家族の存在など，この仕事の選択動機はさまざまであろう。これら心理臨床家の職業選択動機や生き方，経験が逆転移を生じさせることがある。それを折に触れて意識し，自殺防止／予防の基本を押さえておくことが肝要になる。

　以下，自殺念慮のアセスメント面接を中心に

事例を交えながらそのポイントと技法について述べたい。なお危機介入と心理療法の観点から通常の診断面接と治療的面接の区別がつけにくいことは言うまでもない。また，自殺危険因子の評価尺度はあるが，自殺念慮を評価する有効な検査法は知られていないことも付記しておく。

II 存在の意味から連想されること

死にたいと強く訴えてくる，または自死しそうなクライエントを前にして，臨床家は哲学的議論や本格的精神分析はまず行わないだろう。熊倉（2004）はメンタルヘルス面接と精神分析的面接の対比と相補性の説明のなかで，「実はフロイト自身は実際的に解決すべき問題と深層心理的に解決すべき問題は異なっており，実際的問題では精神分析が無効であることを熟知していた」と指摘している。そして自殺念慮と自傷行為を主訴として家族内葛藤をテーマに私費の個人療法を受けながら一向に改善しないため，自ら決意して精神科受診をした中年男性の事例を紹介している。

その事例では，面接のなかで経済的生活面について話し合われて生活扶助を知り，現実生活が落ち着いてからようやく心の深い相談ができるようになったという。熊倉（2004）は「強い自殺念慮に対して家族葛藤をテーマに話し合うことは，問題解決どころか往々にして傷をえぐるような残酷行為となる」と断じる。

この事例は，自殺念慮と自傷行為が最初から主訴として表明され，おそらくは当初から死なない約束がなされ，説得，そして次の面接まで自殺しないかというアセスメントが行われたと推察される。しかしながら，初期の2，3回の面接までは自殺を踏みとどまったとしても，一向に自殺念慮や自傷行為から解放されない場合，支援者の存在，支援者間のネットワーク，家族など支援者の関わり方や人柄をよくよくアセスメントし，具体的実際的な対応を早急にしないと自死にいたることがある。

生活状況，つまり経済面，家族，友人，交際相手，学校なら指導教員など周囲との関係性を聴取し，どこが実際的な問題解決の課題であり，どこが解決可能かを判定することが大切であると認識できる事例である。もっとも，これは（クライエントの）存在の意味を問いはじめた事例ではなく，臨床家の側の見立てと解決の力，すなわち存在意味を問うモデル事例であった。

存在の意味を問いはじめたクライアントを前にし，われわれ自身も存在（生きている，生きる）の意味が問われていると瞬時に思い（意識的にせよ無意識的にせよ），一瞬応えに戸惑うことがある。果たして自分は何のために生きているのだろうと。現実にはそう直接詰問されたのではなく，クライアント自身が苦しく，生きる意味が見いだされず，眼の前の治療者が人間として何が楽しみで生きているのかと，ただ聞きたくなったのかもしれないにしても，自殺念慮がその裏に隠されていることはある。

これに関連し，よく先輩から雑談風に教わったことがある。「『先生，どうして生きているのですか？』と聞かれたら本物だよ。もっとも，初心者でも聞かれることもあるが（笑）」。本物とは信頼されている証拠で，そこから精神療法が始まると教えられた気もする。「若いから，聞きやすかっただけだとしても，そこからが勝負」，およそそのようなことだったと思う。対応

次第では死なれたかもしれず，今ここで正直ヒヤッとしている。

III 自殺念慮のアセスメントPART I
―― 病院，クリニックの経験から

　本稿であげる事例は，いずれも複数事例を混在圧縮させた仮想事例であるが，いくら改変してもそれに合う事例が存在するほど，自殺念慮と自殺企図に関しては，いくつかのパターンに収斂する。そこに自殺防止／予防対策マニュアルが作成される根拠がある，と筆者は考える。自殺念慮のアセスメントは防止のほかに，精神療法の契機，信頼関係の醸成につながることは言うまでもない。〈 〉内は相談／治療者の発言，（ ）内は主にアセスメントのポイントや関連事項である。PART IIも同様である。

1. 事例1
―― 先生はどうして生きているのですか

　長い経過で安定している統合失調症の主婦。家事，育児は充分にこなせている。息子の話を世間話的にし，毎回のように産院での被害妄想体験を「不思議ですよねえ」と語り，「それでは先生お元気で」と帰る。あるとき治療者が診察を終えようとすると，ふと「先生は何が楽しみで生きているのですか」と聞いてきた。

　〈えっ……〉（プライベートを聞かれたときの応じ方を論じた文献を思い出しながら）
　〈どうしてそんなこと聞かれるのですか。うーん，そうだなあ。おいしいものを食べたり，好きな音楽聞いたり，飲みに行ったりカラオケしたり，そんなことくらい〉
　「だって先生，いつも明るいけど疲れた顔なさっているから」
　〈いや，たしかに寝不足。ちょっと飲みすぎ，すいません。不謹慎でした〉（率直に謝る）
　「10年も通院しているのに昔の問題が解決してないし，旦那はまだそんなこと言ってるのかと怒るし，先生には（解決が）無理なことわかってるけど，このまま生きていくのも嫌になっちゃって，たまに死にたくなっちゃうんです」と笑う（深刻味はなく，眼を伏せたり，思い詰めたり，表情がこわばることもない）。
　〈そうかあ。でも死んじゃだめだよ。息子さんが悲しむでしょ。先生も困る。自殺まで考えることがあるのですか〉
　「たまに疲れたとき死にたくなってしまうけど，自殺はきっとしない。先生に悲しまれては困るから死にはしませんよ。大丈夫ですよ」とくったくなく笑う。

　過去に自殺企図はなく，持続的な単一の妄想はあるが，「死ね」という幻聴も自殺の具体的計画性もなく，自己コントロールはできていて，家族など周囲からの客観情報（心配な言動の報告）もない。このどれか一つでもあれば自殺防止のアクションが必要となる（伊藤，2009）。

2. 事例2 ―― 不登校の相談に来ていた父親

　子どもの不登校問題を定期的にクリニックのカウンセラーに相談し，他の精神科医から軽い安定剤（抗不安薬）を不定期に処方されていた

男性。専業主婦の妻と中学生の長男の3人暮らし。いつもとなんとなく様子が違うので予約外で診てほしいと紹介された。

見立ての良いカウンセラーだけに，ただごとでないことは充分予想された（紹介者のプロフィールや能力も重要なアセスメントの一つである。委託先についても同様だが）。

話題は息子がなかなか学校に行こうとしない，高校の願書提出締切間近だが受験する気も見られない。妻からあなたが何とかしてくれとせがまれるが残業で帰宅が遅く，妻と息子と話す機会は土日しかない，〇〇先生にいろいろとご指導を受けていますと下を向いて話す（終始，診察医の眼を見ることがなく憔悴した顔つき）。

「息子を私立にやる余裕もないですし，家にひきこもったままで今後どうしたものやら」（と話すうちに涙ぐむこともなく，どんどん表情がこわばり茫然としてくる。家庭問題はすでに1時間をかけて相談した後のことである）。
〈ご子息の件がご心配なのはわかりますが，ご自身が相当お疲れのようです。睡眠はとれていますか〉
「はい。寝つきが悪いのでお薬を頂ければ大丈夫です。いつものをよろしくお願いします」（とやはりうつむいて答え立ち上がるなり，足元がふらつきドアにもたれかかる）。
〈ちょっと待ってください。ふらふらしておられるではないですか〉とそばに駆け寄り体を支えながら，〈今日はこれからどうなさる予定ですか〉（自殺企図のアセスメント）
「……」（固まった姿勢で立ちすくみ無言）
〈御家に戻るのですか〉（さらにうつむき，ほんのわずかながら小刻みに震える）

〈ひょっとして死のうとしていませんか〉
「……」（自殺を否定する言葉も素振りもない）

その後，カウンセラーを交えての入院治療の説得に応じたので，近くの関連病院に依頼したと告げると，急に表情が和らぎ妻の来院を相談室で待った（医療保護入院の適応）。

「今日はありがとうございました。ゆっくり休んできます」と医師と眼を合わせながらはっきりと述べた（念のためカウンセラーが同伴した）。

自殺念慮が言語化されなかったが，カウンセラーの気づきと患者の身体言語，当日の妻の理解に救われた。

3．事例3
—— 義理息子が養子に出るというので死にたい

次は自殺念慮の存在は容易にアセスメントできたが，自殺企図に至ったうつ病の事例である。クライアントの言葉や表情，心理検査からはうかがい知れないアセスメントのポイントとして，家族など周囲の理解，周囲との関係性，支援ネットワーク，人生上の出来事（ライフイベント），状況があげられる。

この事例は，長男に婚約者の家から養子の話があってから気持ちが沈みがちになったと受診。双方が農家。結婚の条件が養子に入ることなので，息子は是非ともそれを許してくれといってきかない。夫も同意している。息子たちは私の病気が治るまで結婚を待つと言ってくれる。でも病気の原因も，なかなかよくならない原因もすべてそこにあるのにと落涙する（うつ病の遷延要因が見て取れる）。

彼女は「自分の生きがいは幼いときから育て

た夫の連れ子だけで、それを取られたら生きている意味がない」とたびたび語った。死なない約束をし、家族には自殺の危険があること、長男を養子に出したくないと切望していることを説明し、服薬管理と入院の必要性を伝えた。しかし長男自身は母親の頑固で執拗な訴えに辟易し、実はこれを機会に家を出たいと語った。その後、大量服薬を契機に入院。入院すると直ちに病状は回復し、自宅に戻ると増悪するということが繰り返された。

病気であるうちは結婚がない（二次疾病利得の存在）という状況が続いた。家族による服薬管理はとりつけたが、夫は入院費用もかさむし、先方に病気のことはとても言えない、これ以上妻に振り回されるのはかなわないと主治医に言い放った（疾病利得の存在は、自殺の危険度を下げる一方、うつ病の遷延化要因になることが知られている）。回復が長引くと家族が疲弊し、病状の悪化や自殺行為によって家族がコントロールされていると思い、支援機能も低下してきたはずである。患者は家庭でも明るく振る舞い、結納を済ませ結婚式の日取りが決まったころの面接。表情や言動はこれまでになく自然で若返り美しく見えた。

「先生、長いことお世話になりました。さすがに折れました。可愛くて素直なお嫁さんだし、家も近いですから。これから老後の楽しみを考えようと思います」。そして、上京してグランドキャバレーに勤めたころ、指名の客が主治医に似ていたこと、出演した歌謡歌手からサインをもらい嬉しかったこと、等々を懐かしく語り、「先生もいいお嫁さんをもらってくださいね」と笑った。

これが医師への最後の言葉となった。急速な回復に不自然さをうすうす感じながらも、喪失反応を克服しようという態度と見誤ったことが悔やまれる。息子の結婚決定は、二次疾病利得の欠如を意味し、自殺の危険性を高めることとなった（うつ病の回復期、別れの儀式に注意、自殺を決意すると妙に明るい、などよく知られる基本原則は正しい）。

IV　自殺の危険因子

自殺の危険因子については幾多の疫学統計研究がある。しかし男性は女性より自殺危険が高い、日本国、なかでも北東北3県の自殺率が高いなどの知識は、精神衛生対策に大変重要であるが本稿の目的にそぐわない。それより次の智田・酒井（2005）による自殺者の精神障害保有率の文献研究のまとめとうつ病患者の自殺の危険因子10（表1）が役立つと思われたので紹介する。

智田・酒井（2005）によれば、「過去40年間に行われた心理学的剖検法によると、自殺死亡者の80〜100％が自殺時に精神障害を有し、なかでもうつ病が最多で、29〜88％を占めていた」、そして「生前に適切な精神科治療を受けていたものは全体の20％程度にすぎず、また彼らの多くは服薬の遵守ができていなかった」という。

表1　うつ病患者の自殺の危険因子
（智田・酒井, 2005）

①発病初期あるいは回復期にあるもの
②繰り返し再発しているもの（rapid cycler）
③自殺企図のあるもの（自身，家族）
④最近の喪失体験のあるもの
⑤具体的，詳細な自殺計画をもつもの
⑥社会的な支援を家族，近隣，コミュニティーから得られず，孤立しているもの
⑦（1）無感情，絶望感，（2）不安，不穏・興奮，（3）攻撃性，衝動性などの症状を示すもの
⑧身体疾患を併発しているもの
⑨アルコール依存症を合併しているもの
⑩病像が非定型的なもの

表2　相談学生の希死念慮出現率

大学生	あり	なし
男子	40（26%）	113
女子	20（37%）	34
合計	60（29%）	147

V 自殺念慮のアセスメント PARTⅡ
──学校カウンセラーの経験から

　筆者らが開発した自記式チェックリスト（JSQ：熊倉ほか，1997）による，大学生の入学時調査（対象1万人台）では，「死にたくなることがある」のチェック率は例年1％弱で，その数値は年度によってあまり変動しない。同じ調査を筆者の大学で春の定期健康診断時に行っているが，新入生に関して，そのチェック率は0.6～0.7％である（対象約1,000人）。

　それに比べ最近行った，相談室を訪れ回答した約210名の大学生のカルテ調査では，希死念慮出現率が全体で29％（男子26％，女子37％）ときわめて高かった（表2）。「死にたくなることがある」にチェックしたものを希死念慮ありと即断するのにはやや無理があるとしても，このチェックリストにより自殺念慮の心理アセスメントが容易になる。JSQのチェック項目は40問ほどで身体面，勉学面，対人関係，情緒面，医療面について回答を求めるものである。30名の無回答者がいたが，その多くは，緊急対応を要した学生と，学生を心配して来談した家族，教職員である。ちなみに，カウンセリング利用の予備校生330名の調査では，希死念慮出現率は19％（男女差なし）であった（元永・早川，2006）。

事例4──健康診断の問診票から

　春の恒例行事に学生定期健康診断がある。筆者の大学では，受診学生全員が心身の健康チェックリストにより看護師の問診を経て，一部の学生が当日に内科診察や精神衛生面接（短時間）を受ける。リストのなかに「死にたくなることがある」という項目が含まれている。その項目をチェックした女子学生が，カウンセラー面接を勧められた。その他にもいくつかチェックされていたのでそちらを先に問診し，課外活動や研究室のことなど世間話的会話が穏やかに続いた（少しうつむき加減だったが）あと，カウンセラーは二人の間に置かれた1枚のチェックリストの「死にたくなることがある」を指さして次のような質問をした。

〈ところでここは？〉

「……」（肩が小刻みに震え，顔をあげてカウンセラーの眼をじっと見つめた。両目は涙であふれていた。自らの自殺念慮に怯え，救いを求めていると直観した）。

その後，落ち着きを取り戻し，サークルの舞台公演があるまでは絶対に死なない（この短期目標は信用に足るが「までは」に注意しなければならない。その後どうなるかは保証されていない），カウンセラーから両親にこの精神状態を伝え，心療内科を受診する必要があることに抵抗なく同意した。実は幼少期から自殺願望があったともいう。そして春休みの公演が近づき，カウンセラーは公演を終えれば自殺の可能性が高まるので必ず公演を見に行き，せめて迎えに行って一緒に帰宅するよう，そして無理を重ねてきたので休みを利用して入院休養させるよう両親に伝えた。彼女にそれを報告すると安堵の表情を見せた。

ところが公演後の打ち上げパーティーがはじまると，彼女は脱兎のごとく2階の開いていた窓に向かって走り飛び降りようとした。幸い寸前でサークル仲間に体を止めてもらえた。両親が呼ばれ，そのまま紹介されていた病院に入院となった。両親は，娘の普段の振る舞いから心の病気とどうしても思えず，公演を見に行くことも迎えに行くこともなかったという。

VI 自殺の危険度の評価と対応のまとめ

最近，日本臨床救急医学会がまとめたもの（2009）を紹介する。うつ病に限定しない自殺未遂者に対するものである。

〈自殺の危険度の評価5項目〉
①自殺の危険因子の数とその程度。
②自殺の計画性の有無。計画があるとすればどれくらい具体性があるのか。
③自殺手段の有無。自殺手段が身近かどうか。
④支援者の有無。ケアや支援などの社会資源とつながっているのか，それが利用しやすい状況にあるか。
⑤自殺を防ぐような要因や環境にあるかどうか。

同学会がWHOの提示した危険度に応じた対応法例を改編し，危険度のレベルを軽度，中等度，高度，重度の4段階に分けたものも作成しているが，詳細は文献を参照されたい。

VII おわりに

自殺の危険度のアセスメント，病理と予防についてはすぐれた成書がたくさんある。今回，児童思春期の自殺（未遂を含む），リストカットや自傷行為についてふれる余裕はなかった。たとえば前者は笠原（2004），後者については林（2008）を紹介することでご容赦願いたい。対応原則を忘れず，危険度を分析評価する冷静さ，眼の前のクライアントを死なせないという

熱い思いのバランスが大切なのだということ，また事例には盛り込まれなかったが支援者同士の連携の谷間に特に注意を払う必要があることを最後に強調したい。

文　献

智田文徳, 酒井明夫（2005）自殺企図の予防について. In：保坂隆 編：精神科 ── 専門医にきく最新の臨床. 中外医学社, pp.69-70.

林直樹 監修（2008）リストカット・自傷行為のことがよくわかる本. 講談社.

伊藤弘人 編（2009）自殺に傾いた人を支えるために ── 相談担当者のための指針. 平成20年度厚生労働省科学研究費補助金こころの健康科学研究事業「自殺未遂者および自殺者遺族等へのケアに関する研究」. (http://www.mhlw.go.jp/bunya/shougaihoken/jisatsu/dl/02.pdf［2012年5月22日取得］). pp.8-9.

笠原麻里（2004）児童思春期の自殺. In：樋口輝彦 編：自殺企図 ── その病理と予防・管理. 永井書店, p.16.

熊倉信宏（2004）メンタルヘルス原論. 新興医学出版社.

熊倉信弘, 元永拓郎, 佐久間祐子ほか（1997）日本型大学受験が精神的健康に及ぼす影響. 明治生命健康文化研究助成論文集3；48-57.

元永拓郎, 早川東作（2006）受験生，こころのテキスト. 角川学芸出版.

日本臨床救急医学会（2009）自殺未遂患者への対応 ── 救急外来（ER）・救急科・救命救急センターのスタッフのための手引き. (http://www.mhlw.go.jp/bunya/shougaihoken/jisatsu/dl/07.pdf［2012年5月22日取得］).

論 説
アディクションのアセスメント

松本 俊彦 TOSHIHIKO MATSUMOTO
独立行政法人国立精神・神経医療研究センター精神保健研究所薬物依存研究部／自殺予防総合対策センター

I はじめに

　精神科臨床および心理臨床において最も看過されやすいメンタルヘルス問題の一つは，アディクションである。筆者の臨床実感によれば，頻発する衝動行為や薬物療法抵抗性の抑うつなどの背景に潜む，本人もしくは家族のアディクション問題は，一般に信じられているよりもはるかに多く存在するという印象がある。
　この問題が看過されやすい理由の一つは，治療者側の知識不足が挙げられるであろう。人はともすれば，心理的に抵抗感を抱いているものに対して選択的無関心が働きやすい。アディクションは「否認の病」といわれるが，こうした「否認」は，問題を抱える当事者だけではなく，治療者側にも生じうる現象なのである。
　とはいえ，「アディクションのアセスメント」というテーマは容易ではない。なにしろ，一口にアディクションといってもさまざまな種類がある。大まかにいっても，物質使用に関してコントロールを失うアディクション（物質依存）だけをとっても，依存対象となる物質によってその病態は微妙に異なる。これに加えて，ギャンブルや買い物，インターネット，セックスといった行動プロセスに対するアディクション（プロセス依存）があり，さらには，共依存と呼ばれる人間関係に対するアディクション（関係依存）まである。今回筆者に与えられた紙幅はこれらをすべて論じるのに十分なものではない。
　そこで本稿では，物質依存——なかでも精神科医療機関における患者数の最も多い，アルコール依存と覚せい剤依存——に焦点を絞り，アセスメントのポイントについて述べることとしたい。

II 物質依存の基本的症状とアセスメントに際しての注意点

1. 物質依存の基本的な症状

まずは物質依存の症状に関する総論的な説明をしておきたい。物質依存の診断は、行動面・精神面・身体面という3つの次元からなる症状を根拠にしてなされる。

①行動面の変化：アルコールや薬物といった依存性物質の摂取量の増加、社会的許容範囲を超えた逸脱的な物質摂取のパターン、物質摂取行動の単一化（平日と休日で物質摂取の様態に違いがなくなること）が認められる。

②精神面の変化：物質使用コントロールの障害（「やめよう」もしくは「減らそう」という試みに失敗すること）、衝動的な物質使用欲求（渇望）、物質摂取中心の思考（例：「いつも飲むことばかり考えている」「薬物のストックがないと不安」）が認められる。

③身体面の変化：離脱症状やそれを緩和するための物質摂取、あるいは、使用開始当初と同じ効果を得るのに必要な物質の量が増加する（耐性獲得）。

以上の3つの次元における変化のうち、物質依存と診断するうえで最も重要な症候は、「②精神面の変化」である。これは、自分なりに「アルコール（もしくは、薬物）をやめよう（あるいは、控えよう、量を減らそう、トラブルにならない飲み方をしよう）」と努めながらもそれに失敗した、という経験の有無から確認することができるものであり、「物質使用コントロールの障害（精神依存）」という物質依存の本質を示している。一方、「①行動面の変化」は、属する文化や規範、社会的許容度によって影響される面があり、また、「③身体面の変化」に示されている生理学的依存（身体依存）の有無や強度は、物質の種類によってさまざまに異なる。その意味では、これら2つの次元が持つ診断上の意義は、相対的かつ副次的なものにとどまる。

なお、この物質依存という診断は、米国精神医学会の診断分類（DSM-IV-TR）では「物質依存」、WHOの精神障害の診断分類（ICD-10）では「精神作用物質の依存症候群」という名称となっている。さらに、物質依存の水準には達しないものの、さまざまな心理的、社会的、医学的な問題を生じている物質摂取に対しては、「物質乱用」（DSM-IV-TR）、「精神作用物質の有害使用」（ICD-10）という診断カテゴリーが存在する。

2. 物質依存のアセスメントに際しての注意点

アルコール問題はともすれば過少申告される傾向がある。ことに問題が頻発するようになると、飲酒自体に罪悪感を抱くようになり、このことがますます過少申告を促す。また、飲酒コントロールに失敗すればするほど、人はますます「自分は飲酒をコントロールできている」という考えにしがみつく傾向が顕著となる。これがいわゆる「否認」という物質依存に特徴的な機制である。なお、こうした否認に対して治療者が対決的な態度で挑むのは逆効果である。か

えって否認を強めてしまうことが多い。

また，薬物依存の場合，乱用薬物の多くが法令によって規制されており，その薬物を使用すること自体が犯罪を構成する違法行為である。そのため，正直に告白することが自分の社会的立場を危うくする可能性がある。物質依存からの回復には，「薬物を使いたい気持ちになった」「薬物を使ってしまった」と正直に話せる場所，そして正直に話しても罰せられたり叱責されたりしない場所が必要である。その意味では，アセスメントに際しては，患者の安全を保障するよう配慮したい。

なお，意外に誤解されていることが多いので，ここで強調しておきたいことがある。それは，治療者に対して規制薬物の使用を警察に通報することを義務づけた法律はない，ということである。たしかに「麻薬及び向精神薬取締法」に規定されている薬物（ヘロイン，コカイン，MDMA，LSDなど）の「慢性中毒」と診断した医師は，その患者の名前を都道府県薬務課に届け出する義務があるが，これは警察通報とは異なり，入手先の捜査と本人の更生支援を目的とするものである。しかも，この「慢性中毒」の基準は不明瞭であり，判断は相当に医師の裁量に委ねられている（松本，2010）。

このことは，治療者が公立病院や公的機関に勤務する公務員の場合でも変わらない。たしかに「刑事訴訟法」第239条には「公務員の犯罪告発義務」が規定されている。しかし，この条項には罰則規定はなく，治療・相談・援助を本務とする公務員の場合には，もう一方の義務規定である「守秘義務」のほうを優先してよい（松本，2010）。

III アルコール依存のアセスメント

次に，臨床場面で最も遭遇する頻度が高いアルコール依存のアセスメントについて取り上げたい。

1．スクリーニング

アルコールは社会的に広く認知されている依存性物質であり，飲酒に寛容な文化を持つわが国の場合，臨床現場においてアルコール問題が看過されることが少なくない。こうした看過を最小限とするには，来院（もしくは来談）の主訴にかかわらず，簡易な自記式評価尺度を用いてスクリーニングを実施するのがよいだろう。

アディクション問題を専門としない治療者でも利用できる簡便なスクリーニングツールとしては，以下の二つの尺度が有名である。

[1] AUDIT
(Alcohol Use Disorder Identification Test：表1)

この尺度は，WHOに加盟する6カ国の共同研究にもとづいて作成された，10項目からなる自記式評価尺度であり，健康への影響が懸念される水準（「危険な飲酒 hazardous drinking」）の多量飲酒を発見するのに優れた評価尺度である（Donovan et al., 2006）。日本語版（廣・島，1996）では，10点以上を「危険な飲酒」，20点以上を「アルコール依存の疑い」とするカットオフが用いられることが多い。

[2] CAGE（表2）

4つの質問項目からなるスクリーニング尺度であり，各質問の英語による頭文字をとって

表1 Alcohol Use Disorder Identification Test (AUDIT) 抜粋 (Donovan et al., 2006；廣・島, 1996)

1	あなたはアルコール含有飲料をどのくらいの頻度で飲みますか？

0. 飲まない
1. 1カ月に1度以下
2. 1カ月に2～4度
3. 1週に2～3度
4. 1週に4度以上

2	飲酒するときには通常どのくらいの量を飲みますか？ ただし，日本酒1合＝2.2単位，缶ビール大（500ml）2単位，缶ビール小（350ml）1.4単位，焼酎お湯割1杯（6:4）＝2.2単位，ウイスキーシングル薄め1杯＝1単位，ワイン1杯＝1.2単位，（1単位＝純アルコール9～12g）

0. 1～2単位
1. 3～4単位
2. 5～6単位
3. 7～9単位
4. 10単位以上

3	1度に6単位以上飲酒することがどのくらいの頻度でありますか？

0. ない
1. 1カ月に1度未満
2. 1カ月に1度
3. 1週に1度
4. 毎日あるいはほとんど毎日

4	過去1年間に，飲み始めると止められなかったことが，どのくらいの頻度でありましたか？

0. ない
1. 1カ月に1度未満
2. 1カ月に1度
3. 1週に1度
4. 毎日あるいはほとんど毎日

5	過去1年間に，普通だと行えることを飲酒していたためにできなかったことが，どのくらいの頻度でありましたか？

0. ない
1. 1カ月に1度未満
2. 1カ月に1度
3. 1週に1度
4. 毎日あるいはほとんど毎日

表2 CAGE (Ewing, 1984)

1. 飲酒量を減らさなければならないと感じたことがありますか。(Cut down)
2. 他人があなたの飲酒を非難するので気にさわったことがありますか。(Annoyed by criticism)
3. 自分の飲酒について悪いとか申し訳ないと感じたことがありますか。(Guilty feeling)
4. 神経を落ち着かせたり，二日酔いを治すために，「迎え酒」をしたことがありますか。(Eye-opener)

「CAGE」と呼ばれている（Ewing, 1984）。これらの4項目のうち1項目でもあてはまれば、何らかのアルコール問題を生じている可能性があり、2項目以上があてはまれば、アルコール依存の疑いがあると判断される。

2. 飲酒歴

上記のスクリーニングで横断的な視点から「アルコール問題あり」という見当がついたら、次は縦断的な視点からさらに詳細な情報収集をしていく必要がある。

[1] 飲酒習慣の形成過程とその様態

まず、初飲酒年齢、習慣飲酒開始年齢を聴取する。その際、フラッシングタイプ（アセトアルデヒド脱水素酵素活性が弱く、飲酒すると顔面紅潮を呈する体質）かどうかを確認しておく。一般にアルコール依存罹患リスクが高いのは非フラッシングタイプ（アセトアルデヒド脱水素酵素活性が強く、飲酒しても顔面紅潮を呈しにくい体質）であるが、若年発症型、あるいはパーソナリティ障害を併存する者では、フラッシングタイプも少なくない。また、フラッシングタイプの場合には、食道がんや咽頭がん、大腸がんといった、アルコールに関連する悪性疾患の罹患リスクが高い。

習慣飲酒の過程で生じる耐性獲得にも注意を払う必要がある。耐性については、摂取するアルコール飲料の量や種類（醸造酒か蒸留酒か）、摂取方法（水割り、ロック、ストレートなど）の変化が手がかりとなる。その際、摂取するアルコール飲料を純アルコール量で換算して考えることも大切である。日本酒1合は純アルコール量21gであり、これはワインをグラスで1杯半、ウィスキーのダブル1杯とほぼ等価である。

なお、厚生労働省は、日本酒換算で1日3合以上飲酒する習慣を持つ者を「多量飲酒者」と定義し、依存水準であるか否かにかかわらず、さまざまな医学的疾患のハイリスク集団と捉えている。

[2] 問題飲酒の出現と変遷

続いて、問題飲酒の出現時期に関する情報を収集する。具体的には、休日の日中飲酒、二日酔いによる欠勤といったものからはじまって、上司・同僚による酒臭の指摘、勤務中の飲酒、酩酊時の対人トラブル、飲酒運転による事故や逮捕、ブラックアウト、アルコール関連の内科疾患、飲酒コントロールの喪失、離脱症状といったものまで幅広く押さえておく必要がある。

問題飲酒が出現する頃には、比較的少量かつ短時間の飲酒でもブラックアウトが生じるようになる。酩酊状態にも変化が生じ、かつての上機嫌な酩酊から不機嫌な酩酊（いわゆる「からみ酒」）を呈するようになることがある。飲酒するとかえって不眠を呈するといった、いわば「逆耐性」ともいうべき耐性の変化も特徴的である。

離脱症状については、離脱てんかん、アルコール幻覚症、振戦せん妄といった派手な症状だけでなく、発汗や血圧上昇、焦燥、不眠といった見逃しやすい症状に注目する必要がある。こうした離脱症状は、必ずしも断酒中にのみ生じるものではなく、血中アルコール濃度が低下するだけでも生じうることに注意したい。

いずれにしても、離脱症状が見られる頃には、さまざまな程度の飲酒コントロールの障害を呈しており、自分なりに飲酒のコントロールを試

みる患者が多い。たとえば、「蒸留酒はやめてビールだけしか飲まないようにしよう」「今日は一杯だけでやめておこう」といった誓いをひそかに立てたり、焼酎の瓶にマジックで線を引き、「今日はここまで」と決意したりするなどである。こうしたコントロールの試みがすべて失敗に終わる頃には、不適切な状況（日中、勤務中、あるいは、運転をしなければならない状況など）で飲酒してしまう、あるいは、自らの飲酒自体に罪悪感を抱くようになって、隠れ飲みや飲酒に関するうそが増える、といった変化が見られるようになる。

飲酒コントロール喪失の最終段階が、48時間以上続く飲酒、すなわち、連続飲酒の状態である。典型的な連続飲酒は、金曜の夜から飲酒が始まり、週末のあいだずっと飲酒が途切れない状態である。こうした状態では、週が明けてもアルコールを切ることができずに、月曜日の欠勤が増えるといった現象が観察されることも少なくない。

Ⅳ 覚せい剤依存

1. 依存形成過程と臨床的特徴

[1] 初回使用から習慣的使用

覚せい剤を１回使用したからといってただちに習慣使用へと発展するわけではない。むしろ、初回使用後しばらくは月に１～２回程度、週末だけ使用し、表面的には職業的・社会的活動に支障が出ない時期が数カ月続くことのほうがはるかに多い。

ただし、そのなかで覚せい剤の使用様態は確実に変化している。乱用者の多くは、反社会的もしくは放蕩的な集団、あるいは性的パートナーと一緒に覚せい剤の初回使用を経験するが、次第に単独の状況でも覚せい剤を使用するようになる。つまり、はじめのうち薬物は仲間との関係性に従属物にすぎなかったのが、より優先度の高いものへと変化するわけである。そして、そのようにして使用を繰り返す過程で、次第に１回の摂取量や摂取頻度は徐々に多くなり、耐性を獲得していくのである。

典型的な耐性獲得は、たとえば覚せい剤使用開始当初は、覚せい剤を摂取すると食事もとれず、睡眠もとれなくなっていたはずが、いつしか摂取直後でも食事も睡眠もとれるようになる、といった現象から確認することができる。耐性獲得は、加熱吸煙で使用した者が静脈注射で使用するようになる、といった摂取方法の変化として観察される場合もある。加熱吸煙による経気道的摂取は、依存形成や精神病症状惹起効果においては経静脈的摂取と大きな違いはないものの、同じ効果を得るのに静脈注射のおよそ倍の覚せい剤の粉末が必要であり、効率が悪い。そのため、覚せい剤入手のためにつぎ込む金額が大きくなると、必然的に摂取方法は変化することとなる。

[2] 依存的使用の顕在化

覚せい剤依存の診断は、覚せい剤に対する使用コントロール喪失の有無が最も重要な根拠となる。使用コントロールの喪失を判断する際には、入手した覚せい剤のパケ（包装された覚せい剤粉末）を、「１週間かけて少しずつ使おう」と決意しながら、結局、わずか１日で使い切ってしまう、あるいは、手元に覚せい剤を持ってい

ると，我慢できずにあればあるだけ使用してしまう，といった挿話の有無が手がかりとなる。また，覚せい剤離脱時には，虚脱性の嗜眠状態（通称「つぶれ」。いくら刺激を与えても全く目を覚まさない深い眠りを呈する）が十数時間続くのが通常であるが，この「つぶれ」時間のコントロールも困難となる。たとえば，「ほんの少しだけ仮眠をとろう」と思ったつもりが「つぶれ」の眠りになってしまい，仕事の予定を無断でキャンセルしてしまう。あるいは，「つぶれ」の時間が20〜30時間と延長し，その間，家族や職場の同僚からみると「行方不明」の様相を呈する。この状況では，覚せい剤の報酬効果を体験している時間よりも，その薬理効果からの回復に要する時間のほうがはるかに長くなっている。

なお，このように使用コントロールを失うに至った依存患者は，ひそかに断薬のための努力を試みはじめていることが多い。たとえば，「これが最後の一発」と決意して覚せい剤を使用することを，それこそ何回，何十回と繰り返すことが挙げられる。この種の挿話は，重篤な依存を示唆する症候である。この段階では，覚せい剤のことを思い出させる刺激に遭遇しただけで渇望が生じたり，覚せい剤のことを考えただけで，まだ覚せい剤を使用していないのに，覚せい剤使用時の身体反応が出現したりすることも見られる。たとえば，覚せい剤粉末を溶かすために日頃から携行していたミネラルウォーターが入った500mlのペットボトルを見ただけで渇望が刺激されたり，覚せい剤のことを思い浮かべただけで，まだ使用していないにもかかわらず，便意（覚せい剤を使用すると自律神経系の緊張が亢進し，腸管の蠕動が活発になる）を催したりするのである。

2. 覚せい剤誘発性精神病性障害について

覚せい剤誘発性精神病性障害の発現時期については，個人差が大きく，覚せい剤使用期間や使用量，あるいは，依存の重症度とは必ずしも相関しない。精神病症状として比較的早期に現れるのは，覚せい剤を摂取した直後の高揚感・多幸感が消退し，しかし，まだ体内に薬理効果が残っている状況で発現する，一過性の被害念慮である。これは，乱用者のあいだで「勘ぐり」と呼ばれているものであり，違法薬物使用の罪悪感に覚せい剤の薬理作用が重なることで出現する反応性の症状と考えられる。

それでもなお，覚せい剤使用が繰り返されれば，覚せい剤誘発性精神病性障害が発現する。しばしば観察されるのは，「盗聴器が隠されている」「皮膚の下に虫がいる」といった妄想が，覚せい剤の薬理作用による強迫性によって修飾されて，家中の電化製品を飽くことなく分解しつづけたり，顔のニキビ潰しに何時間も没頭したりする，という行動である。この精神病状態は，通常，治療によって覚せい剤最終使用から数日から長くとも1カ月程度で消退するが，それ以降，以前よりも少量の覚せい剤使用で精神病症状が発現するようになってしまう，いわゆる「逆耐性」現象が認められる。

このような精神病状態を繰り返すなかで，患者の体質的・遺伝的素因によっては，病的状態からの回復に要する時間が長くなり，覚せい剤使用間歇期にも持続する慢性精神病性障害が顕在化したり，飲酒や不眠を契機として精神病状態の賦活再燃をみるフラッシュバック現象を呈したりすることがある。

V 物質依存に付随する生活史と精神医学的問題の特徴

物質依存の治療目標は，決して「いただけない物質の使用をやめさせること」などではなく，「痛みを物質の酔いで紛らわせてきた者が，より健康的な方法で痛みに対処できるようにさせること」と考えるべきである。その意味で，生活史を丁寧にたどりながら，物質で紛らわせなければならなかった「痛み」を同定する作業が必要である。たとえばそれは，幼少期の外傷体験や成人後のライフイベントにまつわる苦痛，あるいは併存する精神障害の症状であったりする。なかでも，以下の点に注意する必要がある。

1. 養育環境・心的外傷体験

幼少期における，さまざまな虐待やネグレクト，養育者との離別体験，家族内の暴力場面への曝露，アルコール問題を抱える家庭での生育経験は，物質依存を促進する要因である。特に養育者がアルコール問題を持つ環境では，自身が身体的虐待やネグレクトの被害を受けやすいだけでなく，ドメスティックバイオレンスの場面にも曝露されていることが多く，心的外傷は複合的なものとなりやすい。こうした体験は，物質依存の早期発症，複数物質に対する依存を促進するだけでなく，自傷行為や自殺企図，あるいは摂食障害といった多方向性の自己破壊的行動とも密接に関連する。

成人後の心的外傷体験も物質依存を促進しうる。なかでも女性物質依存患者のドメスティックバイオレンス被害は臨床的にも遭遇する頻度が高い。そのような症例では，暴力的な環境に「適応」するためにアルコールや向精神薬を必要とし，その酩酊状態が配偶者の暴力をさらに引き出す，という悪循環が観察される。

2. 発達歴

幼少期における注意欠陥／多動性障害の存在は物質依存のリスクを高める。注意欠陥／多動性障害を抱える子どもは，学校生活や家庭生活でさまざまな自尊心の傷つきの体験に遭遇していることが少なくないが，そのような子どもに行為障害が併発すると，抑うつや不安に対する不適切な自己治療として，有機溶剤や覚せい剤などに耽溺してしまいやすい。海外の研究には，注意欠陥／多動性障害の既往を持つ物質依存患者は，乱用物質として，注意欠陥／多動性障害の治療薬と薬理作用が類似している，コカインや覚せい剤といった中枢刺激薬を選択する傾向があるという指摘がある。

さらに，軽度の精神遅滞を伴う者は，そのストレス対処能力の乏しさから物質依存への罹患リスクがある。実際の臨床場面では，学業などについていけず学校内で孤立した子どもが，非行集団に所属し，薬物を使用することで仲間を得ることがある。この場合，「仲間を得る」という報酬が薬物使用を強化することとなる。

3. 職歴

アルコール依存患者のなかには，一定の割合でワーカホリックといいうるほど勤勉な者が存在する。たとえば，酒席で築いた人脈を活用して優秀な営業成績を上げるとともに，休日出勤も厭わない熱心さで人望を集める社員が，ある

時期から逸脱的な飲酒行動を呈するようになる，といったことは決して珍しい話ではない。また，問題飲酒の顕在化以前には，勤務時間終了後の「一杯」という目標が，明らかに業務効率を高めていたと思える症例も存在する。

同様のワーカホリズムは，一部の覚せい剤依存患者にも認められることがある。たとえば，覚せい剤を使いながら運送業や水商売に精力的に従事し，本人の覚せい剤使用を知らない周囲からその熱心な仕事ぶりが称賛されたりする。この場合，周囲からの称賛は，覚せい剤使用を強化する「報酬」として機能している。このような覚せい剤依存患者では，物質使用をやめた後に就労した際に再びワーカホリック状態を呈すると，物質使用が再発する危険が高い。

物質依存としての特徴が顕在化してくると，患者の職歴にはある特徴的な変化が見られるようになる。それは，転職のスパンが短く，頻繁になるという変化である。短期間で職を辞する理由は，必ずしも物質使用に関連する失態による解雇とは限らない。むしろ多くの場合，ささいな失敗や挫折を契機に，患者は，まだ何も告げられていないにもかかわらず，唐突に自ら職を辞してしまったり，ある日，突然，職場に姿を見せなくなったりする。こうした行動パターンの背景には，他者から拒絶されるという自己愛の致命的な傷つきを回避し，自ら能動的に立ち去ることで，「自分は状況をコントロールできている」という空想的万能感を維持しようとする心理がある。

4. 非行・犯罪歴

物質依存患者のなかには，非行・犯罪歴を持つ者が少なくないが，非行・犯罪歴に関する情報を収集する際に重要なのは，それが薬物犯罪に限定した単方向性のものなのか，あるいは，暴力犯罪，窃盗などのその他の犯罪など，多方向性のものなのかを評価することである。たとえ複数回の逮捕歴が認められたとしても，それが薬物犯罪に限定された単方向性のものならば，反社会性パーソナリティ障害とはいえない。

一方，多方向性の犯罪傾向が認められる場合には，患者の物質依存は広範な問題の一部にすぎない可能性がある。もちろん，そうした患者でも物質依存に対する治療は，暴力犯罪や他の犯罪の発生リスクを低減する。実際，飲酒運転による逮捕者のなかには，アルコール依存者は少なくないし，傷害や放火，あるいは，強制わいせつなどでは，飲酒酩酊が犯行に対して促進的な影響をおよぼしていることがある。

5. 精神医学的問題

10代から20代前半で事例化した物質依存患者のなかには，物質使用開始以前にすでに何らかの精神医学的問題を抱えている者が少なくない。

多く見られるのは，気分障害，不安障害，境界性パーソナリティ障害である。また，自傷行為や自殺企図の既往を持つ者も少なくない。このような精神障害を抱える若年者は，抑うつ気分や怒り，緊張といった不快感情に対する，不適切な自己治療として物質乱用を行うことが多く，短期間の乱用で重篤な依存を呈するのが特徴である。精神病性障害に罹患している者のな

かには，幻聴に対する自己治療として物質を乱用してきた者もいる。

女性の物質依存患者では，その2～3割に摂食障害の併存が認められ，若年女性の患者では，摂食障害の併存率は50～70％にもおよぶ。その意味では，「女性の依存患者を見たら摂食障害の合併を疑え」といってもよいほどである。なお，摂食障害と物質依存の併存事例では，摂食障害が先行して発症していることが多く，自傷行為や過量服薬などの自己破壊的行動を伴う者が少なくない。

VI おわりに

試みに，いま二人の物質依存患者を想像してほしい。一人は，就職，結婚，妻の出産，昇進，マンション購入と，職場や家庭での責任が重くなるのに伴って飲酒量が増加し，50歳頃に肝機能障害を呈したのを機に来院したアルコール依存患者である。もう一人は，養育者からの虐待のために施設を転々としながら育ち，不良交遊のなかで10代から薬物に手を染め，逮捕，服役の合間に職を転々としながら，最後には暴力団からも追い出されて，30歳頃に精神病を呈して来院した覚せい剤依存患者である。

いずれも同じ物質依存患者であるが，二人のあいだにはいくつかの相違点がある。何よりも乱用物質の薬理作用や法規制の状況が異なり，年齢も異なる。それから，前者が適応的な社会生活のなかで中年期以降に入ってから問題が顕在化しているのに対して，後者は人生早期より不適応的行動の一つとして問題が出現している。一方，共通点もある。それは，いずれの患者も物質依存の進行には何らかの「しんどさ」が関係している，ということである。その「しんどさ」とは，前者は役割の重さがもたらす「しんどさ」であり，後者は役割や居場所が与えられないことの「しんどさ」である。

ここがポイントである。物質依存患者の多くが，人生における「しんどさ」の局面で使用コントロールを失っている。そのことを意識して，共感的に彼らの人生のストーリーを思い描きながらアセスメントを進めることは，それ自体がすでに治療的なかかわりであり，治療継続性を高める。物質依存の治療は初診で中断となることが多いだけに，たとえ初診だけで中断となったとしても，将来，問題を自覚した際に，改めて受診を考え直せる出会い方が重要となってくる。

もちろん，患者の強固な否認の壁に突き当たってたじろぐこともあろう。だが，「依存であるか否か」をめぐって患者と議論を戦わせるのは，「百害あって一利なし」である。そもそも否認とは，多少とも自ら問題を自覚していればこそ出現する構えであり，その意味では，むしろ回復の第一歩として歓迎すべきものとも考えられる。治療者は，いかなる物質依存患者でも，たえず「やめたい気持ち」と「やめたくない気持ち」とのあいだで迷っていることを信じなければならない。

文　献

Donovan DM, Kivlahan DR, Doyle SR et al. (2006) Concurrent validity of the Alcohol Use Disorders Identification Test (AUDIT) and AUDIT zones in defining levels of severity among out-patients with alcohol dependence in the COMBINE study. Addiction 101 ; 1696-1704.

Ewing JA (1984) Detecting Alcoholism JAMA 252 ; 1905-1907.

廣尚典, 島悟 (1996) 問題飲酒指標AUDIT日本語版の有用性に関する検討. 日本アルコール・薬物医学会雑誌 31 ; 437-450.

松本俊彦 (2010) 薬物依存臨床における司法的問題への対応. こころのりんしょう à・la・carte 29 ; 113-119.

論説
本人不在の事例のアセスメント

平木 典子 NORIKO HIRAKI
統合的心理療法研究所

I はじめに

本論を進めるにあたり,「本人不在」について2点確認しておくことにしたい。

第1点は,「本人不在」の意味である。ここでは「心理療法が必要だと思われる人(本人)が面接の場にいない状態(不在)」と理解する。たとえば,「不登校の子ども」の親,「乱暴な子ども」のクラス担任,「うつ状態の社員」の上司など,「本人」の関係者との面接が行われている状態である。心理面接の初期にはよくあることでもある。

この状態での面接では,心理療法に不可欠とされる「本人」との言語的・非言語的コンタクト(面接する,観察する,テストを実施するなど)によるアセスメントができないことになる。セラピストが何らかの必要性から「本人」を知っている人のみの面接を要請することもあるが,来談者側の事情によって「本人」抜きで関係者が来談することもあり,いずれの場合も,秘密性への配慮が求められることになる。とりわけ来談者側の事情により「本人不在」の面接になった場合,「本人」と「関係者」の関係性の問題が絡んでいることがあるので,その複雑な事情を含めたアセスメントが必要になる。

第2点は,「本人不在」の事例に登場する「本人」の呼称である。医療では「本人」を患者(patient)と呼ぶが,心理療法では「本人」も「関係者」もクライエントと呼ぶことが多い。ただ,家族療法(システミック・アプローチ)では,「本人」を「心理療法を必要とされた人」という意味でIP(Identified Patient＝患者と同定された人),来談者はすべて「依頼人」「顧客」「来談者」の意味でクライエントと呼ぶ。

患者とIPとクライエントの呼称の区別は,「本人不在」の面接では有用である。「本人」は心理療法の必要性を認めなくても,関係者から患者やIPと呼ばれることがあり,その葛藤を反映して関係者のみの来談になることがあるからである。この呼称は,人々の認知は人間関係を通

して形成され，人により同じ対象について異なった認知をもちうるという現実に即したものであり，本論では「本人」をIPと呼ぶことにする。

II 来談者の事情による「本人不在」の事例のアセスメント

さて，IP不在の面接で問題となるのは，来談者側の事情で関係者のみが来談する場合であり，とりわけその事情がIPの健康などの身体的理由ではなく，IPと関係者の関係性を含む心理的理由による場合である。そこで本論では，IPの母親が一人で来談した事例を取り上げ，関係性を重視した視点から，「本人不在」のアセスメントにおける3つの工夫について述べる。3つの工夫とは，①「本人不在」に至るプロセスのアセスメント，②関係者との面接で行うアセスメント，③関係性のアセスメントを活用した支援の見通し，である。

1.「本人不在」に至るプロセスのアセスメント

本事例は電話予約で面接が決められたので，最初のアセスメントは受付担当者によっても行われていることになる。「受付記録票」には以下のこと（ここでは個人情報は省略）が記載されていた。

受付日：X年9月20日
【来談者についての基礎情報】
　母親の氏名（Mo），年齢（48歳），連絡先住所・電話（近郊），心理相談の経験無，現在の問題について相談した専門家と来談経路（保健室の先生）。
【来談の要旨】
　長男A（中学3年）の不登校のことで相談したい。5月の連休明けから行けなくなり，ときどき登校していたが，7月に入って全く行かなくなった。夏休み後も不登校の状態が続いている。クラス担任，保健室の先生に相談したら，「良いところがある」と言われて紹介された。家族は夫と長女（高3）の4人。
【受付担当者の問いかけとそこへの反応，および確認事項】
　〈息子の来談の可能性は？〉「息子は家から出られない」
　〈夫の来談は可能か？〉「夫とは息子の不登校以前から仲が悪く，息子の問題でも意見が合わない。学校に相談に行きたいと話したとき拒否されたので，今回も一人で行く」
　〈受付担当者の印象〉ゆっくり，はきはきと話していた。
　〈伝達事項〉相談室の所在地と順路，料金，キャンセル案内と予約の決定日時。

　上記の受付記録票からもわかるように，心理療法の面接には，助走（平木，1997）とか準備段階（Carr, 2006；プロチャスカ・ノークロス，2007）と呼ばれるプロセスがあり，「本人不在」の面接に限らず，そのプロセスでは公式・非公式の多様なアセスメントが行われている可能性がある。そのアセスメントを誰が，いつ，どこまで行うかは機関により，またケースにより異なるであろうが，受付の段階でも来談者は助走におけるアセスメントを語り，そのアセスメントのアセスメントをしている受付担当者がいる

ことに注目したい。

つまり，母親はすでにIPの問題に関する，ある意味で公式（保健室の先生）のアセスメントを聞いて来談を決めているようであり，また，母親はIPと父親の来談を期待できないと理解しているようだ。受付の時点で，担当者がIPと父親の来談の可能性を尋ねたことは重要なアセスメントである。母親がIPにも夫にも来談を伝えなかったのか，伝えただけなのか，誘ったが拒否されたのかは不明であるが，来談可能な人を確認することによって，母親の単身来談の動機，受付者の単身来談の受託が推測できるからである。

2. 関係者との面接で行うアセスメント

面接は，担当セラピストによるMo面接で始まった。セラピストは受付記録票の内容を承知しており，受付者によるMoの助走のアセスメントを念頭におきながら，あらためてMoの助走のプロセス，来談動機などを直接アセスメントすることになる。IPに関するアセスメントはMoの認知を通して間接的に行われるので，Mo一人の面接のメリット，デメリットを考慮したアセスメントの工夫が必要である。以下，初回面接の冒頭を引用しながらその工夫について考えていきたい（「※のついたゴチック文字の文章」は，アセスメントの工夫と解説など）。

[1] 初回面接

母親は中肉中背で，茶系のブラウスとスカート姿。セラピストは挨拶・自己紹介をし，「来談申込票」の記載を依頼する。
※来談申込票には受付記録票と重なる情報も求められているが，来談者が直接セラピストには公開できる情報として，氏名，年齢，生年月日，現住所，家族構成（各々の氏名・年齢・職業・学年），他の心理相談の経験の有無，リファーの経緯，来談のきっかけ（自発来談か，勧められたか）などの基本情報の他に，相談内容（自由記述），来談に関しての要望などを記載可能な限り依頼する。それらを来談者自身が記入することで，セラピストとの緩やかなコンタクトによるクライエントの自己開示の第一歩となる。

「来談申込票」で得られた追加情報は以下の2項目であった。

【家族構成】
母親（45歳）：週2回コンビニでパート勤務，父親（48歳）：会社員，姉（17歳）：高校3年生。
【相談内容】
「息子が学校に行きたがらない。原因がわからない」（記載のまま）

[2] 面接の開始

セラピストは，来談を保健室の先生に勧められていることと相談内容の「息子が学校に行きたがらない。原因がわからない」ことに注目して，次のような言葉かけで面接を開始した（セラピストはTh，母親はMo。下線部は後に検討する語句）。

Th1──ご相談の概要は受付の者からも聞いておりますが，あらためてここに来られたいきさつと，どんなことを相談されたいか話していただけますか。どこからでも，思いつくままで結構ですので，ご自由にお話し

くだされればと思います。
※受付担当者から来談の意図を聞いていることを伝えると同時に，セラピストは母親の関心のあるところから，来談のいきさつ，主訴を話してもらおうとした。

Mo$_1$── 息子の不登校について書かせてもらいましたけど，中学3年なのですが連休明けから胃が痛いと言って学校を休むようになりまして……。私も胃が弱いのであまり気にしてなかったのですが，6月に入っても「胃が痛い」とか「午後から行く」とか言っては休むので，私がかかっている医者に見てもらいましたが，大きな病気はないので痛くなったら飲むようにと薬を出されました。7月は全く行きませんで，9月には最初数日行ったのですが，また行かなくなりました。「学校で何かあったの？」ときくと「何もない！」と怒るんです。薬は飲んでいたときもありましたが，最近は飲んでないようです。それに，行けば普通の様子で帰ってきてましたから，胃が痛いのも我慢できる範囲ではないかと思います。姉のほうも中学1年のときにいじめに会って担任の先生との関係も悪くなりまして，不登校になったことがありました。そのときは理由がはっきりしていましたが，息子の理由がよくわからなくて……。私は痛くても仕事に行きますし，休むことは理解できないというか……。担任の先生も気にしてくださって，夏休み前に一度相談に行き，「学校では問題はない」と伺いました。夏休み中に授業に追いつくようにと何度かご指導いただきましたが，また休み始めましたので，先日，担任の先生の勧めで保健室の先生とも話をしました。「学校での問題はなさそうなので，精神的なものではないか」と言われて，ここを紹介されました。

Th$_2$── そうでしたか。保健室の先生のお話を聞かれて，息子さんには<u>お話をされましたか</u>？

Mo$_2$── いいえ。学校のことを言うと「うるさい」と言うものですから……。ただ，本人も「勉強やばい」って言ってましたので，高校受験のプレッシャーがあるのではないかと思います。個別指導の塾か家庭教師をやろうということになっているのですが……。

※「来談申込表」の「原因がわからない」という記載と，ここで述べられた「理由が理解できない」という母親の強い関心は，「精神的なものではないか」という保健室の先生のアセスメントを受けて，受験のプレッシャーの緩和への取り組みにつながっているようだ。母親は原因を探って，その解決にすぐ取り組む人かもしれない。そこでセラピストは母親の関心にも沿いながら，IPの支援の緊急度を含めたアセスメントを進める。関係性を理解するために，IPの言動と母子のやり取りの具体的な描写を得られるような問いかけをする。

Th$_3$── まず，受験のプレッシャーを和らげよう……と。息子さんの<u>最近の様子</u>はどうですか？

Mo$_3$── 息子も勉強のことは気にしていましたので，少しホッとしているみたいですが，昼夜逆転は続いてますし，パソコンとゲームばかりしてます。学校には行きませんし，行けない理由も言いませんし，塾や家庭教

師の話はどうにかできましたが，反発は相変わらずですし……。
Th₄── ほう，どんな反発をされるんですか？
Mo₄── ちょっとでも学校のことを言うとムッとして口をきかなくなります。父親には「お父さんはキレるから嫌いだ」と言って近づこうとしませんし，「ともかく二人ともうざいんだよ」と怒鳴ったりします。
Th₅── それでも息子さんと話をしようとしていらっしゃるんですね。
Mo₅── 息子の機嫌がいいときだけですけど……。二人で家にいることが多いですから……。
※ IP は父母への気持ちを表現しているようだ。ただ，母との関わりはあり，緊急の対応の必要性はないようだ。さらに家族関係のアセスメントを続け，支援のポイントを探る。
Th₆── ご家族はお互いにどんな話をしますか？
Mo₆── あまりしません……。夫はほとんど家にいませんし，娘も大学受験ですので，私と話をするぐらいです。夫婦がよく喧嘩するものですから，息子はすぐ2階に行ってしまいます。夫と私は性格が正反対で，息子のことでも話し合いにならないんです。私が相談しても，「心配しすぎだ」とか，「甘やかしすぎたから，わがままになった」と言って取り合いませんし，それ以上話すと喧嘩になります。学校に一緒に相談に行こうと言ったときも，「おれは行かない」で終わりです。そうかと思うと，いきなり息子に「学校，行かなくていいのか」と言ったりします。無神経で……仕事のことしか考えてない人で……。

※ 父母間の葛藤と IP の父母との関わりの回避，母親の孤軍奮闘がありそう。娘はどうだろう。
Th₇── 息子さんのことには，お一人で対応してこられたのですね。娘さんとはどんなことを話されるんですか？
Mo₇── 娘と私は性格が似ていまして，二人とも心配症で，問題を引きずるところがあります。高校受験のときはお互いにピリピリしていましたけど，最近，私とぶつかることはほとんどなくなりました。父親が日曜日に出かけるのを見て，「こんなときに平気でゴルフに行くなんて，信じられない！」とか言ったりします。
Th₈── 娘さんはお母さんに近い……受験生二人で大変ですね。
Mo₈── そうですね，娘のことはあまり心配してないですけど……。

ここまで，母親面接のやり取りを短く引用した。このやり取りには IP 不在の面接におけるアセスメントの試みの特徴，つまり関係性を重視した問いかけ，応答がある。

第1の試みは，Th の下線部分「どんな話」「どんな反発」などの問いかけである。この質問は，Mo の得た情報，連想と解釈，判断による Mo 自身のアセスメントや認知だけでなく，セラピストのアセスメントに必要な他の情報を得る試みである。Mo に IP を含めた家族の関わりを具体的な言動で描写してもらうことにより，セラピストは Mo には気づかれておらず，言語化されていないかもしれない家族関係と家族力動について仮説を立てることができる。たとえば，ただ一人来談した母親の家族内における孤軍奮

闘のリーダー的位置，母親と娘の緩やかな連合，父親の外の世界との強い関わり，IPの両親葛藤への嫌悪感や不安と家族内での孤立などである。これらの仮説は，アセスメントのさらなる問いかけを生み出し，アセスメントをより確かなものにしていく鍵となるだろう。

　第2の試みは，母親の行動や試みの家族関係におけるより深い意味の伝達である。その例が，Th_5＝IPから反発されながらも話をしようとしているMo，Th_7＝家族のなかで一人IPに対応しているMo，Th_8＝受験生二人を抱えているMo，を受けとめた応答である。これらの応答は，Moによる家族関係の描写がなされていたからこそ得られたクライエント像の言語化であり，クライエントの気持ちに共感するだけでなく，家族関係におけるクライエントの立ち位置，存在の意味とそのアセスメントを共有する試みでもある。母のもてる力のエンパワーメントになる可能性がある。

3. 関係性のアセスメントを活用した支援の見通し

　この面接の後半では，支援の目標を明確化しターゲットを絞るために，IPが気にしており，母親も困惑している夫婦関係のアセスメントに移った。その結果，夫婦喧嘩の主たる対立点はIPとの関わり方の違いをめぐってであり，夫が話し合いを回避する形で，もの別れになること，夫は妻のIPへの関わりを「先取り，過干渉」だと決めつけ，それを止めるようにと言い張るだけで何もしないこと，Moはそれを無責任だと思っていることなどが語られた。セラピストは，Mo_6の夫の言動の描写から，父親は全くIPに関心がないわけではない，夫婦の対立は相手の欠点を互いに補い合っている相補性の表現の可能性があるという仮説を立てて，「寄り添いながら自立を助けることと，多少突き放しながら自立を助けることは，両方とも思春期の子どもへの関わりには必要であり，今，夫婦の違いがむしろ大切であり意味をもつこと，ただ伝え方のタイミングが重要であること」を伝えた。また，IPをめぐって夫婦の対立が減少すると，IPの苛立ちと寂しさは和らぐ可能性があるので，夫と一緒に来談して話し合うことを提案した。また，この提案はセラピストからのものであることを夫に伝えてほしいと述べた。また，二人の来談が決まったら，IPにそれを伝えることも勧めた。この伝え方にも，関係性への配慮があることに注目したい。つまり，母親が父親に来談するよう誘うことで葛藤になることを避けるために，セラピストからの伝言にし，IPには夫婦の来談を伝えて，それとなく両親そろってのIPへの関心を示唆する。

　夫婦で来談した2回目の面接も再びIP不在で行われたが，それは夫婦の葛藤を解決する道を探ることが家族のエンパワーメントになり，夫婦の来談は，その後IPの来談があってもなくても家族のリソースの活性化につながり，何らかの効果はあると予測したことによる。このセッションでは，夫婦の関係をより深く理解するために，夫婦の親兄弟を含めたジェノグラム（McGoldrick et al., 1999）を描きながらの面接が取り入れられ，家族歴から，夫婦のものごとへの対処の違いに関する相互理解を深めた。

III おわりに

ケースによっては，関係者の関係性からのアセスメントができず，介入の見通しも立たないことがあり得る。家族の関係性が極端に混乱していたり，疎遠であったり，孤立していたりする場合である。そのような場合とは異なり，家族の関係性のアセスメントができたら，次の段階としてIPの来談を工夫する必要があるだろう。

関係性をアセスメントし，関係性の変化を通してIPの症状や問題へも関わっていくアプローチは，IPの関係者，特に家族が来談する面接では有効である。つまり，IPから直接気持ちや思いを聞けず，直接アセスメントできないときでも，関係性の具体的な描写から，各人の思いを推察したり，関係のなかでの立ち位置を想像したりすることができる。そこから，家族のリソースを活用した支援や介入のポイントを探り，IPの問題の解決へとつながる可能性は高い。

このように考えてくると，IPは誰か，「本人」とは誰のことか，ということは大きな問題ではないかもしれない。セラピーとは，常に何もわからないところから出発し，わからないことをわかろうとしながら問題に向かうプロセスであり，その意味で，与えられた状況をいかに活用するかを工夫するプロセスでもあるからだ。

文献

Carr A (2006) Family Therapy : Concepts, Process and Practice (2nd Ed.). John Wiley.

平木典子 (1997) カウンセリングとは何か. 朝日新聞社.

McGoldrick M, Gerson R & Shellenberger S (1999) Genograms : Assessment and Intervention. WW Norton & Company.（石川元, 佐野祐華, 劉イーリン訳（1999）ジェノグラムの（家系図）の臨床――家族関係の歴史に基づくアセスメントと介入. ミネルヴァ書房.）

ジェームズ・O・プロチャスカ, ジョン・C・ノークロス［津田彰, 山崎久美子 監訳］(2007) 心理療法の諸システム――多理論統合的分析 第6版. 金子書房.

論 説
クライエントの生活状態の総合的アセスメント

石川 雅子 Masako Ishikawa
千葉県臨床心理士会

I はじめに

　クライエントの話に耳を傾けているとき，メインテーマは何かについて想像をめぐらせながら細大漏らさず聴き取ろうとする。それから，どんな家族でどんな育ち方をしてきたのだろう，何の仕事をしているのだろうなど，あれやこれやとクライエントのこれまで辿ってきた人生や家庭環境などの背景についても連想することだろう。それと同時進行的に，今どんな毎日を過ごしているのだろうなどイメージしようとするのではなかろうか。

　社会情勢は複雑に変遷し，一億総中流と呼んでいた平和な時代は終わった。クライエントを理解しようとするとき，今夜眠れる場所があり，今日一日食べるものがあり，今身に纏うものがあり，明日もたぶん今日と同じようにいられる「安心」で「安全」な生活が保障されているだろうか，足元を揺るがすような生活不安，つまり，衣食住環境，および，その土台となる経済環境の危機に目の前のクライエントが晒されてはいないだろうかということについて，臨床心理士も無関心ではいられない時代である。

　本稿では，臨床心理士がこれまであまり扱ってこなかった，こころの問題に生活不安が影響している事例をいくつか紹介しながら，こころと生活の両方をアセスメントすることの重要性と対応について考えていく。なお，事例を例示するにあたってはプライバシーに配慮し，テーマを損なわぬ程度に改変を施した。

II 足元を揺るがす不安——A氏の場合

　心理相談の順番を2時間待つあいだ，A氏はずっとうつむいてベンチに腰かけていたと職員に聞いた。昨今の不況から失業者のメンタルヘルスは全般的に悪化しており，うつの症状を訴えるクライエントが少なくない。A氏は土木関係の仕事に就いていたのだろう，古びた作業着

を着ている割には，あまり日焼けをしておらず，30代前半には見えない幼い顔立ちをして，相談室に入ってからは着席を促すまで立っていた。

筆者（以下，Coと記す）は「今日はどのようなご相談でいらっしゃいました？」といつもの調子で尋ねる。A氏は「仕事をしたいけど，手が震えてできない。お医者に行きたい」と言葉少なにおっしゃる。医者にかかれないのはなぜ？ なぜ心理相談に？ などたくさんの疑問符を頭のなかに描きながら，少しずつCoのリードで事情を尋ねてみて，以下のことがわかった。

現在は父親と二人暮らし。小学校からはあまり学校に行っておらずそのまま中学校を卒業してからは，建築関係の下請工だった父の助手をして生活していた。親会社の業績不振のあおりを受け，父親は一方的に契約を打ち切られ失業，当然本人も連座した。その5年前から組合費を払っていなかったので，父親には失業保険の受給資格がない。健康保険にも未加入のままであった。投げやりになった父親は酒びたりの日々を送るようになり，母親と兄は家を出て行った。A氏ももともと強くないお酒を飲むようになった。そうしているうちに貯蓄はほとんどお酒に消え，ほどなく食費もなくなる。もうどうしようもないので父と心中しようかと話していたところ，家賃を滞納していたため，家主が訪ねて来て，立ち退くか，役所に行って生活保護を申請して家賃を払えと迫られた。生活保護というのは初めて聞く言葉だった。言われるままに役所に向かい，役所の職員が本人の沈んだ様子を心配して相談を勧めたことがわかった。

ここに至るまで父子が何もせずに徒に飲酒に耽っていたわけではなかった。親戚縁者に用立てを頼んだがすべて断られたのだった。「誰かにSOSを出そうとは思わなかったの？」というCoの野暮な問いにA氏はそう答えた。そしてA氏は「親戚も助けてくれないのに，他人が助けてくれるなんて考えたこともなかった」と続けた。結果的に父子の生命を救ってくれた家主に感謝するとともに，弱々しく発せられたA氏のSOSの声を増幅させて地域の各関連機関に確実に届けることが，相談を担当した者の今ここでの必要な務めである。最終目標はA氏が自身の力で生活を再建することであるが，今はA氏ではなく，A氏が頼ろうとしなかった「他人」が生活再建を助けることが，A氏の対人関係の再構築にとって大切な体験となるはずである。同時に，他者にSOSを発するという新しい行動をA氏に体得してもらうための心理教育も必要だろう。このような足元を揺るがすような不安に晒されているクライエントは，往々にして生活圏内に頼るべき誰かがいないことがあるが，そのような場合は理由の如何に拘わらず，まずは安寧な日常生活を送るための地域支援の地盤を固めることがまず肝要である。

III 地域支援体制──B氏の場合

60代の初老の男性が職員に連れられて相談にやってきた。職員の話では，毎日のように所内にやってきて，仕事を探してはいるが斡旋しても面接に行かない。それなら来なくてよいと伝えたらしばらく姿を消していたという。久しぶりに来たときには日焼けをしており，最近は日がな一日椅子に座っている。もう2年もそんな状態が続いており，どう対応したらいいか困っ

ているということであった。このようにクライエント自身からの相談ではなく地域の支援機関から、臨床心理士がアセスメントを求められる機会はこれからも多くなるのではなかろうか。

初対面のB氏は80代といってもおかしくないほど老けこんでいる。Coが「相談員さんがあなたのことを心配されてこちらに案内されましたよ。何かお聞きになってますか？」と促すも無言である。Coが「ここはこころの相談窓口で私がその相談員です。何かお困りのことがあるのではと心配されているようですよ」とさらに続けると、遮るように、B氏は「仕事をしなくては」とこちらを一瞥する。確かに年金受給開始までまだ数年残ってはいるが、退職金も入っているはずだし、妻は仕事を持っているとのことで生活に困窮しているはずはなかった。しかも折からの不況で60代の男性が就ける仕事の求人を探すのは至難の業である。なぜ、これほど仕事にこだわっているのか、そこが相談のテーマになるのかな？　とぼんやりと考えていると、B氏は「消えてしまいたい」とぽつりと言った。一瞬聞き間違えたか？　と彼のほうを見直し、Coが「よろしければお話を伺いますが」と促したところ、B氏は涙を流しながら少しずつ話を始めた。こちらからの質問も何度か繰り返しが必要で、かつ簡単な記憶も怪しいので記銘力低下は明らかだ。日焼けについて尋ねると明け方には家を出て、公園などでパンだけの食事を済ませ一日ハローワークか公園か病院の待合室で過ごしていたという。夕飯を作るように妻と息子に言われているが作れなくて怒られる。自分の食事が用意されているとも限らない。だから仕事をしなくてはいけない……と繰り返す。

記銘力障害も希死念慮も認められるために何とか医療機関に繋ぎたかった。病院の待合室にいることもあると言っていたので、病院名を尋ねるが思い出せない。許可を得てB氏のカバンの中を探したところ、自宅近くの総合病院の診察券が出てきた。さらに許可を得て病院のソーシャルワーカーに電話をかけると、治療が中断したままになっていたことが判明した。ソーシャルワーカーによると、脳外科での詳しい検査が必要だが、所持金がないため妻に連絡して同伴を求めたものの妻は拒否し、何度か説得を試みた挙句、着信拒否されてしまい、そのままになってしまっていたそうだ。今の様子と一刻も早い神経科受診の必要性を説明すると、医療費の問題は後回しにして、医療優先で受診を許可してもらうことができた。

さて次はB氏に受診を承諾してもらうことと、職員にアセスメントと対応方針を助言し、B氏のサポートネットワークを作ることだ。妻と息子の仕打ちはB氏に対するドメスティックバイオレンスに該当するのではないかとも思われた。しかし、病院のソーシャルワーカーと所内の職員から聞いたB氏の性格特徴は「頑固で人の意見を聞かない」というところで驚くほど一致しており、ソーシャルワーカーによるB氏受診継続の提案が妻を怒らせたというエピソードも家族関係の齟齬が背景にある可能性を考え、通報せずにまずは医療優先にすることにした。B氏には受診の予約日時とソーシャルワーカーの名前をCoの名刺の裏に書いて渡した。翌週ソーシャルワーカーから、B氏が受診したことと、医療費は当面B氏の姉が工面してくれることになったという報告があった。一方、職員は医療に繋がったことが安心材料となり、求職活動を

せずに一日中所内にいてもよいと居場所の確保に理解を示してくれた。しばらくしてB氏に笑顔が見られるようになったこと，どうやら夕食を作ったらしいと職員から報告を受けた。

　地域支援体制と聞くと，何か大がかりな関連機関総出の支援体制をイメージするかもしれない。しかし，たくさんの人が関わればクライエントを支援していると思うのは幻想である。多くの人が関わればそれだけ死角が増える。支援者同士の連携とか協働という言葉の陰に，クライエント自身の意思が掻き消されてしまうことすらある。臨床心理士ならばまず，地域支援体制の全体を「見渡す」ことだ。それぞれがクライエントにどのように作用し，その関係性はいかなるものかを把握したい。クライエントと支援者の二者支援関係は作られやすいが，支援者同士の横の連携の維持には努力が必要であり，かつ綻びやすい。クライエントと支援者とが，人－機関ではなく，人－人で「つながっているか」に注意を払いながら，クライエントが支援体制のなかでの主人公であり続けているかを絶えずチェックする。死角になっているところはないか，盲点はないかを確認し，あれば「埋める」。そして支援体制のなかでの臨床心理士自身の立ち位置を「決める」。クライエントに寄り添う温かい気持ちと冷静な判断力を併せ持つ臨床心理士の本領を，ここで発揮できるのではなかろうか。

Ⅳ　地域支援につなげない
　　　──Cさんの場合

　A氏の場合もB氏の場合も，経済環境の変化が主訴に大きく影響している，理解しやすい事例を紹介した。ここで紹介するCさんも地域支援に繋げられれば，クライエントがずいぶんと生きやすくなることはわかっているのだが，そう簡単にいかない事例である。現実にはわれわれはこのような複雑な事情を背負ったクライエントを担当することのほうが多いことだろう。

　20代前半のCさんは相談室に着席するなり，まっすぐCoの目を見て自分のことを語り始めた。誰かに相談するのは初めてではなさそうであり，「わかってほしい」という気持ちに溢れていた。しかし家では「しっかり者のお姉さん」であることが求められ，その期待に応えられない自分を情けなく思い，生きる資格のない人間だと自分を責めていた。小学校高学年でいじめに遭って以来，不登校傾向は中学3年の2学期まで続き，スクールカウンセラーや面倒見の良いクラスメートの女子に助けられやっとの思いで登校を再開したのに，周囲には「もう大丈夫ね」で片づけられ，自分の気持ちは誰にもわかってもらえないとそのとき悟ったそうだ。高校生のときに両親が離婚した。離婚の原因は母の多重債務であり，家を追い出された母は隣町のアパートで暮らしている。母からCさんに連絡が来るときは決まって父と同居の祖母に金の無心を伝達するときであった。そんな役割に嫌気が差して遠方の大学を受験して合格したが，父に反対され逆らえずに地元の短大に進学した。その後，乞われて母校の大学事務に入職したものの，いきなり大量の仕事を任される重圧に耐

えられず1週間で辞めた。仕事をしないのなら家事をするようにと家族に言われ、今は一切の家事がCさんに任されているのだという。仕事を探したいが土日の留守番を言いつけられているので得意の接客サービス業を探すのは無理、家事の合間にCさんにできそうなアルバイトは見つからない。家にいてもいくらかはCさんにも自由になるお金が必要だが、そんなときは祖母に借金を申し出るしかない。家族の期待に沿うことで家庭内の位置を得ているCさんにとってはさぞかしつらいことであったろう。そのうえ、放逐されたはずの母の生活費と借金の利子を父と祖母が支払い続けていると聞かされ、Cさんは小遣いの援助を頼むときの祖母の不機嫌の理由を理解した。そして、そのときCさんは馴れ親しんできたはずの「自分が我慢すれば済む」限界を超えたと感じ、相談に来たのであった。家族に弱みを見せたり、涙を見せたりすることはこれまでもなかったことなので、もちろん相談に来ていることも内緒だと話す。

ここまでの話だけでも、Cさんには自己愛や家族内力動に長期に亘って問題を抱えてきたことが予測されるが、C家の秘密となっている母の多重債務問題の影響も無視できない。母の放逐は地域の目を気にしてのC家の苦肉の対応策だったようだが、こうした孤立はたいがい良い結末をもたらさない。現にめぐりめぐってCさんの社会参加を阻み、自責の念を深める遠因になっていることは明らかである。

多重債務問題は解決の方法が用意されており（金融庁ほか、2011）、自殺予防の観点からも「借金を命で返してはならない」と国やNPOも大々的に取り組み、広報している（自殺予防総合対策センター、http://ikiru.ncnp.go.jp；自殺対策支援センターライフリンク、http://www.lifelink.or.jp）。だがその方法を選ぶには、当事者自身が多重債務状態にあることを「自覚」し、自力での解決を「諦め」、第三者の力を借りる「覚悟」をすることが何より必要な前提となる。そしてそれを阻害する心理的要因が数多介在することを臨床心理士は嫌と言うほど知っている。

Cさんも解決方法を家族に進言することに躊躇した。躊躇することは十分予測できたので、Cさんでも選択できる具体的な方法をいくつも相談して用意してあったのだが、どれも実行しなかった。それこそがCさんと家族との関係性の映し鏡になっていると理解し、相談テーマを変えることにした。いつかは向き合うことになるだろう「その時」を共に待つことにした。「その時」は多重債務問題の解決にとって、また、C家の家族の成長にとって千載一遇のチャンスとなり得るはずである。チャンスを確かな成功に導くためには、どの地域支援機関を紹介するかではなく、それを引き受けてくれる「人」を見つけておいて速やかに繋げられるようにしておく必要がある。このように人と人の繋がりを意識して準備するのは、臨床心理士らしいアセスメントと言えるのではあるまいか。

V　もつれた糸をほどくには
―― D氏の場合

D氏は3年前、30代始めに重い慢性身体疾患を患い、発病したときには生きるか死ぬかの状態が続いた。入院しているあいだ、母は痛々しいほど献身的にD氏に付き添い、病棟内の評判となるほどだった。そのおかげもあってD氏

は見事に生還して退院した。退院後は定期通院して服薬治療を続ければよいほどに回復しており，マンションを借りて自活していた。しかししばらくすると外来に現れなくなり，またしばらくすると連絡が取れなくなって，病状が悪化してマンションで臥せっているところを母親が見つけて搬送され入院，そして退院というという悪循環を繰り返すようになった。入院のたびに失職するのだが，持ち前の社交性を生かして退院するとすぐに正社員の仕事を見つけてくる。

誰に迷惑をかけるわけでもないが不安定な生き方をするD氏にCoは大いに不安を感じていた。ある日，D氏は「ねえ，なんで生きてなきゃいけないの？」と普段あまり見せない真顔でCoに尋ねてきた。話を聞けば，退院して静養もせずにすぐに就職先を見つけてくるのは，実はクレジットカードの返済が嵩んでいるからだった。好みの洋服をクレジットカードの分割払いで購入していたというところまでは社交家でものに拘らないD氏らしいと思えたが，それだけではなかった。あの献身的な母からパチンコ代をせがまれてクレジットローンを使って渡していたのである。家計費の補填を頼まれたことも，ひきこもりを長年続けている弟に渡す小遣いまで頼まれて渡すこともあるという。父に打ち明ければ母に暴力を振るうのがわかっているので決して言えない。Coはすぐに多重債務問題の相談機関に連絡するように指示し，返済計画を立て直してもらった。もちろんそれだけでD氏と家族の問題が解決するとは思っていなかったが，それどころか事態はさらに悪化していった。母がパート勤務している会社の金を横領し，それを補填するためにD氏が違法な金融業者から借り入れを行った。それまでも転職の

たびに少しずつ条件の悪い仕事に就くようになってはいたが，多額の借金の返済のために，不慣れだが高給の期待できる肉体労働に就いた。しかし持病があるので当然続かない。通院する交通費にも事欠き，マンションで動けなくなっているところを母が発見し，緊急入院となった。一連の事情を何も知らない父は，息子に三行半を伝える手紙をしたため，母にD氏に手渡すよう託し，母は言われるままにD氏に渡した。時同じくして簡易裁判所から支払督促についての呼出状も届いた。D氏は法的な手続きに従うこととなり，ある意味で落ち着くところに落ち着いたが，それでもなお母から頼まれたらやはりお金を渡すつもりだと言う。どんなにCoが制止しても，苦労をかけた母を見捨てることはできないときっぱり言った。

この場合，お金の問題を解決する残された方法は，自己破産して生活保護を受給するというセイフティネットを利用することが現実的である。しかし，それが最終到達点ではない。D氏のようにお金の問題に共依存的な家族病理が複雑に絡み合っていることを理解すれば，セイフティネットの利用はD氏の人生にとって必然の転換点であり，ここからこそ息の長い地域支援，心理的支援が必要になる。しかし，残念なことにわが国には，自己破産者や多重債務者の回復過程を支えるための無料か低額で利用できる地域の相談機関が限られている。D氏については，裁判所出頭や自己破産手続きは自力で可能であり，Coはこれまで同様心理的支援を優先させるが，D氏本人からは「何度失敗してもいいよね。心臓が止まるまで。あと15年頑張れば母親を見送れると思うんだよね」と告げられた。この期に及んでもなお断ち切れない屈折し

た親子の絆を受け入れつつ，D氏からの金銭援助の道が断たれたことによっておそらくこれから顕在化するであろう母の生活不安を支援する準備を始めなくてはなるまい。

VI　アセスメントの失敗──E氏の場合

　生活不安をアセスメントし正しい解決方法を伝えることが，心理支援において正しい選択とは限らない例を最後に紹介して結びに代えよう。
　E氏は有名な嫌われ者であるらしい。彼の名前を口にすると職員は皆顔を歪め，相手にしたくないと首を振るほどである。相談に来ても文句をつけてばかり，せっかく助言しても揚げ足を取り，上司を呼び出させ，ひどいときには国にまで言いつける。そんなE氏が心理相談を申込み，もう3度も連絡なくキャンセルしているので今回キャンセルしたら出入禁止にするところだったのだが，15分遅れて姿を現した。来るなり挑発的に「来たくなかったのに来てやった」とうそぶく。相談の内容は，両親の介護のために仕事を辞めて以来，貯金を切り崩して生活しているがその貯金も底をつくが，介護保険のなかった時代の介護の苦労を延々と語ってからこの先どうすればよいかとのお尋ねだったので，生活保護というセイフティネットについて解説した。これがE氏の逆鱗に触れた。後で知ったことだったが，役所の生活保護課でもその名を轟かせていたのだ。そのまま相談時間の終了を告げたこともさらに怒りに拍車をかけた。E氏は自分が取るべき方法は百も承知なのだ。財産を処分して生活に当てねばならないこともわかっている。頭ではわかっていても諦め切れない想いがあることを伝えに来たのだった。その想いをCoに汲み取ってもらえなかった哀しみが怒りに変わったのではなかったろうか。これは，クライエントの心の問題と生活状態のアセスメントのバランスを測り間違えたCoの失敗である。唯一の救いは「また来てやる」とE氏が帰り際に言い捨ててくれたことである。残念ながら，その後Coの前に姿を見せないけれども，意外な副産物があった。E氏は，「カウンセラーでも歯が立たないクライアント」と認知され，職員の無力感を慰めたようである。相変わらず，職員を挑発して困らせているそうなので，E氏の受け止め方について助言している。とは言え，諸兄姉には生活支援と心理支援のバランスをよくよく測り，Coのような失敗をしないでいただきたい。

文　献

金融庁・消費者庁（2011）多重債務者相談の手引き──「頼りになる」相談窓口を目指して．(http://www.fsa.go.jp/policy/kashikin/20110831-1/01.pdf［2012年5月16日取得］)．(註：巻末に地域支援機関リストあり)．

論説

「組織」のアセスメント
―― 組織をクライアントとして見立てる「組織臨床」という考え方

廣川 進 SUSUMU HIROKAWA
大正大学人間学部臨床心理学科

I 「組織臨床」とは何か

この10年ほどの間にカウンセラーとして，時にコンサルタント的な役割も果たしながら，民間企業，官庁などいくつかの組織と関わってきた。その経験を通して「組織臨床」という考え方が必要ではないかと考えるようになった。学校臨床，病院臨床などクライアントと出会う場所によって分類する考え方に沿えば，産業領域の臨床は「会社臨床」という言葉のほうがしっくりくる。さらに学校であれ病院であれ，カウンセラーとクライアントが出会う「場」にはさまざまな関係機関，関係者がいる。スクールカウンセラーを例に取れば，子ども本人，クラスメイト，親，担任，学年主任，校長，養護教諭，児童相談所，教育委員会等々。さらにその学校，地域の特性なども影響することがあるだろう。援助者側の相互関係も重要である。病院であれば，医師，看護師，作業療法士，言語聴覚士，心理職など。ひとりのクライアントへの有効な援助に際しても，これらの諸機関，関係者相互の関係，「場」の見立てが必要になる。さらに組織がクライアントの場合，組織を見立て，アセスメントすることが必須となる。それを「組織臨床」と呼ぶのはどうだろうか。組織臨床とは，経営学の「組織行動（OB）」や「組織開発（OD）」「産業・組織心理学（I/O）」などの知見と臨床心理学的なアセスメントの視点とアプローチを合わせた組織への援助，働きかけ，とここでは考える。

「組織臨床」の考え方は，ひとりのクライアントを援助するケース，たとえば復職の援助を行う場合にも必要であるが，今回は紙幅の都合もあり，組織がクライアントのケース，たとえば職場のメンタルヘルスの改善，惨事ストレス対策といった，組織そのものへの働きかけを依頼されたケースを取り上げる。この場合の心理職の役割はコンサルタントの意味合いが濃くなる。組織のアセスメントに必要となる観点を以下に述べていく。

Ⅱ　クライアントは誰かを明らかにする

「組織心理学」の創始者といわれるSchein（1999）は，クライアントすなわちコンサルタントが影響を及ぼすべき対象者は誰かを明らかにすることがまず必要だとして，クライアントを以下のように6つに分類している。

①**コンタクトクライアント**　要請や問題をもって最初にコンサルタントに接触（コンタクト）してくる（1人または複数の）個人。
②**中間クライアント**　プロジェクトが展開していくにつれて，さまざまな面接調査，ミーティングその他の活動に関与するようになる個人または集団。
③**プライマリー・クライアント**　取り組んでいる問題や課題を最終的に抱えている（1人または複数の）個人。たいていはこの人の掌握している予算でプロジェクトが賄われる。
④**自覚のないクライアント**　組織のなかでプライマリー・クライアントに対して上位か下位か横並びの関係にあり，介入の影響を受けることになりそうだが，自分に影響が及ぶことに気づいていないメンバー。
⑤**究極のクライアント**　コミュニティ，組織全体，職業集団およびその他の集団であり，コンサルタントはそれらの集団のことを気にかけており，どのような介入をする場合もその福利を考慮しなければならない。
⑥**巻き込まれた「クライアントでない人たち（ノン・クライアント）」**　最後に注意しておかなければならないのは，変化を起こそうとするとき，そこには進行中のことに気がついており，上に挙げたどのクライアントの定義にも当てはまらず，援助者の足を引っ張ったり止めたりすることが彼らの利益であるような，個人や集団が存在するかもしれないということである。どんな社会的・組織的環境にも，政治的な問題や権力劇やかくれた協議事項や対立する目標があり，いろいろな介入を計画したり遂行したりするとき，援助者はそういうものに気づいていなければならない。

こうした各種のクライアント間，クライアントとコンサルタント間，あるいは部門間に起こるさまざまな力動，防衛機制を正確に読み取ることはなかなか困難であるが組織臨床において最も重要なアセスメントではないだろうか。ここに組織臨床の醍醐味もあるだろう（Vansina, 2008）。

Ⅲ　組織と文化を理解する

対象となる組織の顧客，目標，事業，業務の特徴，特殊性などについて理解する。組織の人員数（男女，年齢別構成比），組織形態の特徴（固定したピラミッド型，階層型や流動的なプロジェクト型など），合併企業の場合なら両社の違いと融合への変化も重要な視点である。またSchein（2009b）は企業文化に着目し，組織を

特徴づける文化の概念を3つのレベルに分けた。

レベル1　文物（Artifacts）：目に見える組織構造とプロセス（解読が困難）。
レベル2　共有されている価値観：戦略，目的，哲学（標榜される正当な理由）。
レベル3　潜在する基本的な仮定：無意識の当たり前の信念，認識，思考と感情（価値と行動の源泉）。

しかしこれらは質問紙調査では測定できず，企業文化を深く理解するためには，外に現れた行動，方針，規則や慣習（文物）と共有されている価値観との間の不一致，矛盾を見つけ出すことが必要である。その場合，「従業員を大事に」「活気ある職場作り」など，社内報などに掲げられたトップのメッセージと実際に現場で起きていることのギャップなどが手がかりになるだろう。

Ⅳ　問題意識を共有し主訴を絞り込む

最初に接触してくるコンタクトクライアントが訴える問題のレベルはさまざまである。「最近，職場のメンタルヘルスの状況が悪化している」「休職者が増えてきた」「トップが関心を持ち始めたが何から手をつけたらいいか……」などと相談されることだろう。コンタクトクライアントや中間クライアントとの打ち合わせを通して，現状の把握と問題意識の共有，主訴の絞り込みを行うことが，対策対応，処方箋を描く前に必要なことである。このプロセスを想定せず，対策を立てようとする組織側担当者もいるが，その場合は根本の改善改革までは望んでいないのが本音で，アリバイ作りの要素がある場合もあるので注意が必要である。そのような場合，結果的には経営層からも現場からも理解と協力を得られないことも多い。

現状把握の基本はデータ化，可視化であろう。退職率，休職率，健康保険の医療費，それらの属性別（男女，年齢別，階層別，部門別など），過年度比較などによる分析が必要である。意外にこれらの基礎データを出していない企業も少なくない。ある官公庁でメンタルヘルスの講演会を頼まれたときに，年別の休職者率を出してもらうと，中高年のほうが高くて担当者が驚いていた。メンタルヘルスの問題は，ストレス耐性が低くなっていると世間一般的に言われている，若年層の問題だと思っていたようだ。目に見えるデータから現状を把握することで，対策の優先順位も内容も変わってくる。こうして問題を絞り込み，決定権のある人の理解を得ながら対策を立案推進することになる。

海上保安庁の事例

2001年の工作船事案を受けて，2003年から惨事ストレス対策アドバイザーとして週1回の勤務が始まった。全国の職員数約12,000名に対して非常勤の心理職1名であった。専門性が高くピラミッド型で階級の明確な組織特性，業務の特殊性などを理解するにつれて，筆者が長年務めた前職の会社の組織風土とは対照的であり，職員ひとりひとりのメンタルヘルスの重要性を組織に根付かせるための戦略が必要であることを思い知った。

心理職がとかくミクロの「個人の物語」から発想することが多いのに対して，ビジネスの世

界ではマクロのデータ，客観的な根拠をもとにしなければなかなか理解を得られない。

まず着手したのが惨事ストレスと日常ストレスの実態をデータ化するための調査であった。さらに研修会の実施で全国の保安部を回りながら現場の労働環境を見て，巡視船艇の乗組員へのヒアリングを重ねた。そして，その結果の報告書と惨事ストレス対策要綱をまとめた。その対策要綱をもとに，数値にすることによる幹部との問題意識の共有化，ルール・マニュアル・ガイドライン作りによる標準化，トップダウンによる浸透，広報活動による啓発（図1）を行った。さらに職員にGHQ（一般精神健康調査票）や新職業性ストレス簡易調査票[注]を実施した。仕事の負荷（量・質）がほとんど変わらない組織でも，上司や同僚のサポートの程度が違うと，心身のストレス反応も大きく差が開いた。専門職ごと，部門部署ごとの分析を行い，平均値の高いグループへの要因分析を踏まえた研修会を開くなどの対応を行った（図2）。これはアセスメントから処方箋への流れに相当する。東日本大震災をはじめ，海難救助事案やヘリ墜落事故などの惨事の事案にあたっては，PTSDのチェックリストIES-R（改訂出来事インパクト尺度）を実施したうえで，職員ケアの計画実施に役立てている。これもデータ化することで職場から職員ケアの必要性の理解が得られやすくなる（廣川，2005，2011）。

注）新職業性ストレス簡易調査票：従来の職業性ストレス簡易調査票に新たな尺度を追加してより広い職場の心理社会的要因，特に部署や事業場レベルでの仕事の資源および労働者の仕事へのポジティブな関わりを測定できるようになった（川上・下光，2012）。図3に概念図，表に新尺度一覧を載せた。

図1　海上保安新聞1面
（平成16（2008）年6月10日）

V　求められている役割の限界を見極める

組織と関わる心理職に今，ここでどこまでの役割を期待されているのか，オモテ（建前）のメッセージとウラ（本音）の意図を読み解くことが大事である。求められている役割の範囲を読み間違うと，期待されていなかったにもかかわらず，職場の問題点を顕在化させてしまう場合もある。脇目もふらず梯子を一生懸命登っているうちに，ひとりになって梯子を外されることもありうる。

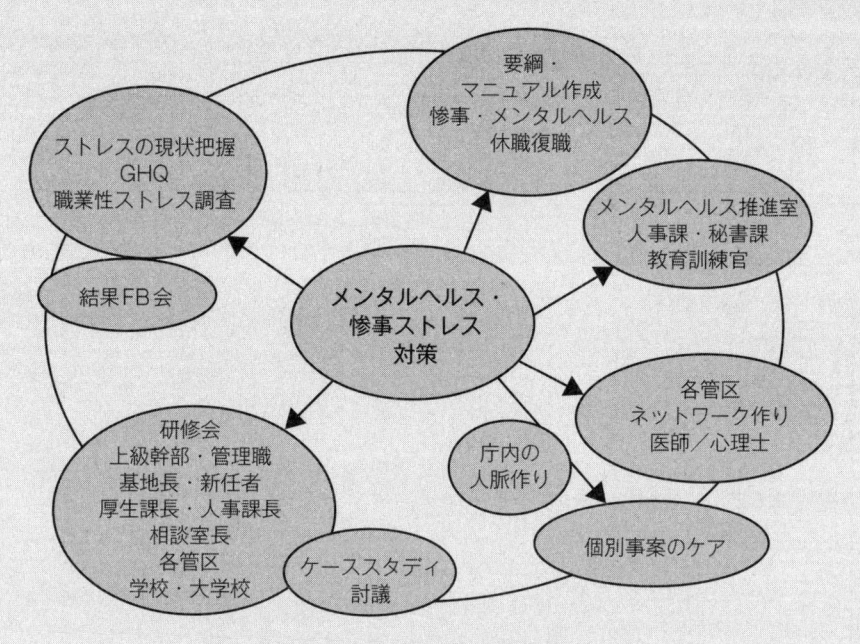

図2　アセスメントから対策へ

中央：メンタルヘルス・惨事ストレス対策

- ストレスの現状把握　GHQ　職業性ストレス調査
- 結果FB会
- 要綱・マニュアル作成　惨事・メンタルヘルス　休職復職
- メンタルヘルス推進室　人事課・秘書課　教育訓練官
- 各管区　ネットワーク作り　医師／心理士
- 個別事案のケア
- 庁内の人脈作り
- ケーススタディ討議
- 研修会　上級幹部・管理職　基地長・新任者　厚生課長・人事課長　相談室長　各管区　学校・大学校

B社の事例

B社はサービス業を中心に行う会社で従業員1,000人以上の大企業である。退職者が多く，採用しても退職者が採用数を上回るため人員減となり，売上にも影響を与えていた。

B社は職員のメンタルヘルス対策として相談室を開設した。とはいえ，「メンタル」という言葉そのものに職場の抵抗感があることもあり，相談者もすぐには増えなかった。そこで職場の現状を理解するために筆者は，係長，課長クラスの人たちと面談を行った。若手社員が辞めて，毎年，新入社員が大量に入社して，研修教育をし，数年経って，ようやくひとりで仕事を任せられるくらいに成長した時期に退職する社員が多いという。その結果，中堅社員がいつまでたっても教育から離れられず，疲弊している。また管理職に昇格しても十分なマネジメント研修がないため，マネジメントスタイルが個人によって大きく異なっている。顧客満足（CS）を第一とする事業方針で顧客からは高い満足を得ている一方で，労働環境は厳しくなり従業員満足（ES）が低下し離職率を上げるという，最近のサービス業界のひとつの典型的な事例と考えられた。

GHQを職員に取ってみると，全体の平均値も高いが，部署ごとの差が大きい結果となった。人事部長が主宰し，各部門からの担当者と産業医もアドバイザーとして参加する安全衛生委員会でこうした分析を報告した。次年度に向けてさらに分析を深めるために，上司や周囲のサポート項目なども含む新職業性ストレス簡易調査票

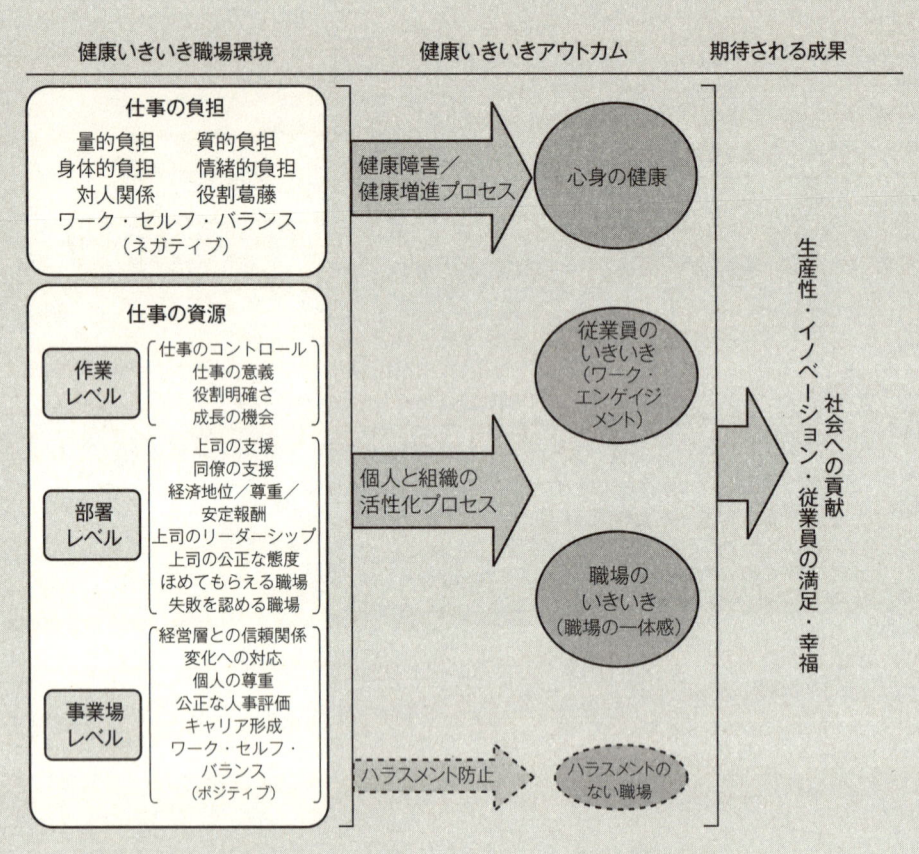

図3　「健康いきいき職場」モデルにおける仕事の負荷，仕事の資源と3つの主要な健康いきいきアウトカム

を職場で実施する計画が進んでいた。ところがあるとき人事部長に呼び止められて「例の調査の件ですが，今年は時期尚早ということで延期にしましょう」と告げられた。以後も相談室は継続され，GHQ は数回取ったが，それ以上組織的な分析と対策が検討されることはなかった。

この事例から考えられることとして，以下のことがあげられる。新職場性ストレス簡易調査票を実施すれば，部門部署ごとのマネジメントの実態がデータ化されて顕在化する。問題を抱える部門部署のマネージャーからからすれば，問題が顕在化して評価が下がったり，大幅な改善改革を求められたりすることは極力避けたいと考えることもあるだろう。どこかの段階，階層から圧力がかかったか，あるいは人事部が矢面に立って，抵抗を受け止めるだけの準備ができず自粛したか。その組織がどこまでの役割を望んでいるのか，公式な言説だけでなく組織の本音や抵抗勢力の反応まで見極められないと，梯子が外れる場合がある。

表　新職業性ストレス簡易調査票の尺度

変数グループ	変　数
仕事の負担	仕事の量的負担 仕事の質的負担 身体的負担度 職場での対人関係 職場環境 情緒的負担 役割葛藤 ワーク・セルフ・バランス（ネガティブ）
仕事の資源（作業レベル）	仕事のコントロール 仕事の適性 技能の活用 仕事の意義 役割明確さ 成長の機会
仕事の資源（部署レベル）	上司のサポート 同僚のサポート 家族友人のサポート 経済・地位報酬 尊重報酬 安定報酬 上司のリーダーシップ 上司の公正な態度 ほめてもらえる職場 失敗を認める職場
仕事の資源（事業場レベル）	経営層との信頼関係 変化への対応 個人の尊重 公正な人事評価 多様な労働者への対応 キャリア形成 ワーク・セルフ・バランス（ポジティブ）
いきいきアウトカム	ワーク・エンゲイジメント 職場の一体感
心身の健康	活気 イライラ感 疲労感 不安感 抑うつ感 心理的ストレス反応合計 身体愁訴
職場のハラスメント	職場のハラスメント
満足度	仕事満足度 家庭満足度

VI　たえず状況は変化する

「Ⅱ　クライアントは誰かを明らかにする」の①から⑥にあげたクライアントとその周辺状況はたえず変化していく。熱心に推進していた担当者が異動になる，メンタルヘルス対策に強い関心を示しバックアップしてくれていた取締役が退社する，会社の経営状態が悪化して当初の予算が削られ，計画が縮小や解消を余儀なくされる等々。こうした環境変化を受け止めながら，援助者側に起こる陰性感情をコントロールしつつ，その時その場でできる最適解を探し求めていくしかない。

以上，組織をクライアントとして見立てる「組織臨床」のアセスメントの試論である。さまざまな援助の専門職のなかでも心理職の専門性の柱のひとつはアセスメントであろう。その視点とスキルを組織の働きかけに応用することが，高度に管理化する現代の組織のなかで働く個人の援助につながると考えている。

文　献

Aamodt MG (2010) Industrial/Organizational Psychology An Applied Approach 6th. Wadsworth Cengage Learning.

羽石寛寿, 地代憲弘 (1995) 経営組織診断の理論と技法. 同友館.

林伸二 (2000) 組織心理学. 白桃書房.

廣川進 (2005) 海上保安官における惨事ストレスならびに惨事ストレスチェックリストの開発. トラウマティック・ストレス 3-1; 57-65.

廣川進 (2011) 海上保安官のストレス. 大正大学カウンセリング研究所紀要 34.

川上憲人, 下光輝一 (2012) 労働者のメンタルヘルス不調の第一次予防の浸透手法に関する調査研究. 平成21～23年度厚生労働科学研究費補助金（労働安全衛生総合研究事業）研究報告書.（http://mental.m.u-tokyo.ac.jp/jstress/NBJSQ/ 労働安全衛生総合

研究一次予防班 H21-23 総合研究報告書.pdf［2012年7月4日取得］）．

三隅二不二, 山田雄一, 南隆男（1988）組織の行動科学. 福村出版.

Robbins SP（1997）Essentials of Organizational Behavior, 5th Edition.（高木晴夫 監訳（1997）組織行動のマネジメント. ダイヤモンド社.）

Schein EH（1999）Process Consultation Revisited : Building the Helping Relationship. Addison Wesley Longman.（稲葉元吉 訳（2002）プロセス・コンサルテーション —— 援助関係を築くこと. 白桃書房.）

Schein EH（2009a）Helping How to Offer, Give, and Receive Help. Berrett-Koehler Publishers, Inc.（金井壽宏 監訳（2009）人を助けるとはどういうことか —— 本当の協力関係をつくる7つの原則. 英治出版.）

Schein EH（2009b）The Corporate Culture Survival Guide New and Revised Edition. Jossy-Bass.（金井壽宏 訳（2004）企業文化 —— 生き残りの指針. 白桃書房.）

外島裕, 田中堅一郎（2007）臨床組織心理学入門. ナカニシヤ出版.

Vansina LS（2008）Psychodynamics for Consultants and Managers. Wiley-Blachwell.

編集後記
Editor's postscript

　心理臨床の営みにおいては，アセスメントと心理支援活動とは不可分に裏打ちしあうように繋がっている。このことは，昨今では共通認識になっているかと思われる。しかし，このアセメントトと支援活動とは，ではどのように関連しつつ展開するのか，その場合にどういう留意点が求められるのか，というようなことについては，これまで臨床に即応させながら論じられることはあまりなかった。そこで，アセスメントといわゆる面接とはどのように関連して展開していくものなのか，アセスメントのツールとして心理検査をどう用いることが望ましいのか，アセスメントの結果を伝えるのはどうあることが望ましいのか，この課題についての検討を踏まえた上で，今，そしてこれから求められるアセスメントとは如何なるものか，などという，アセスメントについての基本を明らかにしたい。このことを本誌では意図した。理解を助けるために事例を挙げて，それぞれの臨床領域におけるアセスメントに求められる要因について解き明かして下さるように各執筆者にお願いした。

　各論文の執筆者はこの願いに見事に応えて下さった。具体的な事例が添えられており，非常に分かりやすい。どの論文も，ああ，そうなのだ，と首肯させられ，さらに新たな気づきや学びの契機を読者にもたらしてくれる。執筆者の皆様にはこころから御礼申し上げたい。何か，我田引水のようで躊躇われるが，アセスメントについてこのように，まさしく臨床的に具象性をもって，初級者には分かりやすく，上級者には御自身の営為を振り返る契機となるとともに，新たな思索を展開する刺激素材としてお役に立つことを願っている。従って，タイトルは入門と付されているが，すべての心理臨床家にそれぞれのお立場に即してお読みいただければ幸いである。

　心理臨床の世界のニーズを汲み取り，アセスメントの基本と展望を示そうと，この企画を立てられた金剛出版の立石社長に敬意を表したい。そして，全体の構成や，座談会の内容についての展開，さらには章立てなどについて，アセスメントについての的確な理解のもとに，素晴らしい編集手腕を発揮して下さった金剛出版編集部の藤井氏に深くお礼を申し上げたい。

（村瀬嘉代子）

　増刊号の編集を担当するというのは初めての経験であり，村瀬嘉代子先生という大ベテランと信頼できる編集者のお二人に囲まれて，どのようにして増刊号が完成していくのかという作業過程を最初から最後まで体験することができた。改めて感じたのは，臨床心理学を支えて下さっている出版社の方々の存在である。心から感謝を申し上げたい。さて，次々と届けられる各執筆者のご玉稿を読み進んでいたが，最後にまとまって校正刷として一気に全部を読むと気づかされることも多かった。読者が本増刊号をどう読もうと自由ではあるが，頑張って一気に全部を読むと，学びが深まるのではないかという感触を持っている。最後に，この増刊号を自分が20歳の頃に読みたかったと素朴に感じた。20歳の頃の私は，心理学科には在席していたが，基礎系の強い大学で授業に「臨床心理学」はなく，心理療法や心理カウンセリングという営みのなかで，実際に何が行われていてどのように人が変化するのか，という心理臨床の本質がまるでわかっていなかった。もしも20歳の頃にこの増刊号を読んでいたならば，細かな技法的なことや専門用語は分からなかったとしても，対人援助専門職としての臨床心理士の仕事の本質にふれることが出来ただろうと確信している。あの頃の自分にこの増刊号を贈りたい。

（津川律子）

編集委員（五十音順）		乾　　吉佑	神村　栄一	岸本　寛史	下山　晴彦
進藤　義夫	高良　　聖	田中　康雄	津川　律子	鶴　　光代	針塚　　進
松木　邦裕	村瀬嘉代子	森岡　正芳	山下　一夫	山田　　均	
編集同人（五十音順）		伊藤　良子	氏原　　寛	大塚　義孝	大野　博之
岡　　昌之	岡田　康伸	亀口　憲治	河合　俊雄	北山　　修	倉光　　修
小谷　英文	滝口　俊子	武田　　建	田嶌　誠一	鑪　幹八郎	田畑　　治
成田　善弘	成瀬　悟策	長谷川啓三	馬場　禮子	東山　紘久	平木　典子
弘中　正美	藤岡　淳子	藤原　勝紀	溝口　純二	村山　正治	山上　敏子
山中　康裕	吉川　　悟				
査読委員（五十音順）		石井　秀宗	岩壁　　茂	遠藤　利彦	皆藤　　章
鹿毛　雅治	金沢　吉展	小山　充道	坂本　真士	武内　珠美	遠矢　浩一
能智　正博	浜田寿美男	濱野　清志	廣中　直行	森田美弥子	安田　節之

事例で学ぶ臨床心理アセスメント入門

臨床心理学　増刊第4号　2012年8月10日発行
定価（本体2,400円+税）

発行所 ………… （株）金剛出版
発行人 ………… 立石　正信
編集人 ………… 藤井　裕二

〒112-0005　東京都文京区水道1-5-16
Tel. 03-3815-6661 / Fax. 03-3818-6848　振替口座 00120-6-34848
e-mail　rinshin@kongoshuppan.co.jp（編集）
　　　　eigyo@kongoshuppan.co.jp（営業）
URL　http://www.kongoshuppan.co.jp/

装丁…HOLON　本文組版…石倉 康次
印刷・製本…シナノ印刷

人間中心の教育〜パーソンセンタード・アプローチによる教育の再生をめざして〜

畠瀬 稔・水野行範・塚本久夫［編著］

30年にわたる人間中心の教育研究の成果

本書は、「人間中心の教育研究会」発足30年とカール・ロジャーズ生誕110年を記念し、「競争主義」「成果主義」に向かう日本の教育に対して、ひとり一人の人間の存在を尊重し、人間としての全体的な成長を援助する「パーソンセンタード(人間中心の)教育」の理論と実践を、同研究会での成果ならびに「有馬研修会」での経験を踏まえて、紹介し、提案している。

人間性を尊重する教育をめざすすべての人びとに励ましとヒントを与える!

この書物は、「生き生きと、人間らしく生きたい、そのような教育をしたい」と願う人びとを励まし、ヒントになるようにとの思いで作られた。「学校で、職場で、家庭で、もっと、自分らしく、人間らしく、生き生きと生きたい」「数値目標や効率や成果にしばられ、組織の歯車として息がつまりそうだ」「知識を注入するのではなく、成長を援助するような教育をしたい」「カウンセリングやエンカウンター・グループを教育に活かせないだろうか」という方々にぜひ読んでいただきたい。(「はじめに」より)

第1部 人間中心の教育〜その実践と理論〜

■第1章 「人間中心の教育」を求めて■第2章 小学校における人間中心の教育の試み■第3章 子どもの「自己の成長」の援助■第4章 現実の授業のなかの「学び」■第5章 PCAカウンセリングと学校教育■第6章 パーソンセンタード教師が育つ研修■第7章 パーソンセンタードの学習グループとしての「創作体験」について■第8章 エンパワーメント・カウンセリング&コーチング■第9章 パーソンセンタード・アプローチと個人・組織・地域社会が育て合う学校づくり

第2部 人間中心の教育〜有馬研修会の体験から〜

■第1章 つぶやき集・有馬ワークショップ参加者の声■第2章 「人間中心の教育」を願って〜有馬ワークショップ体験から〜

《定価2310円》

『夜と霧』ビクトール・フランクルの言葉

明治大学文学部教授 諸富祥彦 ［著］

どんな時も、人生には、意味がある

ナチスの強制収容所での体験を綴った名著『夜と霧』の著者であり、実存分析(ロゴセラピー)の創始者であるフランクルの言葉は、昨年の東日本大震災と福島原発事故後の不安な日々に、多くの人々に慰めを与えた。

本書には、読者に熱く語りかけ、「魂」を鼓舞する、そのフランクルのメッセージを厳選し、以下の11のテーマ別に分類したものが収録されている。■強制収容所での体験■愛することについて■生きることの「むなしさ」について■人生の「苦しみ」について■生きる意味について■仕事について■幸福について■時間と老いについて■人間について■神について■生きるのがつらい人へ——心理療法的助言と苦しみへの対処法

《定価1785円》

フランクル心理学入門——どんな時も人生には意味がある『それでも人生にイエスと言う』の著者として世界的に有名なフランクルの心理学のエッセンスを、初めて体系的に、かつわかりやすく説いた画期的入門書。明治大学教授 諸富祥彦著 《定価2520円》

自己成長の心理学——フォーカシングの根底にあるもの 諸富祥彦・村里忠之・末武康弘編著 人間性/トランスパーソナル心理学入門 明治大学教授 諸富祥彦ほか著 マズロー、ロジャーズ、ジェンドリン、フランクル、ウィルバー、グロフ、ミンデル、キューブラ・ロス……人間性/トランスパーソナル心理学のエッセンスがこの一冊でわかる決定版。《定価2520円》

ジェンドリン哲学入門——フォーカシングの根底にあるもの 諸富祥彦・村里忠之・末武康弘編著 ジェンドリンの哲学・思想について、その全容を解き明かした初めての入門書。《定価2730円》

子ども達とフォーカシング——家庭・学校での子ども達との豊かなコミュニケーション マルタ・スタペルツ&エリック・フェリー著/天羽和子監訳/矢野キエ+酒井久実代共訳 学校や家庭での子ども達とのコミュニケーションを促進するためにフォーカシングを活用するやり方を、豊富な具体例とともに詳述している。《定価2310円》

パーソンセンタード・アプローチの最前線——PCA諸派のめざすもの ピート・サンダース編著/近田輝行ほか監訳/末武康弘ほか訳 パーソンセンタード・セラピーを本当に学びたい人のための最新テキスト。《定価1995円》

これが私の真実なんだ——麻薬に関わった人たちのエンカウンター・グループ カール・ロジャーズ著/畠瀬稔監修/加藤久子+東口千津子共訳《英和対訳》《定価1050円》

ロジャーズのカウンセリング（個人セラピー）の実際——カール・ロジャーズ著/畠瀬稔監修/加藤久子+東口千津子共訳 進行中のセラピー(第17回目)の全実録《英和対訳》《定価630円》

学習する自由・第3版——ロジャーズの教育論・実践の発展的継承 カール・ロジャーズ著/畠瀬稔+村田進訳 《定価3570円》

エンカウンター・グループ カール・ロジャーズ著/畠瀬稔・東口千津子共訳 《英和対訳》《定価1680円》

鋼鉄のシャッター——北アイルランド紛争とエンカウンター・グループ パトリック・ライス著/畠瀬稔+東口千津子訳 ロジャーズの先駆的エンカウンター・グループの記録

コスモス・ライブラリー

〒113-0033 東京都文京区本郷3-23-5 ハイシティー本郷204
Tel : 03-3813-8726　Fax : 03-5684-8705
■ E-mail : kosmos-aeon@tcn-catv.ne.jp　■ http://www.kosmos-lby.com

'12 心理テスト

（'12 心理テストカタログ呈）

L・ベンダー　高橋省己
BGT（ベンダー・ゲシュタルト・テスト）

A・L・ベントン　高橋剛夫
BVRT（ベントン・視覚記銘検査）

K・ブロードマン　金久卓也　深町建　野添新一
CMI（コーネル・メディカル・インデックス）

F・L・グッドイナフ　小林重雄　小野敬仁
DAM（グッドイナフ・人物画知能検査）

P・バールソン　村田豊久　神本亜紀　森陽二郎　竹田祥子
DSRS-C（バールソン・児童用抑うつ性尺度）

長谷川和夫
HDS-R（長谷川式認知症スケール）

H・S・クッパーマン　安部徹良　森塚威次郎
KKSI（クッパーマン・更年期障害指数）

J・クーパー　福山嘉綱　種田真砂雄　高見堂正彦
LOI（レイトン・強迫性検査）

ハサウェイ　マッキンリー　MMPI 新日本版研究会（代表 木場清子）
MMPI（ミネソタ多面的人格目録）

J・A・テイラー　阿部満洲　高石昇
MAS（顕在性不安検査）

カスタネダ　マッカンドレス　パレルモ　坂本龍生
CMAS（児童用顕在性不安検査）

大脇義一
大脇式知的障害児用知能検査器

S・C・コース　大脇義一
コース立方体組み合せテスト

大脇義一
大脇式盲人用知能検査器

S・ローゼンツワイク　住田勝美　林勝造　一谷彊　秦一士
P-Fスタディ（絵画欲求不満テスト）

W・W・K・ツァン　福田一彦　小林重雄
SDS（自己評価式抑うつ性尺度）

C・D・スピルバーガー　水口公信　下仲順子　中里克治
STAI（状態・特性不安尺度）（Form X）

F・スペラシー　O・スプリーン　平口真理
TT（新日本版トークンテスト）

三京房

〒605-0971　京都市東山区今熊野ナギノ森町11

TEL 075-561-0071
FAX 075-525-1244
http://sankyobo.co.jp

平成24年度下期 ワークショップのご案内
このはな心理臨床セミナー
〜受講生が主体的に学び考え心理臨床実践力を養うことを目指しています〜

＜夏期特別研修3＞ 少年非行・暴力 ―魂の水脈を求めて―	森田明、森田洋司 藤井貢、安島智子	9月8日 9月9日
夢分析を通しての＜母＞と＜娘＞の和解	川戸　圓	9月23日
心理学的な問題の持つ癒しの機能	足立正道	9月30日
抑うつ状態のスペクトラムと人格構造	米倉五郎	10月7日
ユング派分析家の教養としての神話研究	樋口和彦	10月21日
夢分析と現代におけるイニシエーション	田中康裕	11月4日
医療・医学と心理臨床を結ぶ視点としてのナラティブ・アプローチ	斎藤清二	11月11日
ウィニコットを語る	妙木浩之	11月23日
心理療法の発想と見立ての視点	岡　昌之	11月25日
感情に働きかける技法―過去の傷つきをどう扱うか―	岩壁　茂	12月2日
プレイセラピーにおける主体性のなさのグラデーション	河合俊雄	1月13日
世代交代と内的変化―子離れや親の死をめぐって―	豊田園子	1月27日
臨床実践における"壁"について考える	永井　撤	2月3日
事実を伝えることと分かち合うこと	村瀬嘉代子	2月17日

お申込み・お問い合わせ・パンフレットのご請求はこちら　〒103-0007　東京都中央区日本橋浜町2-26-2-403
このはな児童学研究所　TEL 03-3639-1790　FAX03-3639-2968
http://www.konohana.jp　konohana@konohana.jp
このはな日本橋心理相談室　　このはな札幌心理相談室　　フリースクールこのはな学舎

ロールシャッハ・テスト
J・E・エクスナー著　中村紀子・野田昌道監訳　ロ・テストの施行法や解釈の原理に加え、テストの成り立ち，性質，基礎的研究がすべて網羅されるとともにその最新の姿を伝える。　18,900円

ロールシャッハ・テスト ワークブック（第5版）
J・E・エクスナー著　中村紀子・他監訳　包括システムの施行と解釈を正しく行うための，施行手順，スコアリングの進め方，コード化のための注意点などを詳しく解説したガイドライン。　5,460円

ロールシャッハの解釈
J・E・エクスナー著　中村紀子・野田昌道監訳　包括システムによるロールシャッハ法解釈の基礎から応用までを詳しく解説した手引書である。初学者にも中級以上の経験者にも必携。　9,030円

ロールシャッハ・テスト講義Ⅰ［基礎篇］
中村紀子著　コーディングの一工夫，施行のチェックポイントなど，ベテランだけが知るテクニックを語った「初心者対象・ゼロからまなぶロールシャッハ入門」。　4,410円

ロールシャッハ・テスト Sweet Code
中村紀子監修／大関信隆著・制作　コーディング，構造一覧表計算，プロトコル作成，コード検索など，ロールシャッハの施行が完成するソフト＋マニュアル。　4,410円

子どもの臨床心理アセスメント
松本真理子，金子一史編　子どもの個別性と，子どもを取り巻く環境への理解により，「子どもの全体像」をアセスメントするための実践的なハンドブック。　2,940円

Ψ金剛出版　〒112-0005　東京都文京区水道1-5-16　URL http://kongoshuppan.co.jp/
Tel. 03-3815-6661　Fax. 03-3818-6848　e-mail　kongo@kongoshuppan.co.jp

（価格は税込（5％）です）

● http://kongoshuppan.co.jp/ ●

精神疾患の脳科学講義

功刀浩著

「うつ病＝セロトニン不足」「統合失調症＝ドーパミン過剰」。この単純な図式は真実だろうか。結論から言えば，「脳科学」「神経科学」だけで精神疾患を捉えることは事実上不可能である。脳はあまりにも複雑で，精神疾患を要素還元主義で説明し尽くすことはできない。本書では，代表的な精神疾患である統合失調症と気分障害をとりあげ，統合失調症には，その認知機能から広範にわたる非特異的な高次脳機能障害があると捉え遺伝的そして環境的要因を述べる。気分障害では単極性うつ病を中心に，その病因において重要な役割を果たす環境要因，とくに「ストレス」の脳科学的側面を解説する。最後に「精神栄養学」からの介入を紹介する「医学・脳科学"非"専門家のための全12回脳科学講義」。

定価 3,150 円

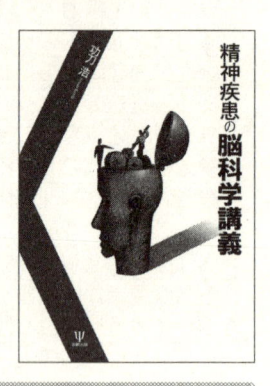

精神現象の宇宙へ
〈こころ〉への知的探究の旅——慶應義塾大学講義

佐藤裕史著

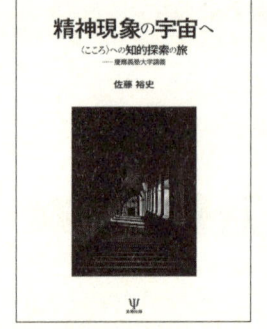

本書において著者は，脳の中の小宇宙としての精神のさまざまな側面（こころ・自己・精神・脳）に迫ろうと心理現象の言語表現を中心に野心的な考察を行った。異なった領域からそれぞれの視点，方法論を使った場合に精神をどのようにとらえることができるか，「劇場型社会」としての現代にみられる〈こころ〉の現象を，音楽，絵画，小説，映画等の作品をもとに読み解き，精神現象に対する感受性と理解・共感を深めることを目的とした知的越境者の精神史が展開する。精神現象への接近，人と人との織りなす世界，心理的理解と援助のための，知的興奮を伴う，『こころ』の多様な表現を探索する試み。

定価 3,570 円

統合失調症の認知機能改善療法
T・ワイクス，C・リーダー／松井三枝監訳　幻聴・妄想に比べ軽視されてきた統合失調症の認知機能（記憶・思考・注意）障害の改善。第一人者がその全容を詳解する。
5,250 円

未熟型うつ病と双極スペクトラム
阿部隆明著　うつと躁の境界線はどこに存在するのか。「未熟型うつ病」論考から，双極スペクトラム論，うつ病経過・症状論，気分障害論へと考察を進める臨床試論。
4,725 円

摂食障害者への援助
R・L・パーマー著　佐藤裕史訳　摂食障害の理解に必要な知識・情報を整理し，現場で役立つ事柄を優先的に紹介，解説。ことに行き詰まったケースや難治例を詳説した実践的手引書。
4,410 円

症例で学ぶ精神科薬物療法
テイラー，ペイトン編　佐藤裕史訳　臨床薬理の最先端から社会心理的因子までを取りあげ，処方上の留意点を網羅し，具体的な症例に即して最新の精神科薬物療法の実際を解説する。
3,990 円

Ψ 金剛出版　〒112-0005　東京都文京区水道1-5-16　URL http://kongoshuppan.co.jp/
Tel. 03-3815-6661　Fax. 03-3818-6848　e-mail kongo@kongoshuppan.co.jp

（価格は税込（5％）です）